A Indústria do Esporte no Brasil

Economia, PIB – Produto Interno Bruto, Empregos e Evolução Dinâmica

ISTVAN KASZNAR ARY S. GRAÇA F°.

A Indústria do Esporte no Brasil

Economia, PIB – Produto Interno Bruto, Empregos e Evolução Dinâmica

M.BOOKS

M.Books do Brasil Editora Ltda.

Rua Jorge Americano, 61 - Alto da Lapa
05083-130 - São Paulo - SP - Telefones: (11) 3645-0409/(11) 3645-0410
Fax: (11) 3832-0335 - e-mail: vendas@mbooks.com.br
www.mbooks.com.br

Dados de Catalogação na Publicação

KASZNAR, Istvan Karoly e GRAÇA F°, Ary S.
A Indústria do Esporte no Brasil: Economia, PIB e Evolução Dinâmica/Istvan Karoly Kasznar e Ary Graça F°
2012 – São Paulo – M.Books do Brasil Editora Ltda.

ISBN 978-85-7680-171-9

1. Administração 2. Negócios 3. Esportes

Pautado na 1ª e na 2ª edição, de março de 1999 e abril de 2000, respectivamente. Revisado em 2011.

Apoio na CBV
Flavia de Andrade Cattapan

Direção
Ary S. Graça F°

Editor
Milton Mira de Assumpção Filho

Coordenação
Professor Istvan Karoly Kasznar

Revisão Técnica
Fernanda Cruz Perrone Kasznar

Digitação e Apoio em Quadros Estatísticos
Rubens Gomes

Coordenação Gráfica
Silas Camargo

Editoração
Crontec

Agradecimentos

Da Primeira Edição do Livro em Março de 1999

Adentrar em assuntos novos e pioneiros é um ato de coragem. Quando se trata de fazer pesquisas técnicas, que envolvem cálculos e levantamentos estatísticos, os desafios multiplicam-se no Brasil.

Ao ser objeto de pesquisa a *Realidade do Esporte Nacional*, o estudo do *Desempenho do Voleibol Brasileiro e as Formas de incentivá-lo*, sob óticas econômicas, financeiras e estatísticas, a situação que mostramos foi de abri-la um campo sem referências prévias.

Nas universidades, nos centros de pesquisa, nos órgãos governamentais e em entidades confederativas especializadas em esportes, encontramos inúmeras pesquisas descritivas, qualitativas, sobre outros assuntos dos esportes. Variadas opiniões e pareceres sobre os esportes ocuparam nossas mesas de trabalho. Mas nenhuma apresentava embasamento numérico, quântico, que fornecesse evidências estatísticas para as declarações que eram feitas.

Assim, os levantamentos que fizemos mostraram uma carência na abordagem científica quantitativa e que envolve pesquisa com fontes e bancos de dados fidedignos, para traçar os perfis econômicos, financeiros, de público e de infraestrutura dos esportes.

Dessa maneira, o que nos propuseram foi a introdução no Brasil da pesquisa em Economia Esportiva. Tratou-se de averiguar, desenvolver e equipar tecnicamente a recém-formada indústria dos esportes brasileiros e, em particular, do vitorioso vôlei brasileiro, com uma estrutura, uma modelagem e um conjunto coeso e tecnicamente coerente de estatísticas, interpretadas sob a ótica econômica, empresarial administrativa e legal, para facilitar processos decisórios na área dos esportes no Brasil.

Especialmente nos tempos que correm, nos quais evolui uma série de leis sobre os esportes, visando oferecer novas oportunidades, ordenar o setor e capacitá-lo, todavia gerando, sem necessariamente querer, conflitos abertos e contrassensos, é fundamental balizar decisões sobre evidências técnicas. Isto é, sobre chão firme, isento e que se comprova friamente, independente de opiniões personalistas.

Uma ideia, um conceito e uma ação decorrente desta envergadura, partiram do espírito sempre inovador do Dr. Ary Graça, Presidente da Confederação Brasileira de Voleibol.

Sua percepção estratégica, de longo prazo, dos esportes – como formadores de emprego, renda, educação, bem-estar social e justiça para ver mais bem distribuída a renda no nosso país – permeou e serviu de timão para direcionar o trabalho desde o início.

Incansável, o Dr. Ary Graça acompanhou as diversas etapas deste trabalho, emitiu opiniões e sugeriu alternativas no novo campo de pesquisas que se abriu. Palavras amigas e de ânimo, como faz todo treinador sênior nos esportes em equipe, ressoaram nas salas em que nos encontramos, em todas as etapas do trabalho. A ele dirigimos nossos mais calorosos agradecimentos.

O trabalho de pesquisa contou com o moderno e atualizado Banco de Dados do Programa de Estudos dos Estados e Municípios, alocado na Escola Brasileira de Administração Pública e de Empresas da Fundação Getúlio Vargas, sob o comando do Professor Istvan Karoly Kasznar, PhD. (PEEM/EBAPE/FGV).

A partir do PEEM, foram feitos extensos trabalhos de entrevistas e prospecção às empresas que atuam no setor dos esportes ou que dele dependem diretamente. Estabeleceram-se segundo a necessidade os levantamentos dos dados do Ministério do Esporte e Turismo; do IBGE – Instituto Brasileiro de

Geografia e Estatística; do Banco Central do Brasil; do BNDES – Banco Nacional de Desenvolvimento Econômico e Social; das diversas confederações de associações esportivas; dos clubes desportivos e afins.

O Diretor da CBV, Dr. Marco Pina, com rara paciência leu, emitiu opiniões e apoiou os escritos. Suas opiniões claras e honestas, sempre pertinentes, nos ajudaram e muito a melhor compreender o caldo de cultura no qual vivem os esportes.

A Sra. Wanda Moreno, do setor de Contabilidade da CBV, mostrou-se sempre solícita em nossas requisições, veloz e clara. Permitiu-nos compreender melhor como funciona o fluxo de caixa da entidade e onde está a "dor de cabeça" fiscal que naturalmente aflige as empresas brasileiras em geral.

Carlos Eduardo e Romário Luiz, da imprensa e do departamento de cadastro da CBV, apoiaram nossos levantamentos de dados.

Os comentários sempre organizados e atualizados sobre a percepção jurídica dos esportes foram oferecidos pelo advogado da CBV, Dr. Valmar Souza Paes. A Dra. Renata Blauth nos deu o imprescindível e adicional apoio subsequente nestes trabalhos.

A professora Deborah Zouain de Moraes da Escola Brasileira de Administração Pública e de Empresas da Fundação Getúlio Vargas, coordenadora do curso de pós-graduação *lato sensu* de Marketing e Administração Esportiva, e o professor de Educação Física e Desportiva José Antônio contribuíram com partes do primeiro capítulo do livro, a parte introdutória, na primeira edição.

O campo delicado da interpretação jurídica da Lei Pelé, da Lei Zico e da nova legislação em vigor, recebeu o impulso decisivo da advogada Kristianne Valeria Xavier Lopes Muniz Gonçalves e do professor de Finanças Corporativas Bento Mário Lages Gonçalves, também ex-superintendente financeiro do Clube Regatas do Flamengo.

Comentários práticos, bem direcionados para a compreensão da dimensão mercadológica dos esportes brasileiros nos foram cedidos pelo professor e consultor da CBV, Dr. Leonardo Gryner.

Ademais, uma equipe interna da CBV opinou e participou do trabalho, sinalizando preocupações sobre como aperfeiçoar esportes com educação, num país de jovens.

Nossos agradecimentos vão para Juliana Brito. Ela veio estagiar na IBCI. Revelando ser bem mais que uma estagiária, soube ordenar, atualizar gráficos e unificar as diversas partes nas quais se constituiu este trabalho.

Sergio Borges, assessor da presidência da CBV (Confederação Brasileira de Voleibol), cuidou do provimento dos dados internos da organização, especialmente destacando a importância da Superliga.

O IBGE (Instituto Brasileiro de Geografia e Estatística) e seus técnicos nos ofereceram os documentos da Nova Metodologia do Sistema de Contas Nacionais, que são primordiais para a ordenação, denominação e correta projeção de valores, adequado a um padrão contábil sério e de credibilidade internacional.

Na Fundação Getúlio Vargas e na Universidade Federal do Rio de Janeiro, contamos por duas décadas com as orientações e os preciosos debates técnicos sobre Contas Nacionais, da professora Margareth Hanson Costa, do mestre Ralph Zerkowsky e na EBAPE da professora Maria Lúcia Levinsohn. De 1970 a 1980, o centro de Contas Nacionais fervilhava com acalorados debates, dos quais participamos por diversas ocasiões, especialmente quando nos indagávamos de que forma calcular e projetar o valor produzido pelo setor de serviços, logo de bens intangíveis. A estes mestres, nossa homenagem.

Finalmente, este livro contou com o apoio fundamental do Ministério dos Esportes e Turismo, em especial com a sólida contribuição do Ministro dos Esportes, Carlos Carmo de Andrade Melles.

A todos quantos tiverem contribuído na formação deste trabalho, agradecemos, lembrando que a responsabilidade pelo que segue a nós há de ser atribuída.

Professor Istvan Karoly Kasznar, PhD.

Agradecimentos

Primeira Edição de Março de 1999 e da Segunda Edição de Fevereiro de 2002

Entre as diversas ferramentas de que um administrador precisa para gerar um superdesempenho continuado em sua companhia inclui-se o provimento de um poderoso banco de dados. Esse banco de dados e sua associação com a Tecnologia da Informação deveria conter estatísticas macroeconômicas e microeconômicas para oferecer uma visão numérica, mais precisa, sobre a economia, os setores produtivos, os investimentos e a dinâmica de evolução dos projetos.

Esses números podem ser inseridos cuidadosamente nos planos estratégicos, planos de ação e projetos de uma companhia. Eles dão mais solidez ao desenho e gestão da rota de desempenho estratégico organizacional. Contribuem esses dados para que se trabalhe de uma forma mais clara, coerente e, sobretudo, legitimada. A transparência das decisões se torna mais evidente, com mais e melhores dados. E isso tende a reduzir o grau de risco do negócio, facilitando as boas práticas de gerência e comando organizacional.

Quando comecei a analisar e estudar os dados sobre o esporte brasileiro em fins dos anos 1950 e sobretudo no início dos anos 1960, vi que havia um enorme número de reportagens fotográficas, muita imagem, inúmeras descrições sobre jogos e campeonatos. Algumas raras edições governamentais enfatizavam a relevância dos esportes e da educação física para as crianças e a juventude; mas mal se referiam aos adultos, e dados agregados não apareciam, quando muito, eram associados a estatísticas parciais. E o que mais se tratava era dado de público que ia aos estádios, como o Maracanã.

Mas onde estavam os dados estatísticos apresentando o Produto Interno Bruto (PIB) do setor esportivo? E de seus subsetores? E o que se sabia da contribuição direta e indireta na geração de empregos, ocupações, renda, salários, movimentações financeiras e afins? A resposta é apenas uma: em lugar nenhum.

Nem em países desenvolvidos nem em países emergentes e menos ainda em países subdesenvolvidos era possível encontrar e fiar-se em séries de dados estatísticos. Essa carência perturbadora não poderia ajudar a empresariar o negócio dos esportes, nem tampouco poderia facilitar a promoção de políticas públicas adequadas. Então, entendi que era preciso dar na medida do possível um passo a mais, e laborar junto a centros de pesquisa de excelência e com pesquisadores especializados pelo menos dados precisos para o Brasil.

Isso representava um hiato, uma falta, uma ausência. E prejudicaria a tomada de decisão estratégica empresarial, caso não fosse sanada. Convidei o professor titular Istvan Kasznar, da prestigiada Fundação Getúlio Vargas (FGV), para promover os estudos numéricos. Coube a ele e a sua equipe interempresarial, na FGV e na IBCI, formatar, formar, estruturar, modelar e calcular, colocando sistematicamente em ordem, todo o conjunto possível de dados referentes ao esporte no Brasil e no exterior.

Para tanto, orientei que se referenciasse em fontes de dados formais, oficiais, de governo, logo, de ministérios e de secretarias esportivas, sempre que possível. Assim, haveria coerência na criação de um banco de dados estatístico, e, como a informação pública há de ser de todos, ela poderia ser checada por terceiros. Incentivei os contatos dele com o Instituto Brasileiro de Geografia e Estatística (IBGE) e com as autoridades públicas e privadas administradoras do esporte.

Nossas conversas setoriais foram evoluindo. E decidimos cunhar a expressão o Setor da Indústria Esportiva. Que se analise o Esporte como Indústria, que viria a ser o título de um livro primeiro que fizemos juntos.

Fomos adiante, enxergando o esporte como um sutil misto de atividades de grande valor econômico e empresarial, assim como de profundas inserções sociais e a favor da promoção do bem-estar das pessoas. Logo, visualizamos o esporte como *Business* e *Profit Earning Center* (centro gerador de lucros), assim como um fator que reduz as desigualdades sociais e promove empregos e ocupações decentes para seus praticantes. Isso foi em maio de 1990.

Daí em diante, especialmente entre 1997 e 1999, quando obtivemos o importante suporte do Banco do Brasil para este projeto, passamos a intensificar as pesquisas, sempre sob os auspícios da Confederação Brasileira de Voleibol. Isso ajudou o Professor Kasznar a criar uma metodologia de abordagem do esporte e de sua Mensuração Econométrica e Estatística de forma única, criativa e cientificamente embasada. E da mesma forma, enveredou para temas que abrem e formam capítulos deste livro em sua versão original, tais como a Economia Esportiva sob Visão Microeconômica; as Contas Nacionais dos Esportes e por Setor; a Metodologia da Formação Fiscal na Indústria Esportiva; Processos de Criação de Emprego; Identificação de Fatores Determinantes de Riqueza Social e através do Esporte; Modalidades de Formação Esportiva, que derivou o Modelo Graça-Kasznar; e outros afins.

Isso foi formando o cerne de nosso livro. Importantes resultados apareceram em 1998, mostrando pela primeira vez, de acordo com a metodologia apresentada e aberta para consideração pública, baseada em orientações básicas das Contas Nacionais do IBGE, na metodologia de contas públicas e nacionais dos EUA e da França, que o PIB esportivo brasileiro chegava a 1,7% do PIB nacional, crescendo a uma taxa geométrica anual de significativos 7,4% durante o período de 1990 a 1997.

Merece atenção não apenas a taxa, como a sua estabilidade. Isto é, a dispersão do crescimento se mostrou pequena no período, o que mostra que o setor esporte contribui para estabilizar a economia brasileira e o mundo empresarial. Por certo, as numerosas relações intersetoriais que foram identificadas, entre o esporte como atividade e os 163 subsetores da economia dos quais e aos quais mais aportam relações, dão forte suporte à atividade e à estabilidade. Esporte se pratica continuamente, sem parar, quanto mais num país tropical e equatorial como o Brasil.

Esses dados mostram que o setor esporte é grande e dinâmico. Como cresceu a taxas bem superiores ao resto da economia, próximas a 3,4%, estaria impulsionando com sua participação a economia como um todo. E isso significa que o futuro que se antevê para o esporte brasileiro é brilhante, de crescimento e muito positivo.

Esta realidade e o uso prático de dados para negócios foram reforçados com o passar do tempo. E decidimos partilhar destes resultados com e a favor de nossa comunidade, abrindo-os para todos. Visamos contribuir com a pesquisa acadêmica, o empresariado, os governos, os gestores de empresas e os setores econômicos, para que suas decisões sejam cada vez mais aprimoradas. E isso é o que estamos fazendo, editando este livro para todos quantos queiram promover o verdadeiro desenvolvimento econômico e social.

A todos quantos nos ajudaram, contribuindo com os seus pensamentos, saber, sugestões e tempo gostaria de agradecer imensamente. Destaco as contribuições do ministro Carlos Carmo de Andrade Melles; do meu amigo e presidente do Comitê Olímpico Brasileiro (COB) Carlos Arthur Nuzman; de toda a equipe e time vitorioso em que se constituem os colaboradores da Confederação Brasileira de Voleibol, em todos os cantos e recantos do Brasil; dos colegas do Instituto brasileiro de Executivos Financeiros (IBEF) e das demais associações de classe – empresários, gestores, professores e estudantes – que nos receberam como a um grupo de estudos, quero reforçar este agradecimento.

Ary S. Graça Fº

Presidente da CBV – Confederação Brasileira de Voleibol

Agradecimentos

Da Primeira e da Segunda Edição, de Março de 1999 e Fevereiro de 2002 e Expansão Analítica com a Geração de Dois Capítulos em 2011

Identificar e concentrar-se em assuntos diferenciados e pioneiros é um ato de coragem.

Quando esses assuntos dizem respeito ao desenvolvimento inovativo de pesquisas técnicas, que envolvem cálculos e projeções estatísticas, os desafios multiplicam-se. E no Brasil, as dificuldades do empreendimento são bem maiores ainda. Carências se apresentam em que pesem os progressos havidos nos últimos 30 anos, na formação e gerência de tecnologias da informação e do provimento de bancos de dados.

Desde que o objeto desta pesquisa e análise é a compreensão da Realidade Esportiva Brasileira, adicionado ao estudo do Desempenho do Voleibol no Contexto Esportivo e a identificação de Métodos Econômico-Financeiros e Tributários que possam lhe dar suporte, incentivando-o, nós contribuímos para abrir um novo campo de pesquisa, cujas referências prévias eram e ainda são mínimas, inclusive em nível mundial.

Os modelos estatístico-econométricos que desenvolvemos ao longo dos capítulos que seguem são únicos. Especialmente os cálculos e projeções do PIB do Esporte para o período de 1990 a 1999 e nesta nova edição para os anos 2000 a 2010, adicionalmente. Naturalmente, foram consideradas as metodologias mundialmente consagradas e as técnicas aprovadas e apontadas com o devido e necessário rigor pelo IBGE (Instituto Brasileiro de Geografia e Estatística), divulgador e promotor dos cálculos das Contas Nacionais.

Na primeira e na segunda edição deste livro, procuramos revelar os dados esportivos disponibilizados por uma amostra de empresas fabris e do setor serviços, vinculadas ao setor esportivo, que preencheram tabulações numéricas associadas ao período de 1985 a 1999.

Nas universidades, em centros de pesquisa, em órgãos governamentais e em entidades confederativas especializadas em esportes encontramos um número significativo de pesquisas qualitativas, descritivas. Mas literalmente nenhuma possuía uma fundamentação produtiva numérica, capaz de apresentar numericamente as caracterizações nacionais, brasileiras. No exterior, a situação que encontramos nos anos 1981 a 1985, quando iniciamos as pesquisas esportivas com ótica de Economia do esporte, inaugurando uma nova disciplina, a situação não se apresentava melhor.

De fato, o que nos propuseram foi a introdução da matéria Economia do Esporte no Brasil. Ela viria a ser transformada pela minha pessoa em disciplina e curso nos anos 1990 e daí em diante, na prestigiada FGV – Fundação Getúlio Vargas. Em especial, representou a espinha dorsal dos cursos MBA em Gestão Esportiva, destinados à formação de dirigentes esportivos profissionais para o Brasil.

O objetivo das pesquisas esportivas empreendidas partiu das ideias e proposições de Ary Graça. Ele queria testar e verificar a correção de certos argumentos que se espraiavam na praça, carecendo, contudo de fundamentos técnicos. Nosso objetivo comum residia em investigar, desenvolver, e projetar de modo técnico a relativamente recente indústria do esporte. Mas o que seria a indústria do esporte? E de que atividades, setores de bens reais e de serviços, ela se comporia? E o que caberia, antes disto tudo, definir como atividade esportiva? Caminhar, jogar pimbol, pescar, jogar dominó ou xadrez, subir e escalar montanhas são esportes? Até aonde ele vai? Onde ele para virar outro tipo de atividade de lazer? Estas questões nos martelavam.

Por estas razões, procuramos ordenar nossos pensamentos e produzir modelos técnicos. Isso significava o uso de um conjunto coerente de modelos, estruturas e estatísticas, construídas sob perspectiva integrada econômica, empresarial, administrativa e legal, entre outras. Isso, com a meta de facilitar a identificação e geração de processos decisórios na área de Esportes para o Brasil.

Uma ideia, um conceito e uma ação abraçando a magnitude de um projeto deste gênero partiram do espírito sempre inovador do Dr. Ary Graça, presidente da Confederação Brasileira de Voleibol. Sua visão estratégica de longo prazo e sua compreensão sobre os esportes – como geradores de empregos, renda, produto interno, educação, bem-estar social e justiça, ajudando a distribuir melhor a renda e as oportunidades a favor de todos os brasileiros – serviram como direção para todo o trabalho e para a feitura destas pesquisas econômicas desde o início de nossas atividades.

Infatigável, o Dr. Ary acompanhou e participou de perto dos diversos estágios deste trabalho e das múltiplas pesquisas que fomos erigindo sob a gestão do Núcleo de Estudos das Contas dos Esportes, Gestão e Políticas Públicas, NECE, na FGV (Fundação Getúlio Vargas).

Ele identificou uma série de contatos empresariais, industriais e do setor serviços, formando uma lista relevante de produtores para o esporte, que visitamos um a um, em oito unidades federativas brasileiras, para obter dados e informações publicadas em balanço e demonstrativos financeiros. Por esta razão, fomos a São Paulo, Rio de Janeiro, Minas Gerais, Brasília, Rio Grande do Sul, Bahia, Pernambuco e Amazonas, onde visitamos os formadores e produtores da "rede esportiva" nacional.

Agradecemos o apoio inestimável do Banco do Brasil no suporte financeiro e patrocínio a estas atividades de pesquisa. O Departamento de marketing esportivo nos brindou com relevantes sugestões e debates, de valor inestimável.

Esta pesquisa contou também com o moderno e atualizado banco de dados do Programa de Estudos dos Estados e Municípios (PEEM) de Políticas Públicas, da FGV (Fundação Getúlio Vargas), em associação com o citado NECE.

Entre tantos entrevistados aos quais estendemos os nossos agradecimentos, com o sério risco de esquecer alguns profissionais que por certo nos ajudaram, incluímos Mario Pina; Sérgio Borges; Wanda Moreno;

Carlos Eduardo; e Romário Luiz. O emérito Dr. Valmar Souza Paes nos forneceu dados, legislações e percepções legais muito organizadas, de valor significativo. O Dr. Carlos Arthur Nuzman nos recebeu para entrevista, fornecendo conhecimentos do mais elevado valor.

Na EBAPE – FGV, a Professora Deborah Zouain de Moraes e o Professor José Antonio foram convidados a contribuir com o enriquecimento do primeiro capítulo.

Na versão inicial brasileira do livro, o delicado campo da interpretação legal da lei Pelé, da lei Zico e da Lei Piva, recebeu o apoio analítico decisivo da advogada Kristianne Valéria Xavier Lopes Muniz Gonçalves e do Professor Bento Mário Lages Gonçalves, também ex-diretor Superintendente do Clube Flamengo de Futebol e Regatas.

O Professor Leonardo Gryner trouxe comentários práticos e úteis para a compreensão da dimensão do mercado esportivo brasileiro.

Uma equipe interna da CBV cooperou emitindo opiniões e considerações, com debates acompanhados por José Fardim desde o início das atividades.

Na IBCI (Institutional Business Consultoria Internacional), obtivemos o apoio contínuo de Marta Kasznar, com quem visitamos 225 empresas ligadas ao esporte. A todas as empresas que nos receberam e ampararam, contribuindo com dados de vendas, produção, investimentos e a abertura de seus projetos, agradecemos calorosamente.

Silvana e Juliana Brito ajudaram a digitar dados e montar quadros diferenciados, laboriosamente realizados na IBCI (Institutional Business Consultoria Internacional).

Ademais, estas pesquisas contaram com o apoio fundamental do Ministério do Esporte e Turismo, na pessoa do ministro Carlos Carmo de Andrade Melles, cuja contribuição sólida agradeço.

Por fim, agradeço a todas as contribuições recebidas ao longo de décadas de meus alunos e caros pares professores, técnicos do esporte e *coaches*, na realização desta obra. Lembro que a responsabilidade pelo conteúdo desta me há de ser integralmente atribuída.

Professor Istvan Karoly Kasznar, PhD.

Apresentação da Terceira Edição do Livro

O Esporte como Indústria

Haja vista a significativa demanda gerada pelo livro *O Esporte como Indústria*, que se esmera em responder questões esportivas relevantes com detalhes e respostas do Direito, da Administração e da Economia, vi por bem corresponder à demanda da sociedade e reeditar o livro.

De fato, para nós, autores, é uma satisfação poder contribuir a favor da pesquisa ordenada das atividades esportivas. E vemos com felicidade que o uso desta obra se estende e acentua nas universidades, servindo também de base de referência para a redação de teses de doutorado e de mestrado em Educação Física, Administração, Economia e Direito, entre as diversas áreas do conhecimento humano.

A estrutura e o conteúdo do livro foram mantidos sem alterações, representando o conteúdo deste a mesma base que a oferecida na segunda edição, do ano 2002.

Com esta edição de 2003, limitada, espera-se atender àqueles estudiosos, pesquisadores, estudantes e empresários que de forma contínua e regular se interessam pela fundamental evolução do esporte e em especial do voleibol no Brasil, na rota de seu sucesso consubstanciado pelas vitórias e posições campeãs nos campeonatos nacionais e internacionais dos quais nossas seleções participam.

A todos, desejamos produtiva e agradável leitura.

Ary Graça S. Filho
Presidente da CBV – Confederação Brasileira de Voleibol

Apresentação da Quarta Edição do Livro

O Esporte como Indústria

Esta quarta edição do livro *O Esporte como Indústria – Solução para Criação de Riqueza e Emprego* comemora em 2012 os 14 anos da primeira edição, ocorrida em 1998.

Neste período de 14 anos, o mundo globalizado e o Brasil mais estabilizado e economicamente disciplinado mudaram muito e para melhor. E a produção esportiva, assim como o interesse pela prática de desportos no Brasil, cresceu magnificamente.Por essas razões, mantendo o enfoque sobre as questões originais disponíveis nas 1ª, 2ª, e 3ª edições, decidimos inovar, a começar pelo título do livro, mudando-o para *A Indústria do Esporte no Brasil – Economia, PIB e Evolução Dinâmica.*

Fizemos o lançamento desta obra também em inglês, ante a evidente internacionalização brasileira e a chegada de numerosas delegações estrangeiras, que nos solicitam entrevistas, simpósios, conferências e, sobretudo, dados da Economia do Esporte do Brasil. Este livro atende em sua versão inglesa pelo título *The Industry of Sports in Brazil – Economics, GDP and Dynamic Evolution.*

Eis porque também utilizamos nesta a apresentação em inglês da primeira e segunda edição, com vistas a contextualizar os leitores sobre os progressos ocorridos nas diversas edições.

Como temos sido muito solicitados a fazer uma nova edição e lançamento do livro por empresários, autoridades públicas, pesquisadores dos esportes e estudantes em geral, decidimos manter aqueles capítulos que de certa maneira não foram tão afetados pelo tempo (Capítulos 1, 2 e 3 desta edição) e acrescentar outros dois, seja em substituição aos anteriores, seja para apresentar mais dados estatísticos e estimativas pioneiras sobre o Produto Interno Bruto do Esporte no Brasil e no mundo. Essas inovações estão nos Capítulos 4 e 5 desta edição.

Assim, fizemos uma combinação, pela qual no túnel do tempo preservamos o conteúdo do Capítulo 1 – Atual Quadro do Esporte Brasileiro; do Capítulo 2 – O Voleibol como Indústria Geradora de Renda, Riqueza, Emprego e Impostos e o antigo Capítulo 4 que virou Capítulo 3 – Sensibilidade (Elasticidade) dos Esportes às Políticas Correntes do Governo e seu Peso em Face do PIB, através dos Multiplicadores.

Acrescentamos neste Capítulo 4 uma nova visão sobre os esportes no Brasil, dada a enorme quantidade de mudanças importantes, entre elas a criação do Ministério do Esporte; a chegada de megaeventos como a Copa do Mundo e as Olimpíadas ao Brasil, que por certo estão modificando e alterarão por pelo menos duas décadas o mapa desenvolvimentista esportivo no país. A este Capítulo 4 intitulamos Uma Visão Atual sobre a Evolução do Esporte em Termos de Produção – PIB, Renda *per capita* e Impostos.

Neste capítulo constam os quadros obtidos mediante cuidadosas projeções do PIB do setor Esporte e de seus subsetores, para o período mais recente de 2000 a 2010. Insistiu-se em utilizar as recomendações, premissas e orientações advenientes do IBGE, mediante seu essencial documento e método, contido na Nova Metodologia do Sistema de Contas Nacionais.

A amostra original de empresas pesquisadas sofreu natural e evidentemente mudanças. Mais de 25% das empresas que cederam dados mediante o preenchimento de planilhas visando esclarecer e dimensionar a sua atividade e o volume de receitas que obtiveram diretamente por meio de atividades associadas ao esporte haviam desaparecido, fechado as portas ou simplesmente não responderam nossos questionários. Logo, para dispor de uma amostra estatisticamente relevante, que contivesse a diversidade setorial, um significativo número de empresas líderes e espelhasse o movimento econômico próprio do esporte, substituímos 75 empresas, mantendo 215. Isso permitiu um trabalho sobre 290 organizações, entre ministérios, secretarias de esporte estaduais e municipais, clubes e associações esportivas, indústrias produtoras de artigos esportivos e organizações afinadas com a geração de serviços esportivos.

Nossos dados confirmam sobretudo dois fatos sobre o esporte nacional no período 2000 a 2010:

1. O setor de esporte se expande a uma velocidade superior à do PIB total do país. Enquanto este grava taxas anuais que oscilam entre 2,7 e 4,65%, próximo de uma média ponderada de 3,2%, o PIB esportivo se mantém crescente a taxas de 6,2% anuais. O grau de conscientização da população aumentou enormemente e ela está ciente das vantagens do exercício físico regular, seja ele qual for, à saúde. E ingressa com prática crescente em modalidades, tais como ginástica, passeio, corrida, ciclismo, voleibol, futebol e atletismo.
2. Embora a distribuição de renda permaneça desigual e a renda média do brasileiro seja baixa, a estabilidade econômica de curto prazo mobiliza uma camada menos privilegiada a poupar e consumir mais, o que gera um movimento maior a favor da prática esportiva. Esta, turbinada por um Ministério do Esporte focado em promover a vontade esportiva nacional – universalização do esporte; inclusão solidária das populações desassistidas; liberação de verbas crescentes para ONGs e administrações públicas que promovem o desporto; assistência aos atletas de melhor desempenho; apoio aos clubes e tentativa de reverter o problema de seu alto endividamento; e apoio firme aos megaeventos (Copa do Mundo, Olimpíadas e Paraolimpíadas) – arrebanha mais esportistas e espectadores, em um movimento que dinamiza ainda mais a economia e a sociedade.

O Capítulo 5 atende pelo título Evolução dos Esportes no Período 2003 a 2010. Ele abrange o período de gestão do presidente Luis Inácio Lula da Silva. E visa mostrar que houve incontestáveis progressos esportivos a favor do país nestes anos. Emoldurado pelo advento de grandes eventos, o país encontra no esporte um bom motivo para investir em infraestrutura pública e repensar também agindo e promovendo ações – as tão necessárias reformas urbanas.

Deste modo, são apresentadas as principais medidas adotadas entre 2003 e 2010 para que o esporte nacional se consolide. Por certo, ainda há muito que fazer. Contudo, contar com um ministério próprio é uma grande ajuda e necessidade para gerar medidas de governança afirmativa e a favor do setor. O risco reside no fator político e na necessidade de macrorreformas, que podem afetar esse jovem e imprescindível ministério.

Em suas correlações e transversalidades, o esporte afeta favoravelmente a saúde, a sociabilidade, o entrosamento familiar e cultural e promove muitos outros fatores de integração, que são essenciais ao bom desenvolvimento econômico, em sociedade e de todas as gerações de cidadãos.

Por essas razões, o governo entendeu a importância da inserção social, solidária, amiga na comunidade brasileira, de muitos cidadãos que outrora eram e estavam excluídos da rede social moderna e mais beneficiada do país. Estudamos e comentamos a adveniente e polêmica missão assistencialista a que a autoridade pública se aferrou, entendendo que dadas as imensas diferenças históricas e a falta de apoio e medidas compensatórias sociais que aconteceram por séculos e décadas, há razões de sobra para ajudar e promover os brasileiros menos afortunados. Inclusive por meio do esporte.

Nossos agradecimentos se estendem a toda a equipe da CBV, que com brio e atenção especial nos deu o apoio desejado. José Fardim, Flávia Cattapan e Renata Blauth, entre tantos e sabedores de que o time CBV integralmente é fundamental, recebem nossos agradecimentos especiais.

Fernanda Kasznar e Rubens Gomes formataram os documentos e debateram temas, além de darem o suporte técnico desejado.

A todos os que nos solicitaram a reedição desta obra, muito obrigado pela força.

Por fim, estas linhas são principalmente da responsabilidade do Professor, no que diga respeito a percepções setoriais que mereçam melhorias.

Professor Istvan Karoly Kasznar, PhD.

Sumário

CAPÍTULO I

Atual Quadro do Esporte Brasileiro: Geral e Voleibol

1. Pensamentos Preliminares sobre os Esportes

Mens sana incorpore sano é certamente um dos ditados populares mais conhecidos no mundo inteiro. Proveniente do antigo Império de Roma, ele traduz com felicidade a importância de aliarmos ao cultivo do espírito e da alma, através de atividades intelectuais, práticas simultâneas de exercício físico.

Pela sua natureza, o homem necessita, portanto, equilibrar as suas atividades intelectuais com suas práticas físicas. Afinal de contas, o que o mantém sobre a terra e o torna um ser concreto, visível, mensurável, é a sua presença física.

Como esta é uma verdade absoluta, bem definida, significa que por todo o sempre o homem necessitará valorizar seu físico. Isso significa que haverá de tratá-lo bem, com atenção diária, na persistência de manter e desenvolver a sua saúde mental e biológica.

Por vias de consequência, a prática do exercício físico é uma atividade que a humanidade necessitará exercer continuamente. Na medida em que ela se conscientiza dos benefícios gerados pela prática dos esportes, a demanda por estes torna-se inexoravelmente crescente e com oferta firme.

O esporte diversificou-se e refinou-se em quantidade, qualidade, oportunidade e formas de oferecimento, ao longo dos últimos séculos. E a cada dia que passa, novas modalidades esportivas são inventadas, conquistando mais e mais adeptos.

Aos tradicionais esportes, como atletismo, natação, arco e flecha, navegação e vela, por exemplo, juntaram-se pela imaginação do homem moderno os esportes radicais, alguns solicitando a tecnologia de ponta que criamos no decorrer do tempo. Descer de *jet ski* por corredeiras, subi-las na contracorrente, pular despenhadeiro abaixo com uma corda ou surfar no ar após jogar-se de um avião a 6 km de altura, estão se tornando atividades esportivas bem aceitas por um público jovem, sedento por novidades, curiosidades e, sobretudo, atividades.

Entre os esportes coletivos, com bola, os três mais populares e disseminados no mundo são o futebol, o voleibol e o basquete. Desde pequenos, nas escolas, nos clubes, nas associações comunitárias ou na rua do bairro, os indivíduos são iniciados na prática dessas modalidades esportivas. Elas são uma forma praticamente *sine qua non* de integrar as pessoas às suas comunidades e de desenvolver o que há de melhor em suas habilidades físicas.

Estes fatos tornam, portanto, o esporte uma dádiva, além de uma necessidade. Prestigiá-lo é uma atitude de bom alvitre para todo dirigente e político que queira bem o progresso de sua comunidade e população.

É neste contexto que se enquadra o voleibol, o esporte sobre o qual focaremos a nossa atenção, crescentemente, ao longo deste estudo.

Esporte coletivo, dinâmico, cada vez mais popular e simpático aos olhos do brasileiro – o voleibol é a modalidade que mais medalhas, prêmios e reconhecimento doméstico e internacional trouxe ao Brasil, entre 1978 e 1998. E por esta razão, conquista cada vez mais espaço nos tempos de transmissão televisiva, no jornalismo escrito, nos estádios, nos shows de praia e salão, e no dia a dia do brasileiro.

O crescimento do voleibol há de ser desenvolvido e incentivado de forma firme e clara por todos que a ele se reportem ou possuam responsabilidades no bem-estar da população. Por razões históricas, econômicas, de geração de empregos e fiscais, isso é um fato.

Para que possamos desenvolver essas análises, dos tipos ora citados, de maneira correta e ordenada, seguiremos e prosseguiremos revendo elementos históricos que demonstram porque é tão relevante apoiar o esporte, em geral, e o voleibol, em particular. A seguir, nos demais capítulos, fomentaremos visões e análises econômicas, geradoras de empregos nos esportes e de ordem fiscal, também com o apoio de instrumentos quantitativos.

A história nos alimenta como uma referência. Serve para balizar-nos e mostrar a progressão e a forma dos acontecimentos pretéritos. Dela aprendemos a repetir os bons exemplos e as situações de sucesso. Com ela, aprendemos a evitar e antever as situações de erro e de fracasso, guerras e infortúnios.

Assim, hoje sabemos que no que tange aos esportes, o homem há de ser dignificado. Seu corpo há de ser lapidado, de forma a criarmos modernos Adonis e Vênus, no pacifismo e simultâneo movimento dinâmico, salutarmente competitivo que o esporte promove.

Estamos longe dos tempos dos gladiadores, que em plena arena se matavam, vilipendiando as pessoas e esquartejando seu corpo e dignidade. Aprendemos a exercitar na esgrima os sabres, os floretes e as espadas, beneficiando quem prefere esportes de precisão e de reflexo, dispensando os duelos mortais que certamente não enobrecem o homem.

Saltemos para o Brasil, na sua história esportiva.

No Recife, em 1641, para comemorar a trégua entre holandeses e espanhóis realizaram-se torneios equestres em que portugueses e brasileiros competiram juntos contra os holandeses, comandados pelo Príncipe Maurício de Nassau. Estas eram competições guerreiras, as "justas", que tinham um sentido mais de desafio pessoal de habilidades, destreza e de força, do que de competição esportiva no sentido moderno. Talvez seja esta a primeira "competição" esportiva que se tenha relato no Brasil. (MARINHO, 1980)

Dando um salto no tempo, para a primeira metade do século XIX, no Brasil e no mundo o esporte começa a ter sua importância reconhecida. Em 1837, o deputado pela província da Bahia Antônio Ferreira França apresenta um projeto para a criação de uma "sociedade escolar", em cada paróquia da cidade do Rio de Janeiro, para meninas desamparadas, onde se previa o ensino de: "ginástica e defesa do corpo, compreendidos o nado, a equitação e a dança"(MARINHO, 1980). Reflexo das ideias de Thomas Arnold, diretor do Colégio Rugby entre 1828 e 1842, o primeiro grande defensor do esporte como meio educacional, cuja obra teve grande influência em Pierre de Fredy, o Barão de Coubertin. (RAMOS, 1983)

As competições esportivas organizadas no Brasil têm no remo sua primeira referência. No ano de 1846, duas canoas de remos de pá, "Cabocla" e "Lambe-Água", realizaram a primeira regata competitiva oficial na cidade do Rio de Janeiro. A força do remo, origem de várias entidades esportivas ainda vivas no Rio, compreendida em outra data importante a ser lembrada: a da última regata do Império, no dia 13 de maio de 1888, na Enseada de Botafogo, ficou conhecida como a "Regata da Abolição", e segundo relatos dos jornais da época teve a presença de "assombrosa massa popular". (MARINHO, 1980)

Em 1898, portanto dois anos depois da 1ª Olimpíada da Era Moderna, realiza-se a primeira competição esportiva de âmbito nacional, o 1º Campeonato Brasileiro de Natação, que foi realizado na Cidade do Rio de Janeiro, entre a Fortaleza de Villegaignon e a Praia de Santa Luzia.

Nessa época muitas modalidades esportivas começam a aparecer entre nós, reflexo do ressurgimento esportivo que se dá em todo o mundo, que atinge seu ápice com o reinício das competições olímpicas.

No Brasil, dois acontecimentos da época são dignos de nota. O primeiro, para muitos surpreendente, é a imensa defesa que faz Rui Barbosa em seus pareceres sobre as Reformas do Ensino de 1882, sobre a importância da educação física e dos esportes na formação da juventude brasileira.

O segundo acontecimento, na época pouco notado, mas que muda toda a história do esporte no Brasil é a chegada em 1894 de Charles Miller, da Inglaterra, para trabalhar na Mala Real Inglesa. Claro, não foi sua chegada que causou esta profunda mudança, mas parte de sua bagagem. Duas bolas, de um novo esporte que começava a se popularizar na Inglaterra – o futebol.

Esporte mais popular de nosso país, um verdadeiro "fetiche" nacional, o futebol virou sinônimo de esporte no Brasil. Foi utilizado de todas as maneiras. Criou movimentos comunitários, desenvolveu o hábito de jogar futebol, disseminou a atividade nas cidades e zonas rurais, firmou disciplina e foi usado politicamente.

Sem dúvida as ditaduras, especialmente a de Getúlio Vargas e as dos generais na fase do golpe militar de 1964-1985, o fizeram com competência perceptível.

O futebol foi usado como um instrumento de distração das massas e de sutil objeto de criação de esperanças de promoção social. Construíram-se grandes estádios, para polarizar as massas. A mídia passou a bombardear incessantemente a população com toda e qualquer sorte de informação (relevante e irrelevante que seja) acerca do futebol, seus jogadores, treinadores, técnicos, massagistas, dirigentes e associados.

A vida dos jogadores mais bem-sucedidos no gramado é detalhada em todas as cores. Suas atividades esportivas, conjugais e extra-conjugais tornam-se rotina diária dos maiores jornais e revistas. Inexiste, salvo para a classe dos políticos e artistas, tamanha cobertura.

Literatos, intelectuais e cientistas das variadas áreas do conhecimento humano são relegados ao segundo plano. Provavelmente, suas vidas e rotinas diárias são bem mais modorrentas, logo desinteressantes.

O país inteiro consome o padrão de conduta dos jovens jogadores de futebol. Seja ele qual for. E este de alguma maneira penetra, instala-se e instila-se no pensar consciente e inconsciente de nossa população, especialmente no da nossa juventude.

Por meio do futebol, dirigentes demagógicos e jogadores frequentemente despreparados foram guindados a altos postos do poder. Existindo as naturais exceções à regra, note-se que em nossos dias continua sendo um bom trampolim político ser um bom dirigente de um time de futebol que possui grande torcida.

As massas ainda confundem em boa parte, pelas evidências, a fidelidade a um time, com a fidelidade a um país, estado ou município. E isso é especialmente visível em épocas de Copa do Mundo. Surge no futebol a *brasilidade*. Um sentimento patriótico que tem como amálgama o futebol ou outro esporte popular, em vias de ascensão e aceitação.

As camadas mais desfavorecidas da população passaram a perceber que o esporte profissional poderia ser, como é atualmente, um instrumento que facilita a ascensão social. Em uma época de alto desemprego e de perspectivas funestas para a criação e manutenção de novos empregos no Brasil, famílias inteiras sacrificam sua renda para educar o jovem menino de origem humilde, mas "que tem futuro no futebol" ou em algum outro esporte.

Neste sentido amplo, recai uma responsabilidade crescente das autoridades sobre o futebol e, particularmente, sobre os esportes em geral. Ele é um objeto de educação física, social e moral. Ao promovê-lo, é necessário valorizar seu lado educacional. Os aspectos de moralidade, civismo, "bom-mocismo", "bom exemplo" e atitudes sadias como o *fair play*, que o esporte suscita, hão de ser valorizados. Que os transmita quem é identificado também possuindo estes valores, em prol das novas e futuras gerações.

O hábil presidente Getúlio Vargas reunia multidões no Estádio de São Januário para várias manifestações esportivas, e os generais, Médici em particular, manipularam as conquistas esportivas, principalmente a Copa do Mundo de Futebol de 1970. Quem não lembra do termo "Pátria de Chuteira" que era usado pelo governo para se referir à seleção de futebol ou do hino da seleção de 1970: "Noventa milhões em ação, pra frente Brasil, do meu coração. Todos juntos vamos, pra frente Brasil, salve a seleção"?

Na Era Vargas, o esporte começou a ter importância política reconhecida. Em 1937, foi criada a Divisão de Educação Física, no Ministério da Educação e Saúde. Em 1939, foi criada pelo governo a Escola Nacional de Educação Física e de Desportos, na Universidade do Brasil, atual Universidade Federal do Rio de Janeiro e, concluindo este processo de institucionalização do esporte no Brasil, criou-se por meio do Decreto Lei nº 3.199 de 14/04/1941, o Conselho Nacional de Desportos (CND), para orientar, fiscalizar e incentivar a prática esportiva no país. Segundo Costa (1971), esta legislação era uma cópia fiel do esquema fascista das corporações italianas.

Já participando com delegações de competições internacionais há muitos anos (o Brasil fez parte de uma Olimpíada pela primeira vez em 1920, em Antuérpia, e da 1ª Copa do Mundo de Futebol, em 1930, no Uruguai), o país realiza um sonho em 1950 – o de sediar uma Copa do Mundo de Futebol. O esforço para este evento incluiu a construção do "Maior Estádio do Mundo", o Maracanã, mais tarde chamado de Estádio Mário Filho, em homenagem ao jornalista e fundador do primeiro jornal brasileiro dedicado ao assunto, o *Jornal dos Esportes*.

A decepção com a perda da Copa do Mundo não impede que uma onda de desenvolvimento esportivo aconteça no Brasil. São reflexos deste processo, nos anos 1950 e 1960, os bicampeonatos mundiais de futebol (1958 e 1962), de basquetebol (1959 e 1963), o bicampeonato olímpico de Ademar Ferreira da Silva (Helsinque, 1952, e Melbourne, 1956) e as inúmeras vitórias de Maria Ester Bueno no Circuito Mundial de Tênis.

Essa sucessão de vitórias traz importância social e econômica ao esporte no país. Em razão disto, várias resoluções e iniciativas começam a acontecer. Em 1971, é criada a Loteria Esportiva, que tinha o objetivo de levantar recursos para o financiamento do esporte no país. Em 1973, através do Ministério da Educação e Cultura, chega ao Brasil o programa "Esporte para todos", iniciativa dos países europeus para a massificação do esporte, aqui este programa fica marcado pela campanha "Mexa-se" de grande repercussão em sua época.

Como principais ações políticas desta época, temos a realização pelo Ministério da Educação e Cultura e pelo Ministério do Planejamento e Coordenação Geral do primeiro "Diagnóstico de Educação Física/Desportos no Brasil", que objetivava fazer um levantamento completo da educação física e das atividades esportivas no Brasil. A partir de seus resultados, elabora-se em 1975, o Plano Nacional de Educação Física e Desportos, que não foi implementado em sua totalidade, pois ele não chegava a níveis operacionais (LOPES, 1995).

Com o início do processo de democratização do país, diversas áreas de ação governamental sofreram um processo de reformulação. E o esporte incluiu-se nesta dinâmica. Durante o Governo José Sarney (1985-1990), registrou-se um dos pontos marcantes deste processo, com a convocação da Comissão de Reforma do Esporte no Brasil, pelo Ministério da Educação e Cultura, sendo ministro à época Marco Maciel.

Este trabalho foi a principal referência do Congresso Constituinte de 1988, quando pela primeira vez o esporte passa a integrar o texto constitucional.

Durante o Governo Fernando Collor (1990-1992), temos a criação de uma Secretaria de Esporte, ligada diretamente à Presidência da República, responsável pela elaboração da chamada "Lei Zico", primeiro Secretário de

Esportes deste governo, que propõe uma profunda reformulação do esporte no Brasil, esta lei extingue o CND e propõe o fim da "Lei do Passe" no futebol.

O governo de Fernando Henrique Cardoso (1994-2000) cria e a seguir extingue o Ministério Extraordinário dos Esportes. Ele mantém e aprofunda a prática de financiar as equipes que representam o esporte nacional, através das estatais, conforme se observa na última Olimpíada de 1996, em Atlanta, nos Estados Unidos da América. A forma por meio da qual estão sendo estabelecidos os contratos entre atletas, clubes e patrocinadores deixa transparecer uma decisão política.

Neste sentido, o governo brasileiro modificou recentemente o seu *approach* em relação às políticas de esportes. O marketing esportivo, a revisão das políticas concernentes aos esportes e a vitalização dos esportes amador e profissional passaram a ser objeto de discussões e produção de regulamentos e políticas no Palácio do Planalto.

Além do Ministério Extraordinário dos Esportes, foi criada a autarquia Secretaria Nacional de Esporte – Instituto de Desenvolvimento do Esporte, que mais adiante, com a extinção do Ministério Extraordinário dos Esportes, passou a incorporar-se à estrutura do Ministério da Educação e de Esportes.

O grande projeto do ministro Edson Arantes do Nascimento, mais conhecido por Pelé, foi sem dúvida a chamada Lei Pelé, que propôs a reformulação da organização esportiva no país. Este projeto de Lei, aprovado no Congresso Nacional, foi sofrendo uma série de críticas e sugestões revisionistas. É natural que isso ocorra em regimes democráticos, nos quais a discussão e a negociação são as bases da legitimação de regulamentos comunitários.

A primeira delas, e talvez a mais repetida, é a de que a Lei Pelé seria "uma lei voltada ao futebol, sendo em muitos pontos prejudicial às outras modalidades esportivas". Essa assertiva merece atenção, posto que a Lei haja de ser igual para todos. Critérios de equidade necessitam permear e assegurar o desenvolvimento nacional e de todas as atividades no país.

Uma legislação "sob suspeita", neste sentido, oferece ares de descrédito. O surgimento e o crescimento deste podem minar as boas intenções e colocar em risco a grandiosidade das atividades esportivas nacionais. A busca e a obtenção da legitimidade ampla é, portanto, fundamental para sedimentar a respeitabilidade que toda legislação há de possuir.

Outra objeção levantada, entre muitas, é a obrigatoriedade da transformação em empresa dos departamentos profissionais de futebol dos clubes. Pode-se observar que esta Lei segue aparentemente em sua elaboração uma tradição bem brasileira nesta área – a de não se ouvirem os segmentos envolvidos na atividade.

Reúne-se um grupo de pessoas ligadas à atividade e elabora-se uma Lei. Obviamente, emerge então uma legislação na qual a visão do grupo ligado ao poder, que geralmente conta com pessoas de ilibado caráter e profundo conhecimento da realidade esportiva do Brasil, é ainda assim fragmentada e parcial.

Isso ocorre em razão de se ter envolvido na elaboração do projeto esportivo analisado em pauta, apenas um grupo político, que não conta com todas as facções e tendências que existem no esporte brasileiro.

Uma Lei que atenda às aspirações da comunidade esportiva deve contar em sua elaboração com a participação de um expressivo número de segmentos da sociedade e não apenas do grupo que por hora está no poder.

Como quem está no poder e os grupos no poder (executivo e burocrático) exercem um poder monopolístico, é de se esperar que esta situação ocorra "naturalmente".

Em função destes fatos, faz sentido que cada membro da comunidade esportiva contribua, na medida do possível e do seu saber, no processo de aperfeiçoamento da legislação esportiva do país. Nesse caso, positivamente, parafraseando o Barão de Coubertin, "o importante é participar".

1.2 Situação Geral do Esporte no Brasil

1.2.1 Situação Geral do Esporte Amador

O esporte amador é uma das atividades mais antigas da humanidade. Perde-se no tempo, na história, com a formação e a origem do próprio homem.

Possui como característica maior o ato voluntário de exercitar-se uma atividade física repetidamente, da qual em tempo de lazer extrai-se a satisfação e o conforto da melhoria do bem-estar físico.

Por ser um ato voluntário, o esporte amador depende de quem quer realizá-lo. O impulso, a satisfação, o tempo alocado e os riscos envolvidos na sua atividade estão diretamente relacionados a quem o desenvolve. Dessa maneira, este esporte geralmente recebe muito estímulo próprio, da pessoa, e pouco estímulo do governo, através de políticas públicas. Contudo, na medida em que o governo constata que apoiar o esporte amador gera mais empregos, menos doenças, logo mais saúde, logo menos demanda pelo aparato hospitalar e médico, mais interatividade interpessoal e com isso maior satisfação comunitária, ele investe no apoio, na disseminação e na produção de parques poliesportivos para amadores.

No Brasil, onde a numerosa população jovem mora na macrorregião de clima quente e com estações do ano suaves, que permitem contínua exposição ao ar livre e ao sol, o esporte amador tem sido apoiado crescentemente pelas autoridades. De fato, existe uma crescente preocupação em se divulgar através de propaganda escrita e falada que o esporte é bom para a saúde e minimiza as doenças "urbanas", que induzem e estimulam especialmente um estilo gregário de vida.

Existe também uma preocupação crescente quanto à construção de unidades esportivas múltiplas e polivalentes, para que cada vez mais esportistas pratiquem suas modalidades. Surgem assim os parques esportivos, sendo construídos 243 em 1996, nos 5507 municípios existentes no Brasil[1] com previsão de conclusão em até dois anos. Mesmo que estes parques esportivos possuam dimensões e propósitos diferenciados, eles mostram que em 4,41% dos municípios brasileiros estão surgindo novas instalações.

Considerando-se a intensa urbanização brasileira, os 73.429 espaços esportivos registrados no país em 1996, que contam com pelo menos um esporte em condições apropriadas de ser praticado, parecem ser pouco em relação à população total.[2]

Os pouco mais de 162 milhões de habitantes registrados no Brasil naquele ano demonstram que na média haveria 2.208 habitantes por localidade esportiva. Uma cifra elevada, que implica na utilização assaz elevada da nossa infraestrutura atual.

Mesmo considerando outro indicador, como o da população com idade acima de 10 (dez) anos, gerando uma média de 1.777 habitantes por aparato esportivo, esta média permanece bem acima do desejável.

Segundo dados provisórios do Censo demográfico do IBGE, no ano 2000, a população brasileira total alcançou a cifra de 170 milhões de habitantes. No mesmo ano, segundo dados do Banco Central do Brasil, a renda *per capita* havia recuado pelo quarto ano consecutivo, e a taxa de crescimento havia chegado a tímidos 2,6% anuais.

Desta maneira, e como decorrência disso, o valor bruto dos investimentos públicos em infraestrutura esportiva também declinou. O coeficiente de atendimento de habitantes por localidade esportiva teria subido para 2.304, manifestando uma queda na capacidade de atendimento.

É importante salientar que este coeficiente em si tem pouco valor informativo. No período de 1996 a 2000, ocorreu uma forte expansão urbana da infraestrutura esportiva privada. Assim, à queda no investimento público, correspondeu uma elevação no investimento privado, que passou em definitivo a ver o esporte como um negócio.

Por falta de dados no campo privado, abstêmo-nos de comentar qual poderia ser o efeito líquido final da disponibilidade de aparatos esportivos, em face da expansão quantitativa da população.

Outro fator que também merece destaque e que não fora percebido nas análises feitas até 1999 é que parques esportivos de agremiações, associações, quartéis militares e afins, que antes viviam mais fechados e eram isolados a favor de alguns poucos associados, passaram a ser cada vez mais bem aproveitados pelas comunidades.

A abertura democrática e a busca de novas fontes de receitas, combinadas, induziram a uma oferta maior dos parques esportivos já existentes e frequentemente ociosos.

Embora estes números das localidades esportivas sejam bons e positivos em termos absolutos, eles são pequenos tanto no absoluto, quanto no relativo, para satisfazerem as reais e crescentes necessidades de se realizarem atividades esportivas amadorísticas e profissionais no país.

Nos Estados Unidos da América, há 402 habitantes com idade acima de 10 anos, por instalação esportiva, na média.[3] Ou seja, considerando-se parâmetros similares aos nossos, os norte-americanos podem praticar seus esportes em 4,42 vezes mais quadras que os brasileiros.

Por outro lado, comparar estes dados tampouco é inteiramente certo. O Brasil vive sob um clima ameno e quente, que permite e induz às atividades *outdoors* (em plena natureza). Já em países de clima temperado, como nos Estados Unidos, boa parte do ano se vive sob nevascas e ventanias gélidas, que forçam esse país rico a investir em parques esportivos fechados, adotando durante longos meses de outono e inverno a prática *indoors* de esportes.

A distância é grande, e tende a crescer, a menos que medidas que promovam o esporte em geral e o amador em particular venham a ser estabelecidas.

Os incentivos, os subsídios, os estímulos à produção, os elementos multiplicadores de renda e de formação de receitas com redução de custos que se implantarem no país, sejam quais forem, serão insuficientes para se atender esta demanda esportiva reprimida e crescente.

Lembre-mo-nos de que o Brasil dos anos 1994-2001 optou por um modelo de baixa inflação com crescimento econômico baixo. Nessa modelação, o Estado vem em tese sendo minimizado e há de domar um déficit público persistente. Enquanto ele cresça e venha a majorar o giro da dívida pública, aumentando as taxas de juros reais, não sobrarão recursos significativos para o esporte. Isto, em que pese à boa vontade dos ministros de Estado, dos políticos, das autoridades e o clamor uníssono dos atletas.

O esporte permanecerá sacrificado pela crise econômica. Isso redundará em menos investimentos para públicos, que os requeridos, para ele. Ora, pelos inúmeros efeitos multiplicadores positivos gerados pelo esporte, como veremos nos Capítulos 2 e 3, este é um contrassenso do atual modelo.

À medida que a crise passa a ser debelada e melhor controlada, seja pelo Plano Real iniciado em 1994, seja pela consubstanciação de uma disciplina fiscal mais evidenciável a partir de 1998, setores não tradicionalmente contemplados com verbas públicas passaram a receber mais atenção e orçamento público.

Este é o caso do setor esporte a partir de 2003, quando uma nova fase econômica consolida a visão de que o Ministério do Esporte há de ser criado, para formular e implantar uma política nacional esportiva. Essa medida é uma decorrência natural do amadurecimento e da conscientização, aos quais se chega no país, da importância do esporte para os brasileiros.

A partir de 2003, verbas são destinadas ao esporte em volume maior e crescente, por certo ainda insuficiente. E pelo fato de se centralizar primeiro em uma Secretaria e a seguir em um Ministério, a atividade esportiva e sua produção iniciam uma fase na qual se enxerga com maior clareza o volume de verbas destinado diretamente ao esporte.

As contas do esporte não são simples. Esparramam-se por inúmeras rubricas públicas e privadas. Espalham-se nos níveis federal, estadual e municipal de governo. E, dependendo da definição que se dê a esporte, podem assumir maiores ou menores valores.

Obras públicas destinadas à prática e ao espetáculo esportivo não fazem necessariamente parte de um ministério ou de uma secretaria esportiva. Elas podem ser encontradas em órgãos como de obras públicas, viação, transportes e saúde. Dessa forma, a contabilização do que é de fato despendido correntemente e investido em esporte se sujeita a uma metodologia que precisa ser continuamente ajustada.

Os megaeventos que passaram a chamar a atenção mundial, a serem realizados no Brasil a partir de 2014, tais como a Copa do Mundo de Futebol e os Jogos Olímpicos, correspondem a uma boa justificativa para a realização de grandes obras urbanas que darão benefícios contínuos e de longo prazo. Independentemente de jogos e campeonatos, elas são necessárias há muitas décadas e correspondem a gargalos de oferta de bens e serviços públicos, majoritariamente.

Ao serem objeto de exigência de organizações tais como a FIFA e o COI, e ao serem aceitas estas exigências pelas autoridades locais, daí decorrendo compromissos, protocolos e numerosas promessas de cumprimento de instalação de bens e serviços obviamente necessários, uma vez aprovados pela comunidade, podem fazer parte de orçamentos e planos de governo.

Neste quadro, certas obras do PAC (Plano de Aceleração do Crescimento), implementadas de 2003 em diante, podem ser identificadas como puramente esportivas (construção, reforma, manutenção e promoção de estádios e arenas esportivas), enquanto outras são infraestruturas com função e razão de ser multiuso, tais como redes viárias, que tanto servem para atletas e espectadores se deslocarem com maior facilidade quanto para a população em seu dia a dia levar a sua rotina.

Também é importante salientar que o esporte amador é a base do esporte profissional. É o primeiro que gera o segundo. Eles estão umbilical e sequencialmente ligados. Dessa forma, quando um é beneficiado, o outro também é estimulado e vice-versa.

Com poucas medidas precisas e estimulantes, é possível alavancar mais o esporte. Este, por sua vez, pode incitar a economia a ter movimentos evolutivos positivos. Entre eles, gerando mais saúde, qualidade de vida, bem-estar coletivo, empregos, renda, receitas empresariais, contribuições fiscais, industrialização, desenvolvimento do setor serviços e multiplicidade na matriz de produção brasileira.

Por essas razões, faz sentido incentivar o esporte amador, com ações diretas (redução de impostos, liberação de crédito dirigido para esportes, aumento da mobilidade internacional dos esportistas, incentivos do CNPq e do CAPES, com mais bolsas esportivas a quem se destaca nas modalidades, etc.), seja com ações indiretas (incentivos à indústria em geral, reforma fiscal e tributária, reforma administrativa, reforma do Estado e afins).

1.2.2 Situação Geral do Esporte Profissional

O esporte profissional caracteriza-se por remunerar o exercício esportivo ao profissional que o pratica. Pela sua atividade, o atleta recebe recursos e verbas, com as quais pode viver na comunidade, como que exercendo mais uma das inúmeras profissões existentes.

A mensuração e a avaliação das formas de remuneração dos profissionais dos esportes é todavia uma atividade relativamente recente e complexa de realizar. Ainda é frágil a metodologia que alicerça o cálculo dos ganhos obtidos pelos profissionais do esporte. Isto porque os ganhos podem ser registrados ou não em carteira de trabalho por atleta, e são de tipologias variadas adicionalmente, como contratos livres nas áreas de propaganda, *merchandising* de produtos, participação sobre bilheterias, luvas de transferências, prêmios por *performance* e outros.

Existe uma significativa parte da renda esportiva que está mergulhada na informalidade. Ela é tradicional e recorrente nesta atividade humana. É difícil estabelecer onde acaba o esporte amador e onde começa o esporte profissional. Até porque, para estabelecer-se numa atividade destas, que é vista como de lazer ou de produção de lazer, inúmeras entidades e pessoas praticantes esperam por certo tempo, para verificarem a firmeza de seus propósitos e a probabilidade de seus sucessos serem repetidos.

Naturalmente, faz sentido incentivar e apoiar o esporte profissional, pela renda, pelo emprego e pelos efeitos positivos que ele gera à sociedade. Em especial nesta fase da economia brasileira, de marcha forçada para uma estabilidade de preços baixos, diminuto crescimento e altos índices de desemprego da mão de obra, faz muito sentido promover de forma clara e coerente o esporte profissional.

Contudo, o esporte no Brasil vive uma situação ímpar. Observa-se claramente uma expansão do número de praticantes e de interessados em esportes (Nota: é necessária a comprovação estatística dessa afirmação, como faremos nos Capítulos 2, 3, 4 e 5), um crescente interesse de patrocinadores e da mídia nessa atividade, mas tem-se a impressão de que uma certa turbulência está instalada no meio esportivo brasileiro.

Este quadro é típico de uma situação de mudanças profundas nas bases organizacionais desta atividade, na qual o governo, por ser o emulador e incentivador de medidas e de investimentos, vive uma fase de transição e de redefinições.

Educação e Desportos funcionaram associados e juntos, por séculos. Entendia-se que o desporto era um subconjunto da formação educacional dos indivíduos, logo devia ser atrelado ao Ministério da Educação.

Nessa concepção tradicionalista, a visão que se tinha da prática esportiva é que ela produzia bem ao homem e fazia parte de sua educação natural. Enxergava-se de forma limitada o lado empresarial, de negócios, gerador de grandes vendas em bilheterias milionárias ou de ganhos em propaganda que o esporte viria a gerar.

Em função desses fatos, o Modelo Desportivo Brasileiro defasou-se. Arraigou-se num conceito talvez oportuno antes dos anos 1930, mas que é equivocado para o competitivo terceiro milênio. Neste, o esporte deve sustentar-se em termos econômico-financeiros, tal como toda e qualquer atividade humana, sem maiores benesses do governo, em prol da sociedade. A bilheteria e o patrocínio hão de sustentar os atletas, os dirigentes e as estruturas que fomentam o esporte em suas unidades.

O Estado, que entra com seu poder regulador, especialmente destravando as barreiras estruturais que criou ao longo do tempo, haveria de agir com rapidez, para adequar-se aos novos tempos.

Por esta razão, este é o momento das oportunidades, em que velhas práticas são abandonadas e novas formas de atuação são consagradas. É possível que estejamos passando por uma revolução no esporte brasileiro. Há pela frente profundas mudanças paradigmáticas na organicidade da atividade esportiva no Brasil.

O esporte no Brasil enfrenta uma série de problemas estruturais que devem ser observados e atacados de maneira conjunta. Entre os principais problemas podemos destacar, salvo as honrosas exceções naturalmente existentes, a péssima estrutura organizacional do esporte brasileiro em todos os níveis, destacando-se nesse ponto a falta de planejamento, pois predomina o imediatismo, a descontinuidade das ações, a ausência de dados organizados e confiáveis e, em certas ocasiões, a carência profissional de alguns dirigentes.

A ação governamental do passado, sobretudo entre 1990 e 1993, descoordenada e muitas vezes repetitiva e incongruente, prejudica profundamente o esporte escolar e a formação de uma base esportiva, na qual crianças e adolescentes manteriam os primeiros contatos com o esporte e de onde viriam os futuros praticantes de alto nível esportivo. Além disso, a ausência de uma política de esportes que seja contínua e se repasse de um governo para outro prejudica toda a população pela dificuldade de acesso à prática esportiva orientada e às instalações esportivas.

Apesar do desenvolvimento de várias modalidades esportivas, a monocultura do futebol ainda impera no Brasil, prejudicando todos os outros esportes. Isso causa uma concentração de investimentos e patrocínios na modalidade citada, desguarnecendo as demais.

Ao definir-se o futebol como uma identidade cultural brasileira a partir de 2005, esta monocultura recebeu um incentivo a mais. Contudo, as estatísticas estão mostrando claramente que existe uma crescente diversificação na prática esportiva entre os brasileiros. Isso é sadio e necessário. Vide a respeito a pesquisa do livro de Kasznar – *Análise Técnica de Estatísticas do Esporte* (Menthor, 2010).

Outra grave questão é a que diz respeito aos profissionais do esporte, sejam eles atletas ou não. Embora haja melhorias evidentes, que levam a uma maior qualificação profissional, existe uma clara deficiência na formação de profissionais e de técnicos das várias áreas envolvidas nesta atividade. Ademais em muitas delas há deficiências quantitativas de profissionais gabaritados.

Isso fornece evidências de carência de formulação de ações e macromedidas de ordem superior a todo o esporte no Brasil. Ary Graça sustenta e sugere que "Como o esporte é feito de uma série integrada de áreas que se misturam e sobrepõem, e é alimentado por um grande conjunto de setores, que o produzem e sustentam, ele fica mais difuso em relação a quem deveria ser responsável em incentivá-lo, sustentá-lo e financiá-lo". (In: Ary Graça Filho. *Estratégia Institucional do Esporte no Brasil*, p. 41, Menthor, 2010). E "assim como o PAC junta e consolida favoravelmente os projetos de investimento público de longo prazo e mostra em que e onde se implantam recursos, falta ao Brasil um equivalente Programa Integrado de Aceleração de Projetos Sociais Salidários – PIAPSS". E arremata: "Neste rol de projetos, o PIAPSS incluiria os projetos solidários do esporte" (*Ibidem*, p.57).

A esse respeito também é necessário comentar a ausência de uma estrutura de apoio ao ex-atleta no Brasil. Tal atividade solicita de certos atletas um tempo de dedicação integral, que muitas vezes tem levado essas pessoas a não seguirem uma vida acadêmica e profissional fora do esporte. Quando, portanto, sua (normalmente) curta carreira termina, ficam sem uma condição de sobrevivência mais digna.

As atividades esportivas de alto nível são atingidas em cheio pelos problemas citados. Os resultados esportivos brasileiros são quase sempre a consequência do esforço pessoal do atleta e de seus técnicos e não é parte de um planejamento e de uma administração de oportunidades, como seria desejável.

Poucas são as modalidades esportivas brasileiras nas quais um atleta ou uma geração de atletas vitoriosos é seguida por outra igualmente vitoriosa. O voleibol é uma exceção. A geração de grandes astros deste esporte – em número significativo e sob a óbvia pena de não conseguirmos citar tantos nomes quantos os que de fato estão consagrados, como Bernard, Fernadão, Montanaro, Willian, e associados – foi seguida por Carlão, Giovanni, Tande e coligados.

Nos dias que correm, temos um conjunto de novos times, masculinos e femininos, de faixas etárias diferenciadas, que disputam títulos internacionais com grande produtividade e eficácia, fato comprovado pelos sucessivos troféus amealhados mundo afora.

No escrete feminino, a geração pós Isabel foi se reafirmando a ponto de brindar o Brasil com as melhores e mais numerosas medalhas de ouro no mundo, seja nas Olimpíadas, seja na praia. Vicejam as capacidades de duas Adrianas, de Jaqueline, Sandra, Leila e Shelda, entre as brilhantes da era.

Essa sucessão de gerações tem servido para estimular a prática e a divulgação do voleibol entre os jovens, que com muita satisfação o jogam, veem e apoiam. Forma-se assim crescentemente e de modo consistente uma nova e portentosa indústria.

A indústria do voleibol esportivo. Em torno dela, uma multidão de pessoas orbita em busca de lazer, atividade, renda, emprego, profissões diretas de suporte ao esporte e profissões indiretas a ele vinculadas.

Dados esses fatos, é fundamental estimular mais ainda o voleibol e o esporte em geral.

1.2.3 Evolução Esportiva nas Olimpíadas

*Citius, Altius, Fortius*é lema dos Jogos Olímpicos da Era Moderna. Criado pelo Padre Jesuíta Henri Didon, amigo do Barão de Coubertin, este lema latino traduz-se como: "mais longe, mais alto, mais forte". Ele condiz com toda a áurea que envolve este evento mundial, que não encontra paralelo na história humana.

Resultado da insistência e perseverança de um homem, o Barão de Coubertin, os Jogos Olímpicos da Era Moderna baseiam-se nos Jogos Olímpicos da Grécia Antiga. Estes eram a comemoração da paz, da cultura e do ideal grego de humanidade. Os Jogos Olímpicos modernos objetivam estimular o interesse pelas práticas esportivas que possibilitam uma vida mais sadia, criar um espírito de desportividade saudável, e promover a paz e a boavontade mundial.

Os Jogos Olímpicos da Era Moderna são organizados pelo Comitê Olímpico Internacional (COI), entidade fundada em 1894 em Paris, na Universidade de Sorbonne, e em 1896 realizou-se em Atenas a 1ª Olimpíada da Era Moderna.

A participação brasileira inicia-se nos Jogos de 1920 em Antuérpia (Bélgica). Desde de então, o Brasil nunca mais deixou de mandar representação. Foram 15 participações e um total de 12 medalhas de ouro, 13 de prata e 29 de bronze. É sem dúvida muito pouco diante das potencialidades do país. Mas, se observarmos os quadros e gráficos a seguir, poderemos notar uma aceleração das premiações a partir da Olimpíada de 1980, em Moscou. Esta *performance* torna-se mais significativa na última Olimpíada (Atlanta, 1996), onde foram conquistadas 15 medalhas, ou 38% das medalhas conquistadas até então.

Qual a origem deste maior desempenho? Muitos dirão que são os inú-meros boicotes que aconteceram aos Jogos na década de 1980. Isso sem dúvida ocorreu, mas em Seul – 1988 não houve boicote. O Brasil conquista medalhas (1 de ouro, 2 de prata e 3 de bronze), diminui um pouco em Barcelona – 1992 (3 medalhas – 1/2/0) e chegou a Atlanta – 1996 e a seu recorde de medalhas (15 medalhas – 3/3/9). Em Sidney, no ano 2000, essa produtividade caiu ligeiramente. Portanto, a ascensão esportiva brasileira parece ser uma tendência de longo prazo, principalmente se levarmos em conta as inúmeras colocações em quarto, quinto e sexto lugares, nas últimas Olimpíadas, onde o pódio ficou muito próximo.

Obviamente, a confirmação dessa tendência só poderá ser realizada a partir dos próximos resultados em pelo menos mais três Olimpíadas.

Conforme dito anteriormente, para que este resultado apareça, várias situações devem ser observadas e soluções para os problemas aqui citados devem ser discutidas, elaboradas e implementadas, sob pena do esforço atual vir a ser totalmente desperdiçado.

Quadro I
Participação Brasileira nos Jogos Olímpicos de Verão

Olimpíadas	Ano	Local	Participação Brasileira e Medalhas			
			Ouro	Prata	Bronze	Total
1	1896	Atenas	0	0	0	0
2	1900	Paris	0	0	0	0
3	1904	St. Louis	0	0	0	0
4	1908	Londres	0	0	0	0
5	1912	Estocolmo	0	0	0	0
6	1916	Berlim*	0	0	0	0
7	1920	Antuérpia	1	1	1	3
8	1924	Paris	0	0	0	0
9	1928	Amsterdam	0	0	0	0
10	1932	Los Angeles	0	0	0	0
11	1936	Berlim	0	0	0	0
12	1940	Tóquio**	0	0	0	0
13	1944	Londres**	0	0	0	0
14	1948	Londres	0	0	1	1
15	1952	Helsinque	1	0	2	3
16	1956	Melbourne	1	0	0	1
17	1960	Roma	0	0	2	2
18	1964	Tóquio	0	0	1	1
19	1968	Cidade do México	0	1	2	3
20	1972	Munique	0	0	2	2
21	1976	Montreal	0	0	2	2
22	1980	Moscou	2	0	2	4
23	1984	Los Angeles	1	5	2	8
24	1988	Seul	1	2	3	6
25	1992	Barcelona	2	1	0	3
26	1996	Atlanta	3	3	9	15
27	2000	Sydney	0	6	6	12
28	2004	Atenas	5	2	3	10
29	2008	Pequim	3	4	8	15
Total			**20**	**25**	**46**	**91**

Fonte: Comitê Internacional
Observações: * Os jogos foram cancelados em virtude da Primeira Guerra Mundial.
** Os jogos foram cancelados em virtude da Segunda Guerra Mundial.

Evolução dos Ganhos de Medalhas pelo Brasil nos Jogos Olímpicos

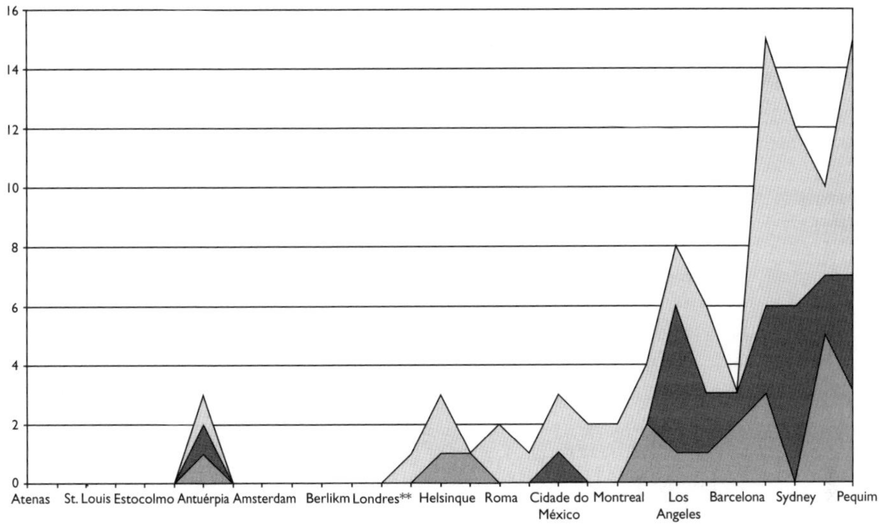

Medalhas Olímpicas Ganhas pelo Brasil através dos Jogos

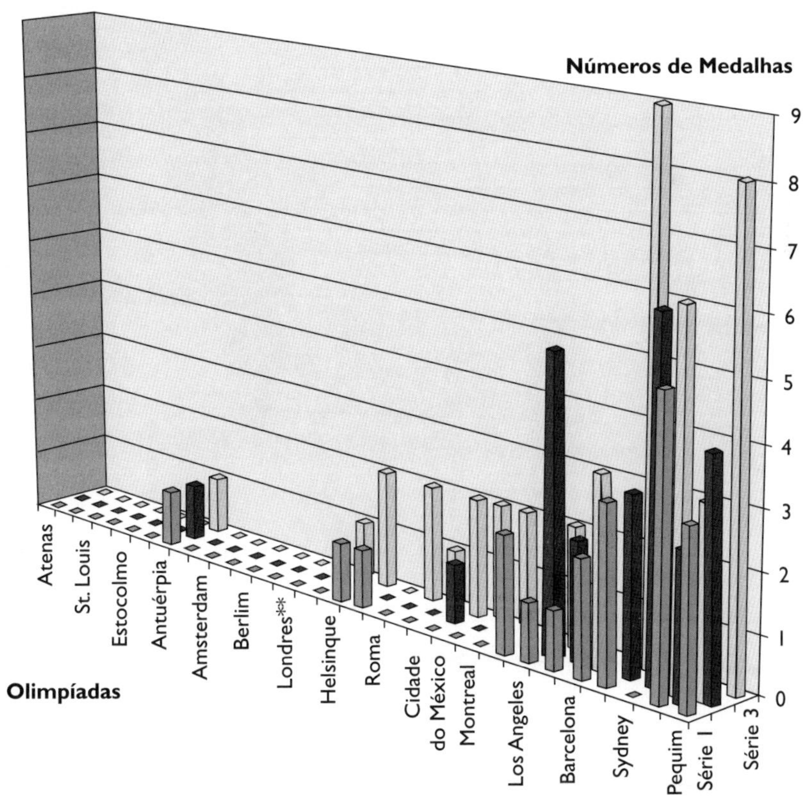

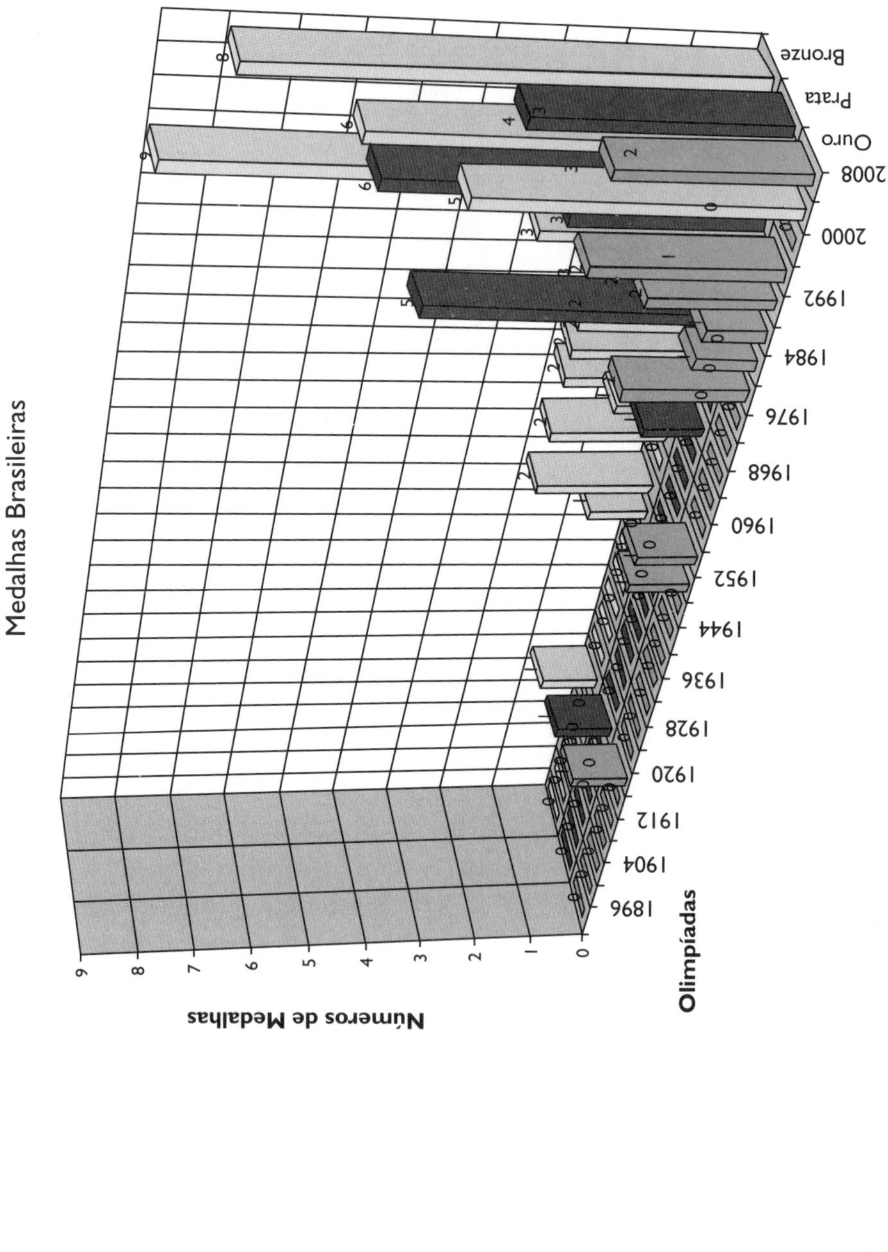
Medalhas Brasileiras
Números de Medalhas
Olimpíadas
0
1
2
3
4
5
6
7
8
9
1896
1904
1912
1920
1928
1936
1944
1952
1960
1968
1976
1984
1992
2000
2008
Ouro
Prata
Bronze

Gráfico 3
Evolução Exponencial do Número de Medalhas

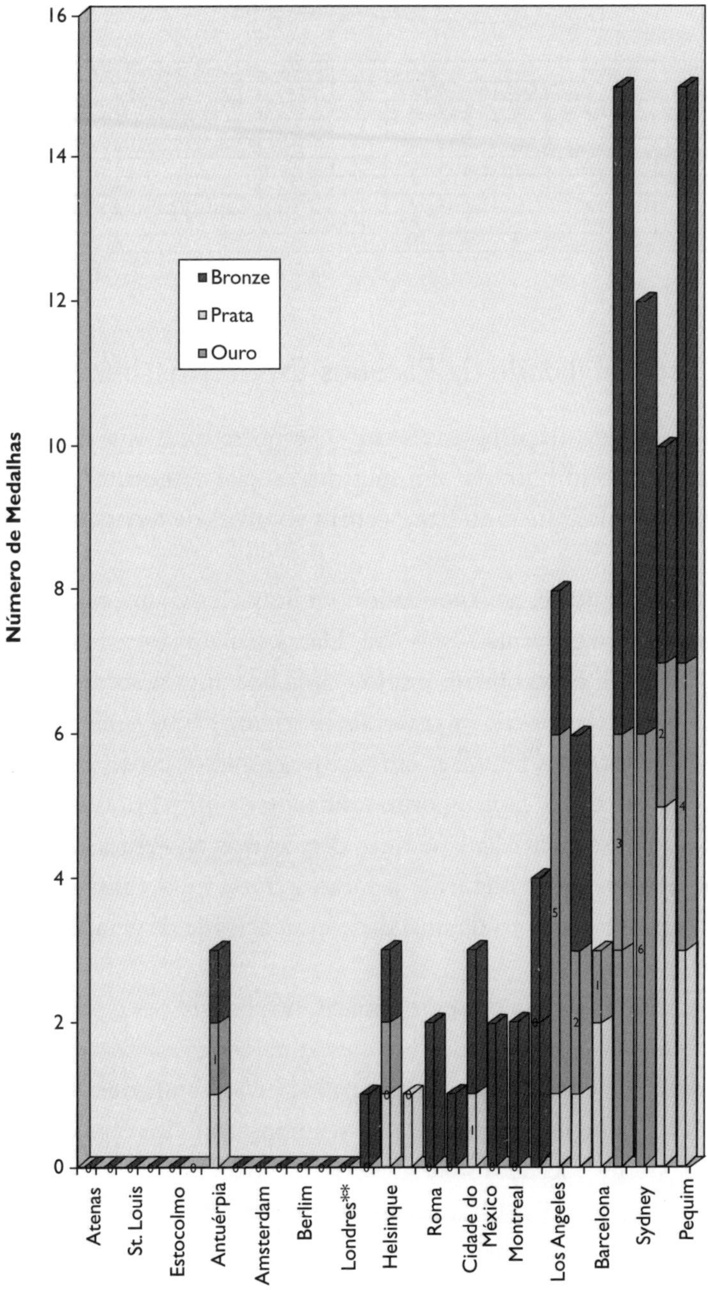

Quadro 1A
Número Total de Medalhas Olímpicas e Ganhas pelo Voleibol do Brasil – entre 1984-2008

Olímpiada	Ano	Local	Número de Medalhas Olímpicas				Número de Medalhas Olímpicas do Voleibol				Voleibol / Total
			Ouro	Prata	Bronze	Total	Ouro	Prata	Bronze	Total	
1	1984	Los Angeles	1	5	2	8	0	1	0	1	12,50%
2	1988	Seul	1	2	3	6	0	0	0	0	0,00%
3	1992	Barcelona	2	1	0	3	1	0	0	1	33,33%
4	1996	Atlanta	3	3	9	15	1	1	1	3	20,00%
5	2000	Sydney	0	6	6	12	0	2	2	4	33,35%
6	2004	Atenas	5	2	3	10	2	1	0	3	30,00%
7	2008	Pequim	3	4	8	15	1	2	1	4	26,67%
Total			15	23	31	69	5	7	4	16	23,19%

1.2.4 Disponibilidade de Parques Esportivos: Infraestrutura

Para ser praticado na urbe moderna, o esporte necessita de espaço e infraestrutura. Isso implica em um sacrifício social comunitário mais do que compensador, mas que mobiliza e centra volumes de recursos consideráveis sobre o esporte.

Tradicionalmente, as autoridades públicas ofereciam ou construíam em espaços públicos a estrutura desportiva. Elas possuíam verbas e, sobretudo, vastos terrenos que lhes permitiam assumir uma liderança nesta área.

Nos tempos correntes, os governos continuam assaz generosos e bem dotados de terrenos. Mas falta-lhes em regime crônico a capacidade de disponibilização de verbas. Os capitais fartos acabaram e outras prioridades surgiram.

Como consequência, os parques desportivos existentes e em mãos dos governos tendem frequentemente a sucatearem-se e envelhecer, faltando-lhes manutenção, atendimento de qualidade e capacidade de geração de satisfação aos usuários e clientes.

No entorno da crise do setor público, outros serviços também se deterioram. Os transportes são afetados por crescentes engarrafamentos e o tempo de deslocamento de um local para outro, pelas pessoas, aumenta. As vias públicas vivem continuamente engarrafadas. A segurança pública é posta em cheque. Assaltos e mortes sucedem-se, e as pessoas procuram evitar espaços amplos, ermos, sobretudo à noite. Ora, alguns dos maiores espaços públicos são aqueles oferecidos pelos grandes estádios e complexos desportivos.

Estes elementos afastam o público pagante e o praticante dos desportos. Os torcedores "se fecham", sendo compelidos a ver e torcer por seus times de suas residências, vendo a televisão, ouvindo o rádio ou lendo jornais e revistas.

Em um momento no qual a população total da Nação e o público potencial dos desportes crescem, os parques desportivos podem até tender a ser menos utilizados. Essa ociosidade é mais sensível, quando existente, nas grandes metrópoles brasileiras, nas quais a assistência do Estado tende a reduzir-se em função das crises em nível de governos federal, estadual e municipal. Obviamente, o tamanho das crises e das oportunidades é diferenciado. Depende de cada localidade, Estado da Federação e Município.

O espaço urbano é caro, e seu preço tende a elevar-se. Já a infraestrutura, ao sofisticar-se e solicitar tanto espaços abertos quanto fechados, que também prevejam a afluência de massas de pessoas, tende a solicitar verbas elevadas.

O Estado, na acepção governamental da palavra, mostra-se cada vez mais destituído da capacidade de fazer frente às demandas financeiras, econômicas, técnicas e empresariais do esporte. Por essas razões, faz sentido abrir espaço à iniciativa privada, permitindo que ela proveja as necessidades novas que forem surgindo no campo desportivo, com um prisma e um enfoque empresariais.

Com o objetivo de compreendermos melhor a realidade dos parques desportivos brasileiros, procuramos levantar um conjunto de dados, especialmente de ordem estadual e municipal.

Falta, todavia, uma central de dados – nós ao menos não a identificamos, caso exista – que disponibilize em termos atualizados toda a variedade da infraestrutura poliesportiva brasileira. Isto é, que especifique e desagregue dados seja de clubes, associações, agremiações, escolas, universidades, academias, portos, aeroportos e outras unidades.

Esta seria uma atribuição que caberia ao Ministério dos Esportes e Turismo – montar, dispor e apresentar à comunidade, conforme possível.

Os esportes em geral e o voleibol em particular podem ser enquadrados como usuários naturais desta infraestrutura, daí justificando a preocupação com este assunto.

Notamos que a obtenção de dados acerca do esporte em geral é bem complexa e difícil no Brasil. Os dados são difusos, e as metodologias nem sempre são similares nos levantamentos realizados.

Este trabalho possui, neste sentido, o caráter do ineditismo e realiza o esforço de amealhar dados e estatísticas que estão difusos, sobre o esporte no país, contribuindo no levantamento da realidade do setor.

Entre mais de 3.700 teses acadêmicas de Desportos e Educação Física às quais tivemos acesso até o ano de 2010, nenhuma possuía com densidade um banco de dados sobre o esporte em geral ou um esporte em particular.

Neste trabalho, nós desenvolvemos e suprimos numerosos dados, vários inéditos (como, por exemplo, as primeiras séries de Produto Interno Bruto do Esporte no Brasil), para que se possam justificar apropriadamente nossas proposições e se possa enveredar pelo complexo caminho que o processo decisório e as políticas desportivas brasileiras requisitarão de forma crescente.

No caso da infraestrutura, sumarizamos nossas percepções por meio dos quadros a seguir. Eles correspondem a uma amostra relevante da realidade infraestrutural desportiva brasileira.

No Quadro 2, referente ao Município de São Paulo, a maior metrópole do Brasil, observa-se que o número de estabelecimentos esportivos (NEEC) tem crescido. Especialmente, constatam-se: mais quadras esportivas (55 em 1995); mais Centros Educacionais Esportivos (20); a municipalização dos Centros Desportivos, que passaram de 93, em 1993, para 223, em 1995; e o aumento do número de campos de futebol (de 121 para 159).

Todavia, também há estruturas que tendem a desaparecer, como os autódromos, os balneários e os centros olímpicos de treinamento. Sinal de que, nos novos tempos, a demanda e especialmente a capacidade de sustentar estruturas são determinantes na manutenção de estabelecimentos desportivos.

Esta dotação desportiva pode ser considerada insuficiente diante dos padrões norte-americanos já apresentados aqui, para uma metrópole que conta com mais de 16 milhões de habitantes nos 38 municípios que a compõem e para os quase 8,5 milhões de habitantes do Município de São Paulo.

O Quadro 3 mostra, para o Município de Belo Horizonte, a existência de 139 praças esportivas no remoto ano de 1987. Isso cria uma alta e pouco atraente relação de 15.836 habitantes por praça esportiva, que para ofertantes pode ser lido em sentido inverso e de oportunidades ainda não suficientemente exploradas.

Neste quadro, a Prefeitura de Belo Horizonte também inclui as praças públicas, como áreas de práticas de esportes, caracterizando claramente o lado do esporte amador como sua meta analítica.

O Quadro 4 reforça as evidências na disparidade dos dados e das técnicas de levantamento de informações existente no setor, ao referir-se a ele no nível dos investimentos sem, contudo, desmembrá-lo ou especificá-lo com a devida clareza.

Quadro 2
NEEC – Número de Estabelecimentos Esportivos e Clubes em São Paulo

Nº	Equipamentos	1993	1995
1	Quadras Esportivas	52	55
2	Autódromo	7	1
3	Centros Educacionais Esportivos	15	20
4	Centros Desportivos Municipais	93	223
5	Balneários	14	13
6	Centro Olímpico de Treinamento	9	1
7	Ginásio Esportivo	2	1
8	Campos de Futebol	121	159
9	Conjunto Desportivo	1	1
10	Estádios	3	3
11	Ginásio	7	7

Fonte: Secretaria Municipal do Planejamento
Secretaria Municipal de Esporte (SEME)

Quadro 3
Número de Estabelecimentos Esportivos e Clubes em Belo Horizonte
Dimensionamento das Áreas de Esporte, Lazer e Recreação em Belo Horizonte

Ano	Equipamentos Implantados	Total	Hab./ Equipe
1987	Praça de Esporte / Clube	139	15.836
1987	Campo de Futebol / Várzea	107	20.572
1989	Praça Pública (com área verde)	396	5.558
	Total de Equipamentos e Hab./Equipe	642	41.966

Fontes: SUDECAP E SMMA

	Variável Esportes			
Total	M² de clubes e congêneres	Nº de piscinas, quadras, etc.	Nº de promoções esportivas	Nº de participantes
	494.245	3.217	210	1.215.613

Fonte: Prefeitura Municipal de Belo Horizonte

Quadro 4
NEEC – Número de Estabelecimentos Esportivos e Clubes em Porto Alegre
Cultura, Lazer e Esportes de Porto Alegre

Equipamentos Culturais	
Especificação	Total
Auditórios	22
Salas / Salões	7
Teatros	12
Galerias de arte	39
Cinemas	33
Livrarias / Editoras	98
Bibliotecas	26
Museus	24
Arquivos Públicos	7
Universidades / Faculdades	10
Imóveis Tombados pelo Patrimônio Público	38
Outros Equipamentos Culturais	26
Total de Equipamentos Culturais	342

Investimentos	
Secretaria Municipal de Esportes	Total
Reformas e Construção de Praças, Quadra de Esportes	R$100.000,00

Dados Socioeconômicos por Setores de Atividades			
Setores	Estabelecimentos	P. Ocupado	Produção
Agrícola	757	3.460	123.460,00
Industrial	2.666	69.493	7.974.329,70
Comercial	9.216	90.316	16.564.132,20
Serviços	6.906	67.360	2.868.964,00

Fonte: Relatório de Indicadores Sociais e Plano de Investimentos
Prefeitura de Porto Alegre – Secretaria do Governo Municipal

1.2.5 Infraestrutura do Voleibol

A infraestrutura do voleibol inclui diversos estabelecimentos e equipamentos, segundo os tipos e propósitos explícitos de cada modalidade esportiva.

Dada a sua versatilidade e o espaço "menor" ou "igual" que ele utiliza em relação a outros esportes com bola, como o futebol e o basquetebol, o voleibol pode aproveitar as quadras e as estruturas destas outras modalidades para si.

Isso significa que em quadras e em estabelecimentos polivalentes pode-se praticar o voleibol, o que justifica a sua economicidade e recente expansão territorial, em nível recorde, no Brasil.

É de fato difícil explicitar o exato número de quadras de voleibol no Brasil, porque, como as quadras são do tipo multiuso, elas podem ser usadas para vários esportes simultaneamente. Contudo, como uma aproximação da realidade, podemos afirmar que há pelo menos 73.429 complexos esportivos no Brasil que se prestam à prática do esporte, em condições técnicas apropriadas (Como foi visto no Item 1.2).

Esses complexos aos quais nos referimos são construídos com cimento, aço e argamassa. Eles representam, portanto uma imobilização de capital e local para prática objetiva do esporte. Nesse caso, ele tem endereço. Este não se altera com o passar do tempo.

Ademais, e por outro lado, a tecnologia permite que, com rapidez e precisão se monte onde nada havia minutos atrás, uma quadra perfeita com público variável, de pé ou sentado, com capacidade para 100 a 2.000 ou mais pessoas. Exemplo típico deste novo formato de ocupação territorial do esporte ocorre no vôlei de praia.

O vôlei de praia pode ser montado em qualquer praia, sobre a areia. Ele permite então que se criem segundo as necessidades "infinidades" de quadras, formais e informais. Elas se prestam para shows de atletas profissionais, campeonatos, treinos e simples lazer de amadores.

No Brasil, país continental, detentor de mais de 8.000 km de extensão litorânea, havendo público, pode-se constatar a extraordinária capacidade geradora de quadras a preços e custos mínimos. Esse fato também mobiliza, incentiva e facilita a prática do esporte voleibol no Brasil.

Merece também destaque o fato de que nos tempos atuais é assaz usual dispor de demarcadores de quadras esportivas (tintas, tapetes corridos, pisos em formato de tijolos e outros), redes leves e de fácil manuseio, e de lotes de areia que se transportam de uma cidade para outra por caminhões.

Isso faz com que todas as modalidades do voleibol possam ser praticadas no país, em qualquer um de seus espaços territoriais, sem maiores dificuldades ou custos. Por essas razões, também, este esporte se mostra extraordinariamente versátil e barato de ser realizado.

1.2.6 Número de Praticantes do Esporte

Nosso objetivo nesta seção é o de estipular o número de praticantes de voleibol. Entendemos que a forma adequada de realizar esta mensuração consiste no uso dos dados do número total de atletas inscritos na prática do esporte.

Em 1997, a CBV (Confederação Brasileira de Voleibol) registrava 75.400 inscritos na prática regular do esporte.[4]

Com 321.248 inscritos no mesmo ano, segundo dados da Confederação Brasileira de Futebol, estes valores tornam o voleibol o segundo esporte mais praticado no Brasil, oficialmente, entre os desportistas brasileiros regulares e constantes.[5]

Os dados do quadro a seguir demonstram que o maior número de filiados do voleibol está em Minas Gerais, com 27.286 atletas inscritos. Segue de perto São Paulo, com 25.000 atletas.

A despeito de sua população e das oportunidades oferecidas por seu rico parque esportivo, somado às lindas extensões litorâneas, o Rio de Janeiro conta com parcos 2.000 inscritos.

A taxa de atividade, ou de presenças mais constantes e regulares realizadas pelos atletas, mostra que o maior e dominante índice de comparecimento é de 80%. Este valor pode ser considerado alto e muito bom, posto que para cada quatro eventos aos quais comparece, o atleta falta a um, ou seja, o seu índice de absenteísmo é de 20%.

Este excelente índice de comparecimento demonstra a alta motivação que possuem os jogadores de voleibol, em praticarem o seu esporte. Note-se que ele ocorre onde estão as maiores populações de atletas – em Minas Gerais e São Paulo.

De forma a ilustrar por gráfico esta situação, mostramos o total de atletas federados inscritos a seguir. O quadro de novas inscrições é apresentado mediante o levantamento realizado pela CBV. Anualmente, elas aproximam-se de 3.000 novas inscrições. Este valor foi utilizado para apresentarem-se dados do período de 1992 a 1995, quando as estatísticas eram frágeis.

Os dados demonstram que o esporte tem criado novos e mais adeptos, evoluindo na trilha de uma prática firme e consistente.

Ademais, podemos entender estes dados como uma forma de demonstrar que novos empregos estão sendo criados pelo voleibol. Jovens dirigem-se em número significativo a esta modalidade de desporto, visando dignificar suas vidas, valorizando de forma crescente uma nova profissão.

O empenho em prosseguir oferecendo condições de empregabilidade no voleibol a novos atletas há de ser preocupação e interesse das autoridades desportivas nacionais.

Quadro 5
Filiados por Federações

Federações	nº de atletas inscritos	% de atletas ativos
Federação Acreana de Voleibol	300	80
Federação Amapaense de Voleibol	200	80
Federação Amazonense de Voleibol	400	80
Federação Alagoana de Voleibol	1.417	51
Federação Baiana de Voleibol	1.200	45
Federação Catarinense de Voleibol	8.000	20
Federação Cearence de Voleibol	2.907	27
Federação de Voleibol do Estado de Pernambuco	8.849	5
Federação Espírito - Santense de Voleibol	1.000	80
Federação Goiana de Voleibol	2.102	25
Federação Mato-Grossense de Voleibol	454	60
Federação Mineira de Voleibol	27.286	80
Federação Piauiense de Voleibol	920	80
Federação Rondoniense de Voleibol	1.880	80
Federação Roraimense de Voleibol	550	40
Federação Sergipana de Voleibol	380	50
Federação Maranhense de Voleibol	500	80
Federação Paraense de Voleibol	400	80
Federação Paraibana de Voleibol	1.200	80
Federação Paranaense de Voleibol	4.000	80
Federação de Voleibol do Rio de Janeiro	2.000	80
Federação Norte-Riograndense de Voleibol	300	80
Federação Gaucha de Voleibol	6.500	80
Federação Paulista de Voleibol	25.000	80
Federação Tocantinense de Voleibol	200	80

Fonte: CBV (Confederação Brasileira de Voleibol).

Gráfico 5
Atletas Federados

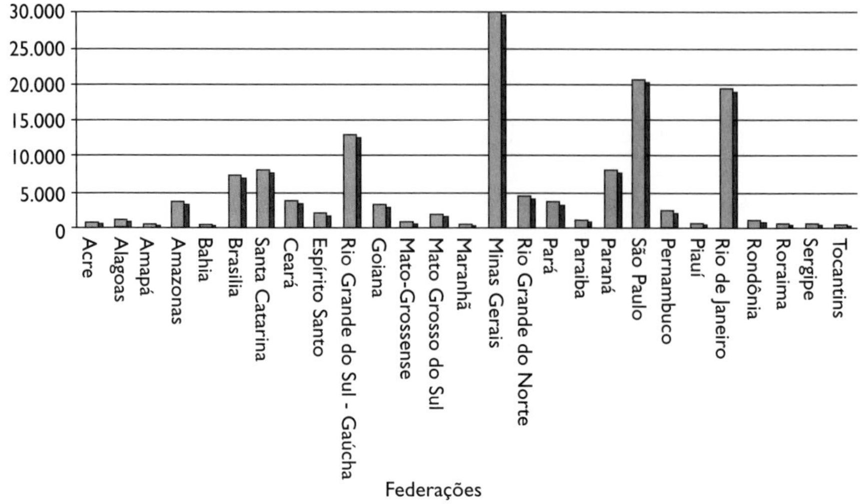

Quadro 6
Atletas Inscritos na CBV

Ano	Nº de Atletas Inscritos
1992	3.000
1993	3.000
1994	3.000
1995	3.000
1996	3.331
1997	3.173
1998	1.338

Média dos últimos 7 anos

Fonte: CBV (Confederação Brasileira de Voleibol)

Gráfico 6
Atletas Federados (1992-1998)

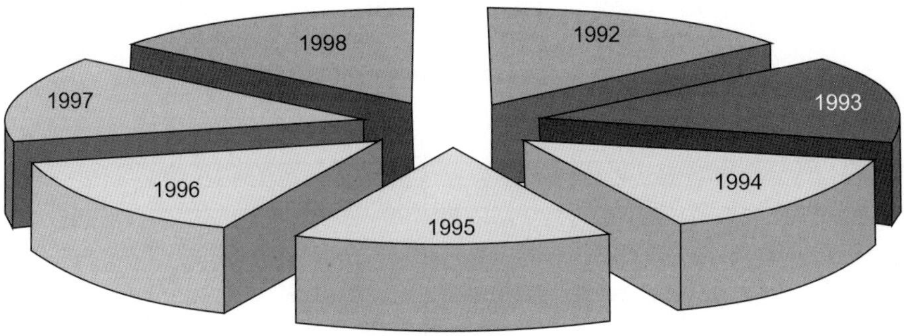

Quadro 7
Esportes que gosta de ver ou de praticar (preferidos)

Resposta	Total	Sexo		Mulheres		Idade			Grau de instrução			
		Homem	Mulher	Que trabalham	Que não trabalham	10 a 19	20 a 30	40 e mais	Até prim. comp.	Ginas. inc. e comp.	Coleg. Inc. e comp.	Super. Inc. e mais
Base	2.000	967	1.033	461	572	550	788	662	666	707	480	147
Futebol	56%	79%	35%	34%	35%	62%	56%	52%	54%	58%	58%	54%
Vôlei	35%	27%	42%	42%	43%	53%	39%	16%	16%	40%	49%	52%
Futevôlei	1%	2%	1%	1%	1%	2%	1%	1%	0%	1%	3%	2%
Basquete	15%	16%	14%	15%	13%	21%	13%	12%	9%	16%	18%	24%
Natação	13%	11%	14%	15%	14%	17%	14%	7%	5%	15%	16%	27%
Tênis	2%	2%	2%	3%	1%	3%	2%	2%	1%	2%	3%	5%

Obs.: A soma das porcentagens ultrapassa os 100% em virtude de múltiplas respostas para esta pergunta
Fonte: IBOPE - Opinião Pesquisa de Opinião Pública Brasil – Março de 1997

Gráfico 7
Esportes que gosta de ver ou praticar

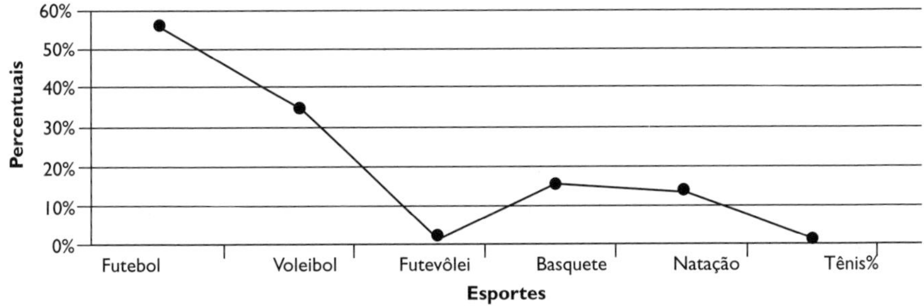

Quadro 8
Confederação Brasileira de Voleibol
Superliga 96/97 – Feminino

	Federações e Clubes da Confederação	Nº de Jogos	Público Total	Total Recebido
Fed. Es	Federação Mineira	20	23.947	3.253,18
Fed. Es	Federação Paranaense	9	8.598	1.321,00
Fed. Es	Federação Catarinense	10	3.926	1.002,45
Fed. Es	Federação Paulista	70	76.149	15.698,95
Clube	Leites Nestlé	14	28.100	40.425,00
Clube	Mizuno / Uniban	13	21.094	4.061,85
Clube	BCN / Osasco	12	17.396	12.538,40
Clube	F.C. Amaral / Recra	12	6.177	11.477,90
Clube	MRV / Minas	10	14.550	12.586,52
Clube	Blue Life / Pinheiros	10	2.089	1.132,00
Clube	Bonja / Datasul	10	3.926	7.014,45
Clube	Marco XX / Estrela	10	9.397	9.823,30
Clube	Londrina / Ametur	9	8.598	9.249,00
Clube	Tietê Volei Clube	9	2.293	3.602,90
	Total	218	226.240	133.186,90

Fonte: CBV - Confederação Brasileira de Voleibol

Gráfico 8
Jogos das Federações da CBV

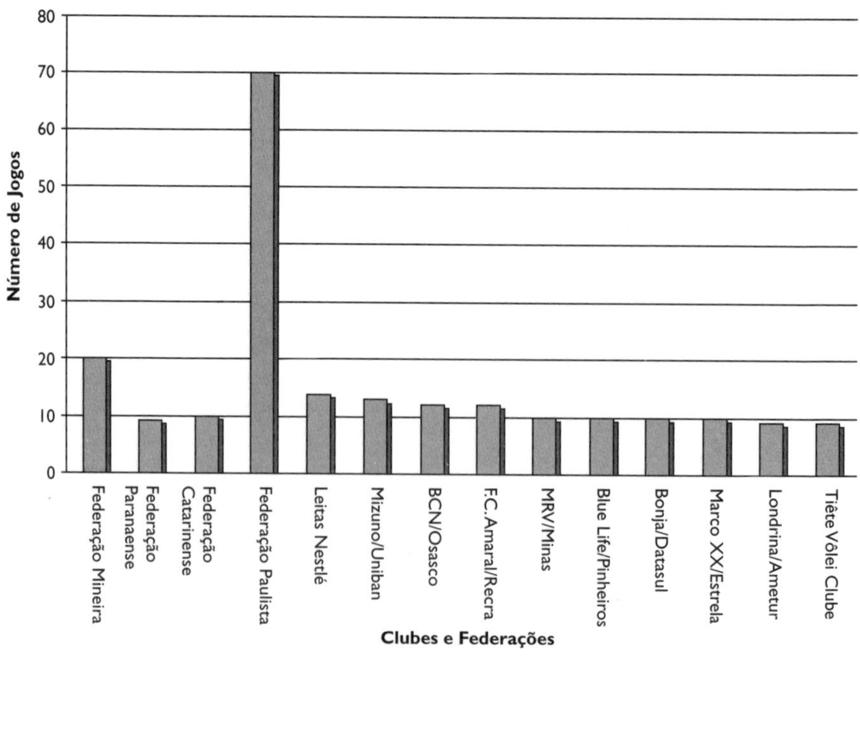

Gráfico 9
Público Total nos Jogos

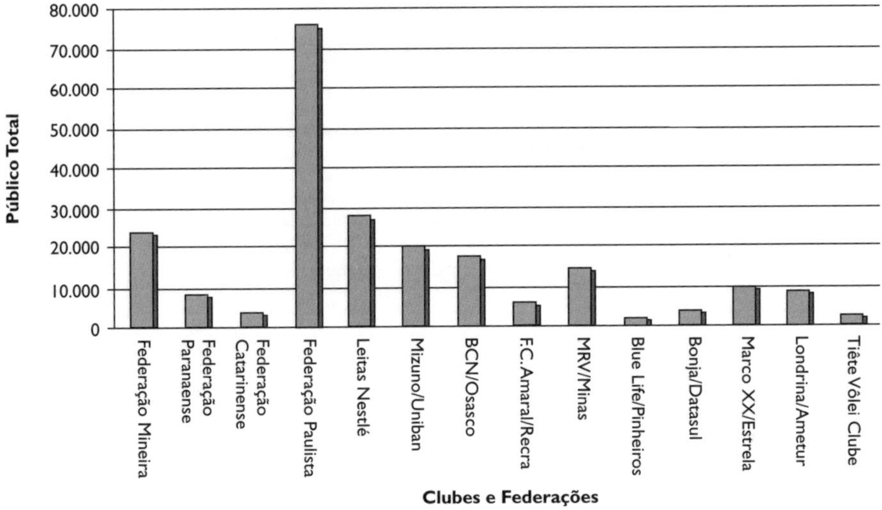

Gráfico 10
Total Recebido nos Jogos

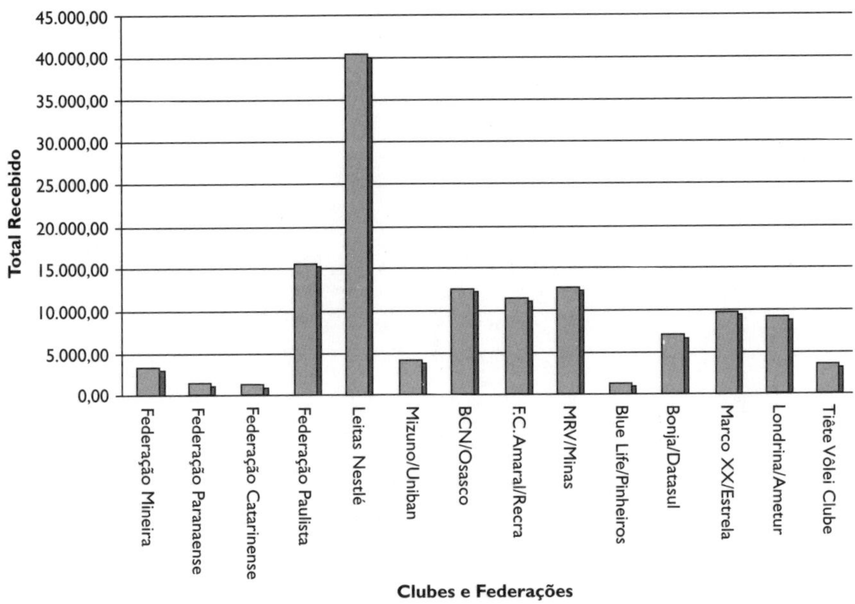

Quadro 9
Confederação Brasileira de Voleibol
Superliga 96/97 – Feminino

	Federações e Clubes da Confederação	Nº de Jogos	Público Total	Total Recebido
Fed. Es	Federação do Rio de Janeiro	11	2.220	523,25
Fed. Es	Federação Mineira	11	7.050	702,54
Fed. Es	Federação Paranaense	11	15.069	3.661,80
Fed. Es	Federação Catarinense	2	1.738	854,80
Fed. Es	Federação Gaúcha	24	12.639	3.356,00
Fed. Es	Federação Paulista	92	70.958	18.561,00
Clube	Esporte Clube Banespa	15	11.572	20.538,70
Clube	Papel Report / Suzano	16	14.969	40.153,60
Clube	Palmeiras / Lusano	11	3.756	2.521,40
Clube	Flamengo / Petrobrás	11	2.220	3.690,75
Clube	Try On / Minas	11	7.050	4.917,78
Clube	Maringá	11	15.069	25.630,60
Clube	Ginástica	12	6.370	9.997,40
Clube	Interclínicas / SOS Computadores	12	3.663	3.421,50
Clube	Ulbra / Diadora	12	6.269	16.634,60
Clube	Lupo / Náutico	12	8.466	14.754,95
Clube	Frigorífico Chapecó Esporte Clube	16	16.868	33.285,05
Clube	Olympikus	13	14.002	20.501,80
	Total	303	219.948	223.707,52

Fonte: CBV - Confederação Brasileira de Voleibol

Gráfico 11
Público Total no Jogos

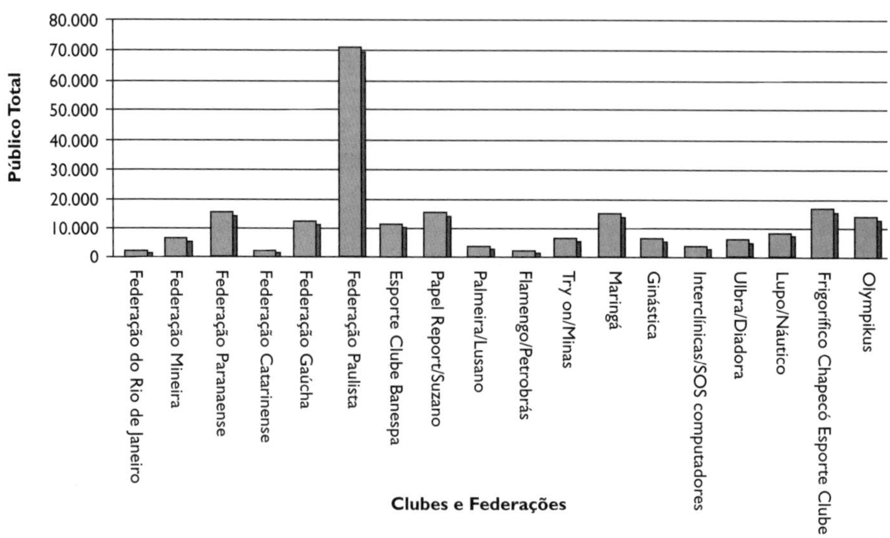

Gráfico 12
Jogos das Federações da CBV

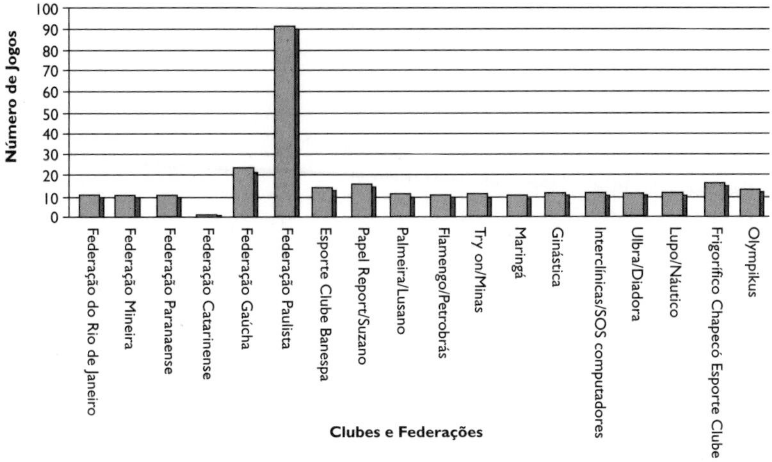

Gráfico 13
Total Recebido nos Jogos

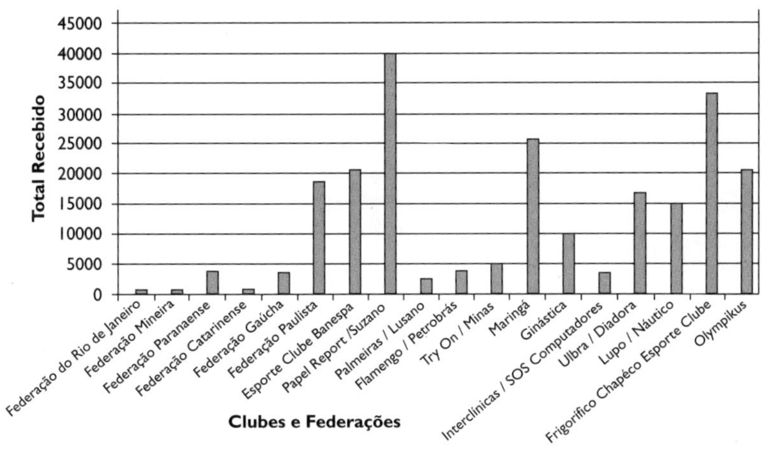

Quadro 10
Perfil do Público de Jogos de Vôlei

Categorias	Total
Sexo	
Masculino	57
Feminino	43
Idade	
Até 14 anos	9
De 15 a 17 anos	20
De 18 a 25 anos	29
De 26 a 35 anos	23
Mais de 36 anos	18

Fonte: Perfil da amostra / Instituto de Pesquisa Datafolha
Ano:1996 / Valores Percentuais

Quadro 11
Grandes Regiões e Grupos de Idade

Grandes Regiões e Grupos de Idade	Total	Econ. Ativa	Não Econ. Ativa
		Total	Total
Brasil 1984	95.704.423	52.443.112	43.261.311
10 a 19 anos	28.304.033	10.236.363	18.067.670
20 a 29 anos	22.497.868	15.917.943	6.579.925
30 a 49 anos	27.738.895	19.467.203	8.271.692
50 anos ou mais	17.163.627	6.821.603	10.342.024
Norte 1984	2.613.630	1.309.134	1.304.496
10 a 19 anos	913.641	223.202	690.439
20 a 29 anos	642.596	424.671	217.925
30 a 49 anos	703.447	510.815	192.632
50 anos ou mais	353.946	150.446	203.500
Nordeste 1984	26.969.857	14.307.609	12.662.248
10 a 19 anos	9.201.880	3.229.107	5.972.773
20 a 29 anos	5.849.257	3.943.958	1.905.299
30 a 49 anos	7.029.846	4.935.640	2.094.206
50 anos ou mais	4.888.874	2.198.904	2.689.970
Sudeste 1984	44.273.782	24.311.080	19.962.702
10 a 19 anos	11.689.179	4.063.168	7.626.011
20 a 29 anos	10.844.906	7.864.310	2.980.596
30 a 49 anos	13.438.707	9.380.476	4.058.231
50 anos ou mais	8.300.990	3.003.126	5.297.864
Sul 1984	15.465.686	9.065.986	6.399.700
10 a 19 anos	4.470.715	2.005.779	2.464.936
20 a 29 anos	3.582.863	2.616.887	965.876
30 a 49 anos	4.692.086	3.365.093	1.326.993
50 anos ou mais	2.720.022	1.078.127	1.641.895
Centro Oeste 1984	6.381.468	3.449.303	2.932.165
10 a 19 anos	2.028.618	715.107	1.313.511
20 a 29 anos	1.578.246	1.068.017	510.229
30 a 49 anos	1.874.809	1.275.179	599.630
50 anos ou mais	899.795	391.000	508.795

Fonte: Anuário Estatístico do IBGE

Grandes Regiões e Grupos de Idade	Total	Econ. Ativa	Não Econ. Ativa
		Total	Total
Brasil 1990	113.629.325	64.467.981	49.161.344
10 a 19 anos	31.895.942	11.425.741	20.470.201
20 a 29 anos	25.132.553	18.298.607	6.833.946
30 a 49 anos	35.127.942	25.800.166	9.327.776
50 anos ou mais	21.472.888	8.943.467	12.529.421
Norte 1990	3.756.767	1.983.422	1.773.345
10 a 19 anos	1.267.302	323.187	944.115
20 a 29 anos	893.389	619.452	273.937
30 a 49 anos	1.057.128	802.013	255.115
50 anos ou mais	538.948	238.770	300.178
Nordeste 1990	31.614.528	17.231.677	14.382.851
10 a 19 anos	10.433.741	3.742.693	6.691.048
20 a 29 anos	6.750.129	4.648.755	2.101.374
30 a 49 anos	8.520.146	6.181.802	2.338.344
50 anos ou mais	5.910.512	2.658.427	3.252.085
Sudeste 1990	52.390.826	29.601.295	22.789.531
10 a 19 anos	13.153.521	4.453.680	8.699.841
20 a 29 anos	11.479.630	8.579.708	2.899.922
30 a 49 anos	17.330.702	12.579.752	4.750.950
50 anos ou mais	10.426.973	3.988.155	6.438.818
Sul 1990	17.920.057	11.043.014	6.877.043
10 a 19 anos	4.693.552	2.036.798	2.656.754
20 a 29 anos	4.057.184	3.069.972	987.212
30 a 49 anos	5.783.723	4.444.775	1.338.948
50 anos ou mais	3.385.598	1.491.469	1.894.129
Centro Oeste 1990	7.947.147	4.608.573	3.338.574
10 a 19 anos	2.347.826	869.383	1.478.443
20 a 29 anos	1.952.221	1.380.720	571.501
30 a 49 anos	2.436.243	1.791.824	644.419
50 anos ou mais	1.210.857	566.646	644.211

Quadro 11 (*continuação*)
Grandes Regiões e Grupos de Idade

Grandes Regiões e Grupos de Idade	Total	Econ. Ativa Total	Não Econ. Ativa Total
Brasil 1995	120.936.407	74.138.441	46.763.259
10 a 19 anos	33.366.498	12.528.417	20.815.365
20 a 29 anos	25.242.971	19.386.445	5.852.139
30 a 49 anos	38.759.570	30.958.315	7.798.098
50 anos ou mais	23.567.368	11.265.264	12.297.657
Norte 1995	5.173.678	3.009.869	2.159.302
10 a 19 anos	1.735.612	548.866	1.182.584
20 a 29 anos	1.180.591	861.683	318.563
30 a 49 anos	1.538.597	1.239.867	298.730
50 anos ou mais	718.878	359.453	359.425
Nordeste 1995	34.402.159	21.081.000	13.319.217
10 a 19 anos	10.911.276	4.453.856	6.456.706
20 a 29 anos	7.185.763	5.349.252	1.836.001
30 a 49 anos	9.745.406	7.836.437	1.908.761
50 anos ou mais	6.559.714	3.441.455	3.117.749
Sudeste 1995	54.349.596	32.162.859	22.170.488
10 a 19 anos	13.698.643	4.540.123	9.150.347
20 a 29 anos	11.010.390	8.534.536	2.473.376
30 a 49 anos	18.398.352	14.370.965	4.025.245
50 anos ou mais	11.242.211	4.717.235	6.521.520
Sul 1995	18.599.436	12.552.760	6.036.497
10 a 19 anos	4.619.237	2.047.577	2.563.823
20 a 29 anos	3.866.082	3.127.376	737652
30 a 49 anos	6.346.764	5.307.618	1.038.339
50 anos ou mais	3.767.353	2.070.189	1.696.683
Centro Oeste 1995	8.127.198	5.129.971	2.995.397
10 a 19 anos	2.303.291	885.904	1.415.557
20 a 29 anos	1.946.426	1.469.559	476.867
30 a 49 anos	2.643.656	2.130.185	513.471
50 anos ou mais	1.233.825	644.323	589502

Fonte: Anuário Estatístico do IBGE

Observação: A presente pesquisa contou com dados até fevereiro de 2001. Como consequência, as informações do Censo Demográfico do ano 2000 não estavam ainda disponibilizadas. Em função disso, utilizaram-se os dados do Censo de 1980 e de 1990 e a Contagem de Outubro de 1997, que são os dados oficiais do IBGE.

Quadro 12

Taxas de Participação Percentual das Populações por Faixas Etárias em Relação ao Brasil

Grandes Regiões e Grupos de Idade	Total	Econ. Ativa Total	Não Econ. Ativa Total
Brasil 1984	100,00	100,00	100,00
10 a 19 anos	29,57	19,52	41,76
20 a 29 anos	23,51	30,35	15,21
30 a 49 anos	28,98	37,12	19,12
50 anos ou mais	17,93	13,01	23,91
Norte 1984	2,73	2,50	3,02
10 a 19 anos	0,95	0,43	1,60
20 a 29 anos	0,67	0,81	0,50
30 a 49 anos	0,74	0,97	0,45
50 anos ou mais	0,37	0,29	0,47
Nordeste 1984	28,18	27,28	29,27
10 a 19 anos	9,61	6,16	13,81
20 a 29 anos	6,11	7,52	4,40
30 a 49 anos	7,35	9,41	4,84
50 anos ou mais	5,11	4,19	6,22
Sudeste 1984	46,26	46,36	46,14
10 a 19 anos	12,21	7,75	17,63
20 a 29 anos	11,33	15,00	6,89
30 a 49 anos	14,04	17,89	9,38
50 anos ou mais	8,67	5,73	12,25
Sul 1984	16,16	17,29	14,79
10 a 19 anos	4,67	3,82	5,70
20 a 29 anos	3,74	4,99	2,23
30 a 49 anos	4,90	6,42	3,07
50 anos ou mais	2,84	2,06	3,80
Centro-Oeste 1984	6,67	6,58	6,78
10 a 19 anos	2,12	1,36	3,04
20 a 29 anos	1,65	2,04	1,18
30 a 49 anos	1,96	2,43	1,39
50 anos ou mais	0,94	0,75	1,18

Grandes Regiões e Grupos de Idade	Total	Econ. Ativa Total	Não Econ. Ativa Total
Brasil 1990	100	100	100
10 a 19 anos	28	18	42
20 a 29 anos	22	28	14
30 a 49 anos	31	40	19
50 anos ou mais	19	14	25
Norte 1990	3	3	4
10 a 19 anos	1	1	2
20 a 29 anos	1	1	1
30 a 49 anos	1	1	1
50 anos ou mais	0	0	1
Nordeste 1990	28	27	29
10 a 19 anos	9	6	14
20 a 29 anos	6	7	4
30 a 49 anos	7	10	5
50 anos ou mais	5	4	7
Sudeste 1990	46	46	46
10 a 19 anos	12	7	18
20 a 29 anos	10	13	6
30 a 49 anos	15	20	10
50 anos ou mais	9	6	13
Sul 1990	16	17	14
10 a 19 anos	4	3	5
20 a 29 anos	4	5	2
30 a 49 anos	5	7	3
50 anos ou mais	3	2	4
Centro-Oeste 1990	7	7	7
10 a 19 anos	2	1	3
20 a 29 anos	2	2	1
30 a 49 anos	2	3	1
50 anos ou mais	1	1	1

Fonte: Anuário Estatístico do IBGE
Cálculos das Taxas: PEEM - Programa de Estudos dos Estados e Municípios da Fundação Getúlio Vargas

Quadro 12 (*continuação*)
Taxas de Participação Percentual das Populações por Faixas Etárias em Relação ao Brasil

Grandes Regiões e Grupos de Idade	Total	Econ. Ativa Total	Não Econ. Ativa Total
Brasil 1995	100	100	100
10 a 19 anos	28	17	45
20 a 29 anos	21	26	13
30 a 49 anos	32	42	17
50 anos ou mais	19	15	26
Norte 1995	4	4	5
10 a 19 anos	1	1	3
20 a 29 anos	1	1	1
30 a 49 anos	1	2	1
50 anos ou mais	1	0	2
Nordeste 1995	28	28	28
10 a 19 anos	9	6	14
20 a 29 anos	6	7	4
30 a 49 anos	8	11	4
50 anos ou mais	5	5	7
Sudeste 1995	45	43	47
10 a 19 anos	11	6	20
20 a 29 anos	9	12	5
30 a 49 anos	15	19	9
50 anos ou mais	9	6	14
Sul 1995	15	17	13
10 a 19 anos	4	3	5
20 a 29 anos	3	4	8
30 a 49 anos	5	7	2
50 anos ou mais	3	3	4
Centro-Oeste 1995	7	7	6
10 a 19 anos	2	1	3
20 a 29 anos	2	2	1
30 a 49 anos	2	3	1
50 anos ou mais	1	1	3

Fonte: Anuário Estatístico do IBGE
Cálculos das Taxas: PEEM - Programa de Estudos dos Estados e Municípios da Fundação Getúlio Vargas

Quadro 13
Taxas de Variação da População por Grupos de Idade

Grandes Regiões e Grupos de Idade	1984 / 1990			1990 / 1995		
	Total	**PEA**	**Inativos**	**Total**	**PEA**	**Inativos**
Brasil 1984	17,73	21,93	12,64	5,43	14,00	-5,88
10 a 19 anos	11,69	10,62	12,30	3,61	8,65	0,69
20 a 29 anos	10,71	13,96	2,86	-0,56	4,94	-15,37
30 a 49 anos	25,64	31,53	11,77	9,34	18,99	-17,40
50 anos ou mais	24,11	30,11	20,15	8,75	24,96	-2,85
Norte 1984	42,74	50,51	34,94	36,72	50,75	20,76
10 a 19 anos	37,71	43,80	35,74	35,95	68,83	24,26
20 a 29 anos	38,03	44,87	24,70	31,15	38,10	15,29
30 a 49 anos	49,28	56,01	31,44	44,55	53,59	16,10
50 anos ou mais	51,27	57,71	46,51	32,39	49,54	138,48
Nordeste 1984	16,22	19,44	12,59	7,82	21,34	-8,40
10 a 19 anos	12,39	14,90	11,03	3,58	18,00	-4,50
20 a 29 anos	14,40	16,87	9,29	5,45	14,07	-13,63
30 a 49 anos	20,20	24,25	10,66	13,38	25,77	-19,37
50 anos ou mais	19,90	19,90	19,90	9,98	28,45	-5,13
Sudeste 1984	17,33	20,76	13,16	2,74	7,65	-3,72
10 a 19 anos	11,53	8,61	13,08	3,14	0,94	4,18
20 a 29 anos	4,85	8,10	-3,71	-5,09	-1,53	-15,71
30 a 49 anos	27,96	33,11	16,07	5,16	13,24	-16,27
50 anos ou mais	24,61	31,80	20,54	6,82	17,28	0,28
Sul 1984	14,87	20,81	6,46	2,79	12,67	-13,22
10 a 19 anos	3,98	0,55	6,78	-2,58	-0,47	-4,50
20 a 29 anos	12,24	16,31	1,21	-5,71	0,87	290,62
30 a 49 anos	22,27	31,08	-0,10	8,73	18,41	-23,45
50 anos ou mais	23,47	37,34	14,36	10,28	37,80	-11,42
Centro-Oeste 1984	23,53	32,61	12,86	1,27	10,31	-11,28
10 a 19 anos	14,74	20,57	11,56	-2,90	0,90	-5,25
20 a 29 anos	22,70	28,28	11,01	-1,30	5,43	-17,56
30 a 49 anos	28,95	39,52	6,47	7,51	17,88	-21,32
50 anos ou mais	33,57	43,92	25,62	0,90	12,71	90,52

Fonte: Anuário Estatístico do IBGE
Cálculos das Taxas: PEEM - Programa de Estudos dos Estados e Municípios da Fundação Getúlio Vargas

Quadro 14
Taxa Média de Variação Anualizada, Baseada no Período 1990-1995

Grandes Regiões e Grupos de Idade	Total	PEA	Inativos
Brasil 1984	56,76	67,43	-55,66
10 a 19 anos	53,04	61,65	43,20
20 a 29 anos	32,77	55,86	-68,84
30 a 49 anos	62,52	71,47	-70,66
50 anos ou mais	61,78	75,36	-46,02
Norte 1984	81,28	86,66	72,71
10 a 19 anos	80,95	92,07	74,94
20 a 29 anos	78,69	81,88	68,56
30 a 49 anos	84,45	87,60	69,24
50 anos ou mais	79,30	86,24	105,88
Nordeste 1984	60,53	73,10	-60,40
10 a 19 anos	52,97	70,74	-52,15
20 a 29 anos	56,80	67,49	-67,11
30 a 49 anos	66,85	75,83	-72,26
50 anos ou mais	63,29	77,31	-53,87
Sudeste 1984	50,83	60,30	-49,62
10 a 19 anos	51,90	44,46	54,31
20 a 29 anos	-53,76	-36,02	-69,16
30 a 49 anos	56,27	66,72	-69,67
50 anos ou mais	59,07	70,19	40,85
Sul 1984	50,97	66,17	-66,68
10 a 19 anos	-44,64	34,05	-52,14
20 a 29 anos	-55,28	44,12	122,87
30 a 49 anos	61,76	71,05	-75,17
50 anos ou mais	63,63	81,75	-64,62
Centro-Oeste 1984	45,89	63,67	-64,44
10 a 19 anos	-46,25	44,27	-54,18
20 a 29 anos	-32,23	56,77	-70,79
30 a 49 anos	60,10	70,65	-73,71
50 anos ou mais	44,25	66,20	97,24

Fonte: Anuário Estatístico do IBGE
Cálculos das Taxas: PEEM - Programa de Estudos dos Estados e Municípios da Fundação Getúlio Vargas

Quadro 15

Projeção dos praticantes de uma ou mais modalidades esportivas
População acima de 10 anos em idade esportiva, com renda direta ou indireta para investir em esportes.
Propensão da população em exercitar esportes, admitindo-se a prática de um ou mais desportes

valor absoluto

Ano	Pop. em Idade	Nº Potencial de Participantes por Modalidade					
	esportiva	Voleibol	Basquete	Natação	Tenis	Atletismo	Futebol
1990	113.629.325	30.110.635	22.341.798	10.724.336	9.680.082	20.769.168	77.746.320
1991	115.161.162	30.516.556	22.642.988	10.868.910	9.810.579	21.049.157	78.794.419
1992	116.713.650	30.927.950	22.948.238	11.015.434	9.942.836	21.332.921	79.856.646
1993	118.287.066	31.344.890	23.257.603	11.163.933	10.076.875	21.620.510	80.933.194
1994	119.881.694	31.767.450	23.571.139	11.314.434	10.212.722	21.911.976	82.024.254
1995	120.936.407	32.046.938	23.778.516	11.413.978	10.302.573	22.104.756	82.745.899
1996	122.566.751	32.478.963	24.099.075	11.567.850	10.441.461	22.402.751	83.861.396
1997	124.219.073	32.916.812	24.423.954	11.723.796	10.582.223	22.704.762	84.991.932
1998	125.893.670	33.360.564	24.753.213	11.881.845	10.724.882	23.010.845	86.137.708
1999	127.590.843	33.913.646	25.135.396	12.172.166	11.768.979	23.336.365	87.272.137
2000	129.310.895	34.603.596	25.513.040	12.478.501	12.847.037	23.663.894	88.487.446
2001	131.054.135	38.005.699	26.931.625	13.839.317	15.988.605	24.009.118	89.706.556
2002	132.820.876	38.518.054	27.294.690	14.025.885	16.204.147	24.332.785	90.915.890
2003	134.611.434	39.037.316	27.662.650	14.214.967	16.422.595	24.660.815	92.141.527
2004	136.426.131	39.563.578	28.035.570	14.406.599	16.643.988	24.993.267	93.383.687
2005	138.265.292	40.096.935	28.413.517	14.600.815	16.868.366	25.330.201	94.642.592

Suposições:

1) Considera-se que a taxa de nascimento líquida de novos esportistas é similar e um pouco menor que a taxa de crescimento populacional. Isto, devido a uma combinação complexa de fatores, tais como o aumento do hábito da prática esportiva e o incentivo dado pelas empresas (que joga a favor), em face do aumento da população carente e idosa (piora da renda e queda real desta reduzem a prática econômica de esportes e idosas param de praticar, o que joga contra).

2) Por simplicidade, admite-se que quem vê esporte na televisão, seja do sexo masculino ou feminino, também tem certa propensão em praticá-lo. Isto é, que há uma alta correlação entre prática e o ato de assisir. Em parte, de fato, isto se verifica, sobretudo nas faixas etárias mais baixa e intermediárias (jovens).

Fonte: PEEM / EBAPE / FGV

Gráfico 14
Número Potencial de Participantes por Modalidade

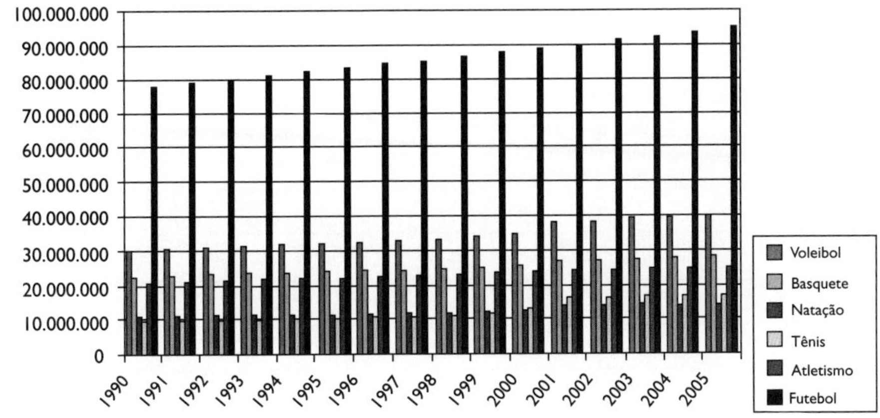

Fonte: PEEM / EBAPE / FGV

Quadro 16
Propensão Total e Relativa em Assistir a Esportes, Pagando por ele

Ano	Pop. em Idade esportiva	Total de pagantes absoluto	Percentual relativo de pagantes por esporte, dada a evolução demográfica e de renda da população						
			Voleibol	Basquete	Natação	Tênis	Atletismo	Futebol	Total
1990	113.629.325	171.372.339							
1991	115.161.162	173.682.610							
1992	116.713.650	176.024.025							
1993	118.287.066	178.397.005							
1994	119.881.694	180.801.975	17,57	13,04	6,26	5,65	12,12	45,37	100,00
1995	120.936.407	182.392.661	Taxa percentual sobreposta de propensão a pagar pelo esporte.						
1996	122.566.751	184.851.496							
1997	124.219.073	187.343.479							
1998	125.893.670	189.869.057							
1999	127.590.843	193.598.690							
2000	129.310.895	197.593.513							

Fonte: PEEM / EBAPE / FGV

Gráfico 15
Voleibol

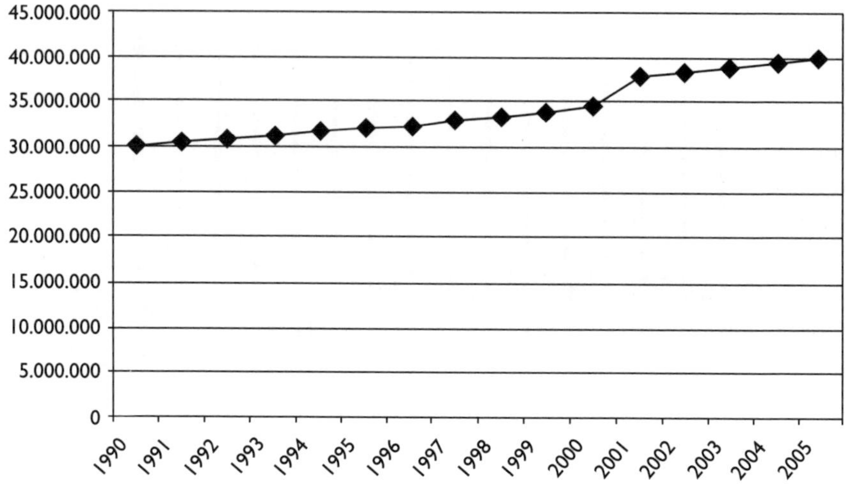

Fonte: PEEM / EBAPE / FGV

Gráfico 16
Basquete

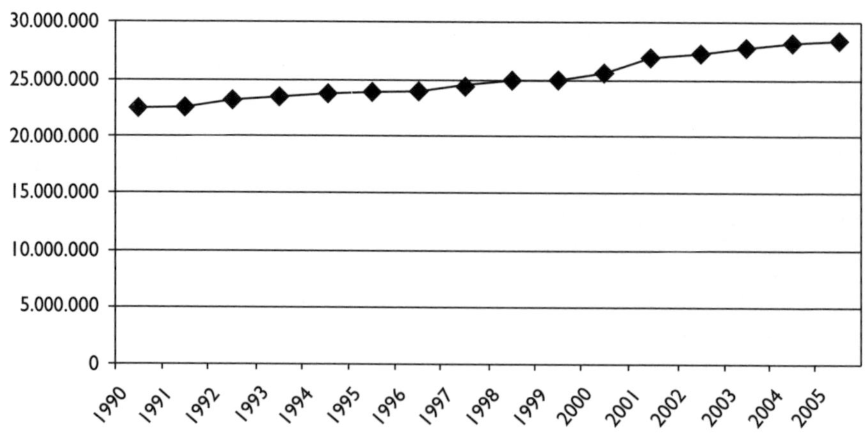

Fonte: PEEM / EBAPE / FGV

Gráfico 17
Natação

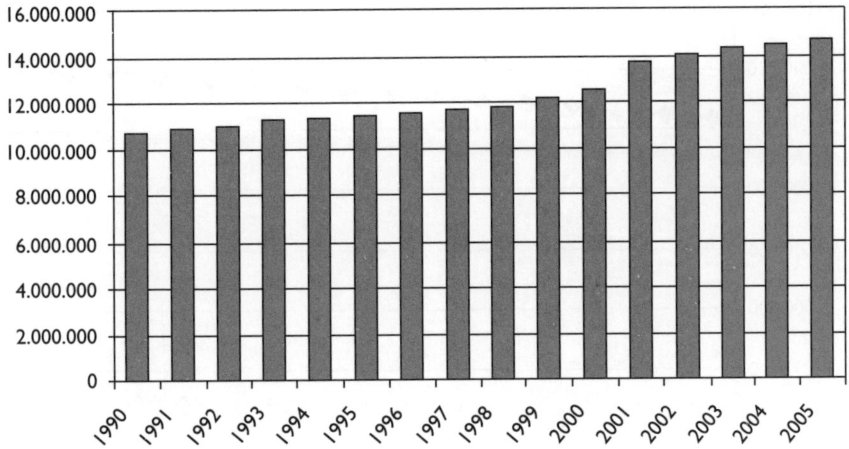

Fonte: PEEM / EBAPE / FGV

Gráfico 18
Tênis

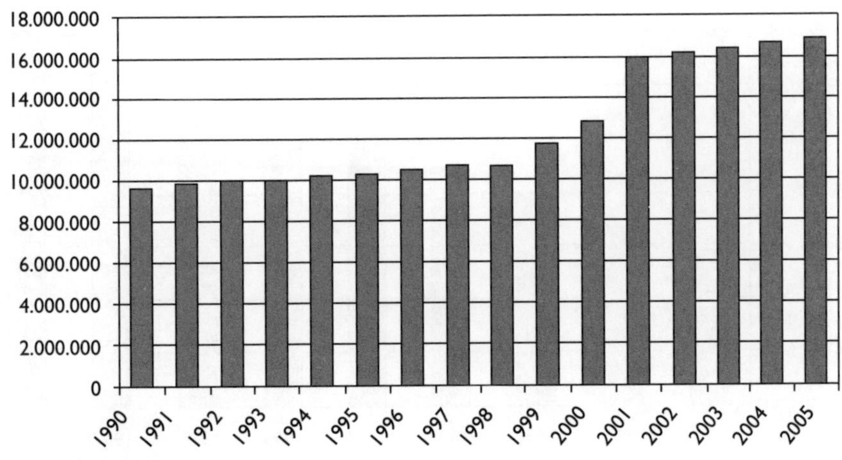

Fonte: PEEM / EBAPE / FGV

Gráfico 19
Atletismo

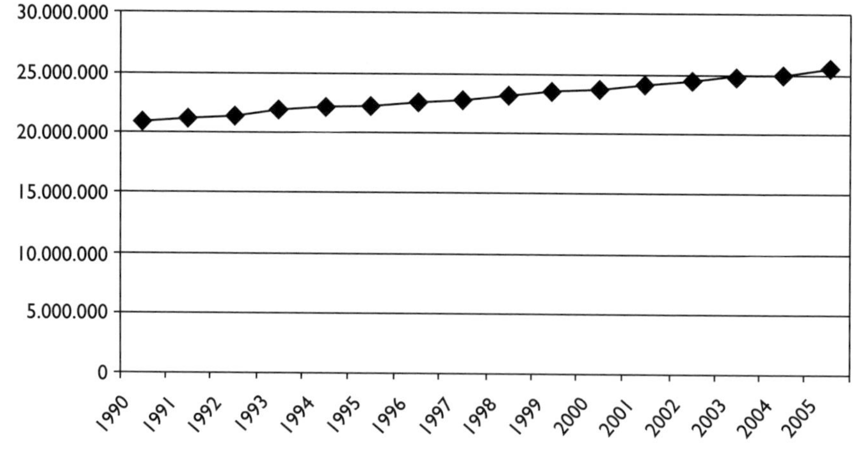

Fonte: PEEM / EBAPE / FGV

Gráfico 20
Futebol

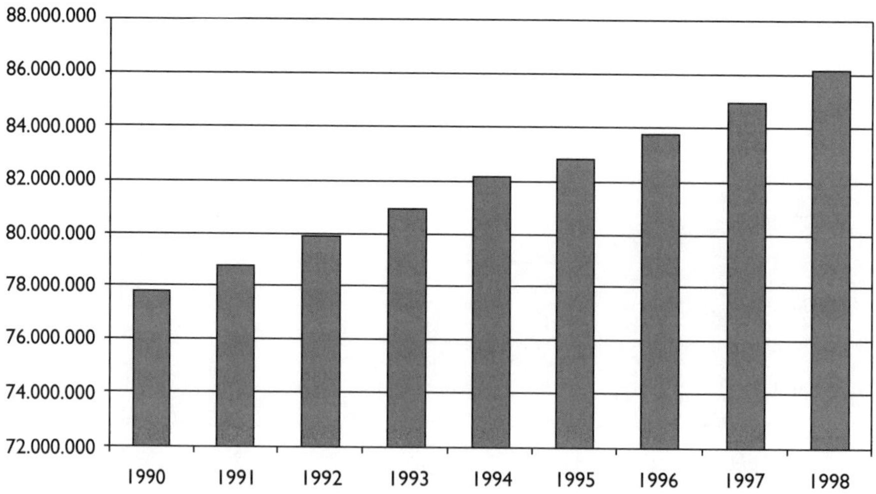

Fonte: PEEM / EBAPE / FGV

Quadro 17
Propensão (Interesse e Ato Conjugados) em Ver Esporte Pago

O interesse e o ato associados e conjugados em ver um esporte foram levantados da seguinte forma:

1 - Em entrevista a um grupo de 2.250 pessoas de todo o Brasil, perguntando-se qual é o seu interesse real em pagar entradas, taxas e preços diversos referentes à prática de ver esportes.

2 - Forneceu-se uma lista de esportes, os mais populares, para facilitar a escolha do consumidor.

3 - Aceitou-se o seguinte conjunto de pagamentos, para medir a propensão:

3.1 - pagamentos diários, contínuos, diluídos, como de televisão.

3.2 - assistiu pagando pelo menos uma vez por mês o esporte.

Observação: Para projetar o ano de 1998, utilizamos o mesmo coeficiente do período 1990/1998.

Fonte: PEEM / EBAPE / FGV

Quadro 18
Grau de Interesse pelo Voleibol

		Escolaridade					Classificação Sócio Econômica					
Categorias	Total	Até 1º grau	2º grau inc.	2º grau comp.	Superior inc.	Superior / Pós-graduado	ABA			ABIPEME		
							A	B	C / D	A	B	C / D / E
Muito interesse	83	77	86	82	78	87	81	83	90	84	81	89
Pouco interesse	16	23	14	18	22	12	18	17	10	16	19	11
Nenhum interesse	0	ND	ND	ND	ND	1	1	ND	ND	ND	ND	ND
Total em %	100	100	100	100	100	100	100	100	100	100	100	100

Fonte: Perfil da amostra / Instituto de Pesquisa Datafolha
Ano: 1996

1.2.7 Público Pagante em Eventos Esportivos

Nos dias que correm, definir e delimitar o público pagante em eventos desportivos é uma tarefa árdua e ingrata. Isso porque existem várias formas de se compreender o que seja o público pagante, contudo as variedades deste são múltiplas, etéreas e mutantes.

Para resumir o que poderia ser o "público pagante", podemos assim descrever alguns tipos:

a) paga ao ir a um estabelecimento esportivo para praticar o esporte;

b) paga ao ir a um estabelecimento esportivo para ver o esporte;
c) paga para ver o esporte via televisão em sua resistência;
d) não paga para ver o esporte diretamente na sua residência via televisão, mas é estimulado a ver publicidades diversas e pode ter propensão a comprar mercadorias e serviços que são anunciados;
e) patrocina o esporte e estimula a sua realização;
f) disponibiliza o tempo de seus funcionários para a prática do esporte;
g) disponibiliza o tempo de seus funcionários para que eles assistam ao esporte; e
h) constrói e mantém quadras esportivas para públicos diversos.

Além desses tipos de pagantes, existem aqueles que exercem várias funções sobrepostas de pagantes simultaneamente.

Como não há até o presente momento uma pesquisa densa que apresente neste nível de detalhamento a estatística do público pagante, o que mereceria a atenção das autoridades, podemos fazer um *approach* mediante estatísticas de potencial de mercado.

Necessitamos para tanto definir o que é o potencial de mercado e o próprio mercado consumidor do esporte voleibol. Partiremos então de algumas definições clássicas do Marketing sobre o assunto.

Segundo Philip Kotler,[6] um dos mais renomados especialistas de Marketing da atualidade, entende-se por *potencial de mercado* o "limite da demanda de mercado, à medida que os gastos de marketing da indústria se aproximam do infinito, para um dado ambiente" (*op. cit.* p. 299). Ademais, pondera ele, o *mercado potencial* "constitui o conjunto de consumidores que demonstra algum nível de interesse em uma oferta definida" (*op. cit.* p. 295).

Já para Charles Schewe e Reuben Smith,[7] entende-se por *mercado* o espaço geográfico no qual estão os consumidores, estes "tendem a ter similaridades que os mantêm juntos. Estas similaridades podem basear-se em características pessoais, comportamento de compra ou formação psicológica".

A aplicabilidade destas definições é evidente, para a indústria dos esportes em geral e, em particular, para o voleibol.

Nesse sentido, podemos entender que, no caso específico dos esportes, o público pagante e gerador portanto do mercado de compradores de serviços e produtos oriundos dos esportes e do voleibol deve ter algumas características comuns, como as que seguem:

1. Faixa etária ampla, notoriamente desde a mais tenra idade inicia-se o esporte. Ele é praticado em escolas, academias, clubes, associações e outros estabelecimentos.
2. Sexo não representa um impeditivo na prática desportiva, nem na sua visão.
3. O pagamento, a prática e a visão do esporte podem ser feitos dependente, independente e/ou coadunadamente, o que oferece inúmeras modalidades de consumo ao público e forma vários tipos de mercado.
4. O preço dos bilhetes, tarifas e taxas é altamente variável, adequando-se o consumidor à sua "capacidade própria de pagamento".
5. As múltiplas modalidades permitem que um mesmo espectador se interesse em ver, praticar e conhecer um ou mais de um esporte. Logo, é permitida a sobreposição de pagamentos ao esporte, o que majora o mercado desta indústria.

Podemos encontrar dados estimulantes que caracterizam os esportes e o público potencial nos quadros que seguem. Como a maioria estabelece a idade acima de 10 (dez) anos para configurar estatísticas, consideraremos este critério também como nosso, nestas análises.

No primeiro quadro desta seção, tem-se um levantamento do IBOPE, de março de 1997, que mostra que entre os esportes que as pessoas gostam de ver e praticar e que são seus preferidos: 56% das preferências recaem sobre o futebol e 35% das preferências são do voleibol.

Do ponto de vista etário, é evidente que o voleibol atrai o interesse das duas faixas etárias mais jovens. A população que pratica ou aprecia e pagaria pelo voleibol, equivalente a 92%, possui idade entre 10 e 30 anos.

Isso significa que o voleibol, tendo surgido como um esporte que criou grandes alegrias comunitárias no Brasil dos anos 1980 e 1990, exerce grande atração sobre o público jovem. Entre todos os esportes, ele situa-se sempre em segundo lugar, na ordem das preferências.

As mulheres (42%) são mais interessadas que os homens (27%) pelo voleibol, mostrando uma forte feição feminina nesta modalidade de atividade. Já o futebol possui 79% de adeptos masculinos e 35% de potenciais consumidores femininos.

No que tange ao nível das preferências dado o grau de instrução, observa-se que o vôlei alcança seu maior IBOPE nas faixas superiores ou iguais ao ginasial. Isso é bem diferente do futebol, esporte de todas as faixas etárias, muito popular inclusive na base da pirâmide, dos que têm educação primária.

O Quadro 7 mostra o público total que compareceu aos jogos da Superliga de 1996-1997, para a modalidade feminina. Um total de 226.240 pessoas compareceu a 218 jogos. Isso representa uma média de 1.038 pagantes por jogo.

A Federação Paulista puxa os jogos, demonstrando o poder de seu mercado e a dimensão potencial de nele se expandir ainda mais este esporte.

Para vermos analogamente o mercado gerado no voleibol pelo público masculino, o Quadro 8 fornece evidencias de que houve 303 jogos da Superliga entre 1996 e 1997, com um público total de 219.948 pagantes. Isto é, houve na média 726 pagantes por jogo masculino.

Nesse caso específico, o público assistiu mais aos jogos femininos. Mas em ambos os tipos de jogos da Superliga há uma triste constatação – o número de pagantes é baixo.

Esta realidade demonstra que é preciso incentivar o esporte. Afinal de contas, se o preço de entrada nos estádios é muito barato, como é mesmo, o que estaria impedindo um faturamento melhor? Mais ainda: se o interesse pelo esporte é tão alto quanto afirmam os dados do IBOPE, como podemos aceitar que haja tão diminuto público pagante?

É evidente que as respostas detalhadas a estas questões ultrapassam as lindes e os propósitos desta pesquisa. Mas podemos estimar resumidamente ao menos que três fatores devem em boa parte explicar esta situação, a saber:

1. Os estabelecimentos esportivos estão destituídos da infraestrutura necessária para criar atratividade ao público pagante de primeira classe. É bem verdade que os preços de entrada nos estádios estão baratos. Mas, por outro lado, como o que se oferece a este preço ao consumidor é muito pouco, o preço é de fato alto.

Isso significa que é preciso que se deem as condições necessárias para que os empresários do esporte invistam nele.

Os clientes, o público pagante, querem um valor adicionado pelo que pagam, através dos serviços e produtos que recebem. Como eles não estão enxergando este ganho ao irem aos estádios, preferem ficar em casa.

2. Os serviços públicos de baixa qualidade inibem a vontade de consumo do cliente potencial por esportes.

   Com a falta de policiamento nos estádios, a pressão arrogante e arbitrária dos flanelinhas, a escuridão dos parques e dos estacionamentos, a impunidade grassando em variados níveis e em particular nos foros da justiça, o consumidor escaldado prefere se resguardar a se expor aos perigos presentes nos estabelecimentos esportivos.

   Obviamente, há locais e espaços públicos brasileiros bem policiados e preservados. Todavia, as estatísticas do crime não deixam margem a dúvidas – a insegurança altera os hábitos do consumidor e modifica a capacidade de arrecadação da indústria desportiva. Isso é especialmente verdadeiro em metrópoles como o Rio de Janeiro e São Paulo.

   Neste sentido, medidas específicas e de áreas restritas da produção resolverão parcamente e parcialmente este grave problema. Os desafios aqui inseridos transcendem, e muito, o domínio empresarial.

   Políticas públicas gerais e específicas, por áreas e locais diferenciados deste país continental, necessitarão ser implementadas.

3. A baixa renda da população inibe o consumo de bens, serviços e lazeres esportivos.

   De fato, esta assertiva pode ser verdadeira e possui embasamento científico. Segundo o Banco Mundial,[8] em 1996 os 10% mais ricos do Brasil detinham 52% do total da renda. Por outro lado, os 10% mais pobres detinham pouco mais de 2,5% da renda nacional. Essa situação equivale no mundo globalizado, ocidentalizado, que conhece estatísticas mais confiáveis, à pior distribuição de renda do mundo. Ela foi agravada pelos contínuos exercícios hiperinflacionários que o país ameaçava gerar entre 1986 e 1994. Indexados, os ricos enriqueceram. Sem a defesa da correção monetária para seus ínfimos bens financeiros, os pobres feneceram.

> Numa situação de longo prazo, que colocou o país nesta pouco confortável situação por 17 anos consecutivos, a péssima distribuição de renda põe em cheque qualquer política de estabilização. Neste sentido, criar mecanismos que repartam a renda melhor, com justiça e sem ameaçar os direitos à propriedade conquistada, é mister de todo governo que possuir sensibilidade socioeconômica. Os esportes representam de fato, como mostraremos adiante, um dos setores de mais mão de obra intensiva e geradores de novos empregos e receitas do país. Envidar esforços no fomento de suas atividades é atitude de bom alvitre e naturalmente algo recomendável. Lembremos que certamente, por não ter renda, o brasileiro médio minimiza seus gastos em esportes pagos. Gerar empregos, criar oportunidades dignas no mercado de trabalho e em especial nos desportos, com ênfase no dinâmico voleibol, corresponde a mais uma medida salutar, em prol da dignidade do homem brasileiro e da economia nacional.

Fechando esta seção, note-se que apresentamos diversas tabulações do IBGE, referentes aos anos de 1984, 1990 e 1995, que mostram por grandes grupos de idade (faixas etárias) a população economicamente ativa e não ativa do país. Este corresponde ao público-alvo do esporte, majoritariamente.

Os quadros denominados Grandes Regiões e Grupos de Idade são de três tipos e apresentam-se nessa ordem: os que possuem dados absolutos; os que expõem as taxas de participação porcentual das populações por faixas etárias em relação ao Brasil; e os que mostram as taxas de variação da população, ocorridas entre 1984-1990 e 1990-1995.

Destes quadros, considerando-se que a população que está em idade de trabalhar ou exercer atividades que possuem fundamentos econômicos tem acima de 10 anos de idade, logo pode comprar bilhetes para assistir a programas esportivos; pode praticá-los com maior intensidade e com idades variadas viver do esporte é possível, notamos os seguintes elementos:

1. A população que está em idade de trabalhar, de se exercitar mais intensamente ou explorar o esporte, incluída na população econo-

micamente ativa (PEA), tem crescido consistentemente ao longo dos anos de 1984 a 1995.

Em 1984, havia 95.704.423 pessoas habilitadas a representarem o público potencial do esporte no Brasil. Em 1990, este número saltou para 113.629.325 pessoas, num crescimento de 17,73%, acima da média dos 10 países mais industrializados do mundo. Em 1995, este crescimento continuou para 120.936.407 consumidores potenciais, gerando um crescimento positivo no lustro de 1991 a 1995, porem menor, de 5,43%.

Esses dados inserem o Brasil como o quinto maior mercado mundial dos desportos, pelo critério da população economicamente ativa e analisada em face do longo prazo, dos anos 1984 a 1995.

2. As taxas de participação percentual das populações mostram que o maior mercado efetivo e potencial para a realização e o consumo de eventos esportivos, pelo critério da presença do consumidor potencial, encontra-se no Sudeste do Brasil. Neste está 46,26% da população total em 1984, sendo que sua participação vai caindo lentamente, e chega em 1995 aos 45%. Seguem-se a região Nordeste com 28,18% em 1984 e 28% em 1995, com uma participação estagnada; e a seguir a rica região Sul, com respectivamente 16,16% e 15% de participação, também em queda.

   Conforme se confirmará pelas projeções subsequentes, realizadas para o período 2003-2010, esta posição e evolução esportiva brasileira se confirmou e reforçou (Vide os Capítulos 4 e 5 que agregam dados e projeções da economia brasileira e do esporte).

3. A consistente perda de participação no acréscimo populacional e da PEA identificada nas regiões Sudeste, Nordeste e Sul, foi e está impulsionando as regiões Centro-Oeste e Norte. Contudo, é bom lembrar que nestas localidades a participação populacional e a riqueza econômica são diminutas. Estas correspondem a áreas de recente evolução e conquista econômica e espacial. Equivale a nossa "última fronteira", a ser ainda conquistada e desbravada. Portanto, espera-se que naturalmente, estas regiões cresçam como o fizeram e farão nos próximos anos. Mas o peso delas na demo-

grafia e na economia brasileiras é diminuto, correspondendo no nível de PEA a 7% para o Centro-Oeste e 4% para o Norte.

4. No que tange às faixas etárias dominantes, constata-se que a maior parte da população brasileira que trabalhava estava em 1995 com idade entre 30 e 49 anos, num percentual participativo de 32%. A PEA nesta faixa é 42% do Brasil, mostrando que nas duas últimas décadas a população brasileira foi amadurecendo.
5. Longe de ser uma coincidência, note-se que a faixa etária dos 30 aos 49 anos, até por causa de sua amplitude, que abarca quase 20 anos, é aquela na qual os trabalhadores tendem a receber a mais alta renda das suas vidas. Isto significa que um foco centrado sobre os gostos e preferências desta população adulta, amadurecida, mais "enriquecida", oferecendo-se-lhe os esportes e as comodidades infraestruturais dos esportes que lhes são preferidos, deve gerar uma alta probabilidade de sucesso na realização de projetos desportivos com cunho empresarial.
6. Das percepções analíticas anteriores nota-se que o Brasil, por ter uma das mais altas taxas de crescimento populacional nos anos 1990 (de 1,7% ao ano, embora declinante), em face dos países desenvolvidos, também possui um dos maiores mercados potenciais em formação para a prática e a geração de atividades vinculadas a desportos.

Esses elementos são alvissareiros, porque espera-se que a população economicamente ativa tenha e forme maior renda. Daí, ela é propensa a gastar, inclusive no esporte, podendo alocar parte da sua renda na promoção e no desenvolvimento direto e indireto desta indústria.

Ademais, a estabilização macroeconômica permitiu que o imposto inflacionário que arrasava com o poder aquisitivo da moeda fosse praticamente debelado. Como consequência, com o passar dos anos, de 1994 em diante, o brasileiro passou a dispor de uma parte maior de sua renda real, que cresceu quando deixou de ser tão dilapidada pela taxa de inflação.

Isto é especialmente importante para as camadas de renda mais baixa da população, sobretudo aquelas que auferem entre um quarto de salário-mínimo e 5 salários-mínimos. Em 1988, apenas 12,4% desta faixa de renda conseguiam cobrir com algum tipo de indexador 50% ou mais de sua renda corrente. Com a inflação em níveis de 4% a 8% anuais, entre 1994 e 2010, 89,3% dos brasileiros de baixa renda possuíam a manutenção de seu poder aquisitivo estabilizado (KASZNAR, *Revista Financeiro* – ACREFI; nº 37 a 59).

Esta percepção analítica incentiva a identificação de "uma nova classe média" no Brasil, que acelera as compras de bens e serviços, dado o aumento ao longo dos anos (quando não desempregada) de seu poder aquisitivo. Essa massa de gente, privada das compras em função de perdas em seu orçamento provocadas pela inflação, representa entre os anos 1994 e 2007 o ingresso de 35,4 milhões de brasileiros no mercado de consumo ou em áreas específicas de consumo das quais eram privava anteriormente (CETELÉM, 2009-2011).

Os quadros que seguem nesta análise, intitulados *População acima de 10 anos em idade esportiva, com renda para investir em esportes*, correlacionam esta seção da pesquisa, com a seção seguinte, intitulada *Processo de expansão da demanda por espetáculos esportivos*. Isto porque é possível e necessário estabelecer uma ponte entre o que é um *público comprador potencial*, gerador de um *mercado*, formador de *oferta* numa e para uma *indústria* – a dos esportes, neste caso – e o processo dinâmico de *expansão da procura por espetáculos esportivos*.

O Quadro 14 em questão mostra as relações que obtivemos, cruzando dados do IBOPE com os dados do IBGE, para definir duas variáveis fundamentais sobre as quais alicerçam-se as atividades econômicas, de cunho empresarial, nos esportes: a população em idade esportiva e o número potencial de participantes por modalidade de esporte.

A população em idade esportiva parte da base numérica do IBGE, através dos censos populacionais e suas projeções, indicando os dados referenciais de 1990 e 1995 já apresentados nos quadros das grandes regiões 10 a 13. Para obtê-la, projetamos a taxa de crescimento da população em idade esportiva, pela mesma taxa declinante, de crescimento da população brasileira, nos anos 1990.

Assim podemos estabelecer que em 1998 havia pelo menos 125.893.670 brasileiros habilitados a praticar o esporte ou dele viver, ou assisti-lo.

Observe-se que nossas projeções para o ano 2010, considerando os dados preliminares do Censo demográfico de 2010, realizados pelo IBGE, e realizados no ano de 2011, consideram que esta população esportiva e espectadora potencial aumentou para 151.386.900 de brasileiros, sobretudo em função dos seguintes fatores:

1. A taxa de crescimento da população permaneceu positiva, embora claramente decrescente, com o que simultaneamente aumentou o número de brasileiros, para 188.593.910 em 2010 (dados preliminares), com aumento de seu envelhecimento.
2. A estabilidade de preços acelerou a inclusão social, com o que mais brasileiros acederam ao mercado de consumo e passaram a ser denominados de "nova classe média".
3. A política assistencialista do governo federal surtiu seus efeitos. Incluiu na comunidade quem por séculos fora de categoria excluída. Isso melhorou não apenas a situação individual, por pessoa, mas gerou um efeito em cadeia que acentuou a melhora da comunidade. Neste sentido, a base da população, de menor renda ou sem renda mesmo, atendida no passado mas sem a ênfase dada a ela na primeira década do terceiro milênio, passou a se movimentar socioeconomicamente melhor e formou um reforço de mercado interno, que a toda a nação beneficiou.

Considerando os dados do Censo Demográfico do ano 2000, projetando-se as informações para estes mesmos esportistas potenciais teremos 129.310.895 brasileiros em idade de praticá-lo. Reforçando esta projeção para o ano 2005, esta população foi de 138.265.292 brasileiros aproximadamente, o que correspondia à sexta maior população do mundo, apenas atrás da China, da Índia, dos Estados Unidos, da Indonésia e do próprio Brasil.

O Quadro 15 embaixo deste grupo de dados mostra a propensão da população em exercitar esportes, podendo-se admitir a prática de uma ou mais modalidades no tempo. A propensão corresponde a um interesse, a uma força impulsora, que faz com que alguém realize um ato ou consuma um bem ou serviço.

Os dados do IBOPE de 1996 (op. cit. Idem) confirmam através de entrevistas que levantam as preferências do público em praticar e pagar os esportes (cruzamos estes dois dados, criando o quadro), que 68,42% dos brasileiros acima de 10 anos pagam ou pagariam para ver, praticar e/ou viver do futebol. Ou seja, o futebol é visto como a melhor, a maior e a mais atraente fonte de lazer e de renda, entre os esportes, no Brasil. A preferência nacional é notória e é correspondida nas estatísticas.

Em segundo lugar nas preferências nacionais, emerge o voleibol, com 26,50% dos interessados e praticantes brasileiros. Esta é uma posição alvissareira, excepcional para um esporte relativamente novo, cujo sucesso é sobretudo recente, vindo das duas últimas décadas até os nossos dias.

Um índice de participação tão elevado nos esportes em geral pelo voleibol, insere-o no rol dos esportes dominantes, líderes de mercado e, mais importante ainda, dos esportes emergentes.

Enquanto o futebol, líder incontestável, possui mais de 100 anos de convívio esportivo com a população brasileira, o voleibol firmou-se como vice-líder nos derradeiros vinte anos.

Isso significa que, enquanto o futebol está na fase de amadurecimento avançado, na curva do ciclo de vida das preferências cruzadas pelo esporte, o voleibol está na fase de crescimento acelerado. Veja o Gráfico 8 *Ciclo de Vida Desportivo do Brasil*, que mostra a situação dos diversos esportes na linha tradicional do ciclo de vida das atividades, na Indústria dos Esportes.

Nesta edição do livro, acrescentamos o *Ciclo de Vida Esportivo* do ano 2010 e sobrepusemos ele no segundo gráfico a seguir para compará-lo com o sucedido no ano 1996. Fica evidente o domínio do futebol como esporte mais praticado e querido, entre os apresentados. Contudo, o avanço do futebol foi pequeno, na margem, em face do sucedido com o vôlei e a natação. O salto nas preferências e práticas, pelos brasileiros, nestas duas modalidades, é bem evidente.

O que o gráfico não mostra é a expansão extraordinária das atividades de exercitação física e ginástica entre brasileiros entre 2001 e 2010. Com a urbanização e o aumento de renda, conscientes do bem que o exercício faz quando praticado pelo menos duas a três vezes por semana pelo indivíduo, uma legião multietária acorre às academias e supera os praticantes dos demais esportes – estima-se que sejam 38,2 milhões em 2010 (ABEA, 2010).

Em função deste fato, é natural que se espere a promoção de incentivos para todos os esportes e em especial para aqueles que podem alavancar rapidamente mais saúde, solidariedade social, vendas, empregos e impostos.

Gráfico 21
Ciclo de Vida Esportivo do Brasil

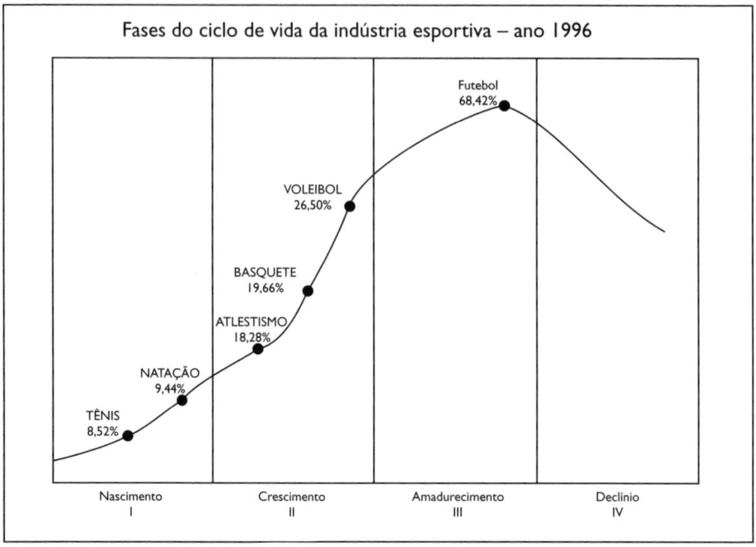

Fonte: PEEM – Fundação Getúlio Vargas

Ciclo de Vida do Setor Esporte do Brasil, Sob Ótica Fabril e Empresarial

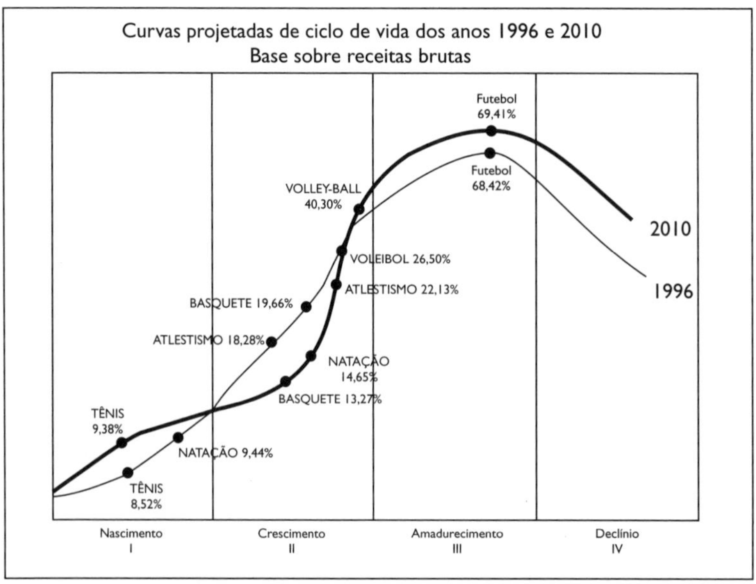

Fonte: PEEM – Fundação Getúlio Vargas

Quadro 20

1995 - População Potencial para Ser Público Pagante

valor absoluto

População Total	População por Faixa de Renda (SM)											Total
158.617.189	Ano	até 1/2 SM	mais de 1/2 a 1 SM	mais de 1 a 2 SM	mais de 2 a 3 SM	mais de 3 a 5 SM	mais de 5 a 10 SM	mais de 10 a 20 SM	mais de 20 SM	sem rendimento	sem declaração	
	1984	9.158.502	11.486.598	13.169.890	6.632.463	6.120.621	4.590.988	1.881.503	879.014	41.571.956	212.888	95.702.423
População Potencial	1990	7.150.073	12.737.422	14.535.304	7.927.806	10.400.973	8.244.290	3.943.545	2.268.399	45.905.896	515.617	113.629.325
	1995	4.360.008	15.492.283	17.231.925	9.718.209	9.666.272	8.368.041	3.913.334	2.067.284	49.163.146	955.905	120.936.407

Fonte: Anuários do IBGE de 1985, 1992 e 1996

Quadro 21

1995 - População Potencial para Ser Público Pagante

participação relativa

	População por Faixa de Renda (SM)											
	Ano	até 1/2 SM	mais de 1/2 a 1 SM	mais de 1 a 2 SM	mais de 2 a 3 SM	mais de 3 a 5 SM	mais de 5 a 10 SM	mais de 10 a 20 SM	mais de 20 SM	sem rendimento	sem declaração	Total
	1985	9,57	12,00	13,76	6,93	6,40	4,80	1,97	0,92	43,44	0,22	100,00
População Potencial	1990	6,29	11,21	12,79	6,98	9,15	7,26	3,47	2,00	40,40	0,45	100,00
	1995	3,61	12,81	14,25	8,04	7,99	6,92	3,24	1,71	40,65	0,79	100,00

Fonte: Anuários do IBGE de 1985, 1992 e 1996

Quadro 22 A

Taxa de Variação em 5 Anos da População Potencial para Ser Público Pagante, por Faixa de Renda

taxas de variação em 5 anos

	População por Faixa de Renda (SM)									
Ano	até 1/2 SM	mais de 1/2 a 1 SM	mais de 1 a 2 SM	mais de 2 a 3 SM	mais de 3 a 5 SM	mais de 5 a 10 SM	mais de 10 a 20 SM	mais de 20 SM	sem rendimento	sem declaração
1990	-21,93	10,89	10,37	19,53	69,93	79,58	109,60	158,06	10,43	142,20
1995	-39,02	21,63	18,55	22,58	-7,06	1,50	-0,77	-8,87	7,10	85,39

Fonte: Anuários do IBGE de 1985, 1992 e 1996

Quadro 22 B

Taxa de Variação anual da População Potencial para Ser Público Pagante, por Faixa de Renda

taxas de variação em 5 anos

	População por Faixa de Renda (SM)									
Ano	até 1/2 SM	mais de 1/2 a 1 SM	mais de 1 a 2 SM	mais de 2 a 3 SM	mais de 3 a 5 SM	mais de 5 a 10 SM	mais de 10 a 20 SM	mais de 20 SM	sem rendimento	sem declaração
1990	-0,0483	0,0209	0,0199	0,0363	0,1119	0,1242	0,1595	0,2088	0,0200	0,1935
1995	-0,0942	0,0399	0,0346	0,0416	-0,0145	0,0030	-0,0015	-0,0184	0,0138	0,1314

Fonte: Anuários do IBGE de 1985, 1992 e 1996

Quadro 23

1995 - População Potencial para Ser Público Pagante

Rendimento Médio Mensal das Pessoas de 10 Anos ou Mais Idade

População Total	População por Faixa de Renda (SM)										
158.617.189	Ano	até 1/2 SM	mais de 1/2 a 1 SM	mais de 1 a 2 SM	mais de 2 a 3 SM	mais de 3 a 5 SM	mais de 5 a 10 SM	mais de 10 a 20 SM	mais de 20 SM	sem rendimento	sem declaração
	1985	ND	ND	ND	ND	ND	ND	ND	ND	ND	ND
População Potencial	1990*	2.161	5.132	8.998	15.181	24.103	43.800	86.250	234.419	ND	ND
	1995**	34	93	160	263	410	734	1.466	3.864	ND	ND

* Valores em Cruzeiros (Cr$)

** Valores em Reais (R$)

Fonte: Anuários do IBGE de 1985, 1992 e 1996

Quadro 24

1995 - População Potencial para Ser Público Pagante

Rendimento Médio Mensal das Pessoas de 10 Anos ou Mais Idade

População Total	População por Faixa de Renda (SM)										
158.617.189	Ano	até 1/2 SM	mais de 1/2 a 1 SM	mais de 1 a 2 SM	mais de 2 a 3 SM	mais de 3 a 5 SM	mais de 5 a 10 SM	mais de 10 a 20 SM	mais de 20 SM	sem rendimento	sem declaração
	1985										
População Potencial	1990										
	1995										

Fonte: Anuários do IBGE de 1985, 1992 e 1996

Quadro 25

1995 - População Potencial para Ser Público Pagante

Rendimento Médio Mensal das Pessoas de 10 Anos ou Mais Idade

População Total	População por Faixa de Renda (SM)										
158.617.189	Ano	até 1/2 SM	mais de 1/2 a 1 SM	mais de 1 a 2 SM	mais de 2 a 3 SM	mais de 3 a 5 SM	mais de 5 a 10 SM	mais de 10 a 20 SM	mais de 20 SM	sem rendimento	sem declaração
	1985										
População Potencial	1990										
	1995										

Fonte: Anuários do IBGE de 1985, 1992 e 1996

Quadro 26

1995 - População Potencial para Ser Público Pagante

Rendimento Médio Mensal das Pessoas de 10 Anos ou Mais Idade

Valores em dólares, para poder comparar as moedas.

População Total	População por Faixa de Renda (SM)										
158.617.189	Ano	até 1/2 SM	mais de 1/2 a 1 SM	mais de 1 a 2 SM	mais de 2 a 3 SM	mais de 3 a 5 SM	mais de 5 a 10 SM	mais de 10 a 20 SM	mais de 20 SM	sem rendimento	sem declaração
	1985										
População Potencial	1990*	13	30	53	89	142	258	507	1.378	ND	ND
	1995**	35	96	164	270	421	754	1.507	3.971	ND	ND

* Valores em Cruzeiros (Cr$)
** Valores em Reais (R$)
Fonte: Anuários do IBGE de 1985, 1992 e 1996

Quadro 27

1995 - População Potencial para Ser Público Pagante

Pirâmide Salarial: Multiplicador do Rendimento Médio Mensal das Pessoas com 10 Anos ou Mais Idade, em Relação ao Estrato Mínimo de Rendimento

Multiplicador absoluto dos salários.

População Total	População por Faixa de Renda (SM)										
158.617.189	Ano	até 1/2 SM	mais de 1/2 a 1 SM	mais de 1 a 2 SM	mais de 2 a 3 SM	mais de 3 a 5 SM	mais de 5 a 10 SM	mais de 10 a 20 SM	mais de 20 SM	sem rendimento	sem declaração
	1985										
População Potencial	1990*	1	2	4	7	11	20	40	108	ND	ND
	1995**	1	3	5	8	12	22	43	114	ND	ND

Base: 0 até 1/2 SM
* Valores em Cruzeiros (Cr$)
** Valores em Reais (R$)
Fonte: Anuários do IBGE de 1985, 1992 e 1996

Quadro 28

1995 - População Potencial para Ser Público Pagante Empregados de 10 Anos ou Mais de Idade

População Total	População por Faixa de idade									
158.617.189	Ano	10 a 14 anos	15 a 19 anos	20 a 24 anos	25 a 29 anos	30 a 39 anos	40 a 49 anos	50 a 59 anos	60 anos ou mais	idade ignorada
	1985	ND no anuár.	ND no anuár.	ND no anuár.	ND no anuár.	ND no anuár.	ND no anuár.	ND no anuár.	ND no anuár.	ND no anuár.
População Potencial	1990	ND no anuár.	ND no anuár.	ND no anuár.	ND no anuár.	ND no anuár.	ND no anuár.	ND no anuár.	ND no anuár.	ND no anuár.
35.665.946	1995	687.882	4.265.789	5.788.307	5.482.437	9.621.665	6.255.429	2.604.207	955.176	5.054

Fonte: Anuários do IBGE de 1985, 1992 e 1996

Quadro 29

1995 - População Potencial para Ser Público Pagante Empregados de 10 Anos ou Mais de Idade

População Total	População por Faixa de idade									
158.617.189	Ano	10 a 14 anos	15 a 19 anos	20 a 24 anos	25 a 29 anos	30 a 39 anos	40 a 49 anos	50 a 59 anos	60 anos ou mais	idade ignorada
	1985									
População Potencial	1990									
	1995	1,93	11,96	16,23	15,37	26,98	17,54	7,30	2,68	0,01

Fonte: Anuários do IBGE de 1985, 1992 e 1996

Quadro 30

1995 - População Potencial para Ser Público Pagante Empregados de 10 Anos ou Mais de Idade

População Total	População por Faixa de idade									
158.617.189	Ano	10 a 14 anos	15 a 19 anos	20 a 24 anos	25 a 29 anos	30 a 39 anos	40 a 49 anos	50 a 59 anos	60 anos ou mais	idade ignorada
	1985									
População Potencial	1990									
	1995									

Fonte: Anuários do IBGE de 1985, 1992 e 1996

Quadro 31

População Economicamente Ativa (PEA), por Sexo
1995 - População Residente de 10 Anos e Mais de Idade
Condição de Atividade e Sexo

	Totais			Economicamente Ativa			Não Economicamente Ativa		
Ano	Total	Homens	Mulheres	Total	Homens	Mulheres	Total	Homens	Mulheres
1985	95.704.423	47.010.299	48.694.124	52.443.112	35.084.825	17.358.287	43.261.311	11.925.474	31.355.837
1990	110.045.986	54.203.491	55.842.495	60.502.341	40.501.845	20.000.496	49.543.645	15.650.215	33.893.430
1995	126.459.685	62.058.994	64.400.691	69.296.060	46.195.378	23.100.682	57.163.625	18.564.915	38.598.710
				0,547969575	0,366595648	0,181373927	0,452030425	0,12460734	0,327632057

Quadro 32

População Economicamente Ativa (PEA), por Sexo
1995 - População Residente de 10 Anos e Mais de Idade
Condição de Atividade e Sexo

Taxa de participação relativa

	Totais			Economicamente Ativa			Não Economicamente Ativa		
Ano	Total	Homens	Mulheres	Total	Homens	Mulheres	Total	Homens	Mulheres
1985	1,00	0,4912	0,5088	0,5480	0,3666	0,1814	0,4520	0,1246	0,3276
1990	1,00	0,4926	0,5074	0,5498	0,3680	0,1817	0,4502	0,1422	0,3080
1995	1,00	0,4907	0,5093	0,5480	0,3653	0,1827	0,4520	0,1468	0,3052

Quadro 33

População Economicamente Ativa (PEA), por Sexo
1995 - População Residente de 10 Anos e Mais de Idade
Condição de Atividade e Sexo

Taxas de variação em 5 anos

	Totais			Economicamente Ativa			Não Economicamente Ativa		
Ano	Total	Homens	Mulheres	Total	Homens	Mulheres	Total	Homens	Mulheres
1985									
1990	14,99	15,30	14,68	15,37	15,44	15,22	14,52	31,23	8,09
1995	14,92	14,49	15,33	14,53	14,06	15,50	15,38	18,62	13,88

Quadro 34

Taxas de Variação anual da População Residente de 10 Anos e Mais de Idade
Condição de Atividade e Sexo

Taxas de variação em 5 anos

Média anual do período	Totais			Economicamente Ativa			Não Economicamente Ativa		
	Total	Homens	Mulheres	Total	Homens	Mulheres	Total	Homens	Mulheres
1985/1990	0,0283	0,0289	0,0278	0,0290	0,0291	0,0287	0,0275	0,0559	0,0157
1990/1995	0,0282	0,0274	0,0289	0,0275	0,0267	0,0292	0,0290	0,0347	0,0263

1.2.8 Processo de Expansão da Demanda por Espetáculos Esportivos

O processo de expansão da demanda por espetáculos esportivos pode ser dividido sucintamente em duas vertentes e tipologias:

1. a expansão promovida pelos praticantes de esportes, isto é, pelo conjunto de indivíduos que exercitam o esporte como uma prática regular; e
2. o crescimento da procura fundamentado pelo público que vê no esporte uma forma de lazer, vendo-o e formando torcidas, apoiando esportistas através de frequência às instalações esportivas, assistindo-o pela televisão, ouvindo-o por radio, lendo em jornais, revistas e internet, e atividades afins.

Em função desta ramificação, os esportes podem gerar basicamente as seguintes modalidades de demanda esportiva, classificadas em critérios de ordem econômica, a saber:

1. *Demanda Esportiva Econômica* (DEE) – que se verifica quando o esporte visto e/ou praticado é remunerado, gerando fluxos de caixa, empregos assalariados, renda flutuante e variável às empresas, instituições e esportistas que o praticam. Neste propósito, conta a obtenção de lucro econômico e a capacidade de autossustentação financeira através do esporte. Isto é bem evidente para certos clubes, dirigentes e atletas campeões, além de empresários do esporte, no futebol, no voleibol, no tênis, no automobilismo e nos esportes de grande apelo popular. Este quadro, não é evidente em esportes novos, cuja consolidação ainda não ocorreu, e que dependem do esforço maior dos amantes do esporte.

   Evidentemente, nesta análise, a nossa maior preocupação concentra-se na compreensão da evolução e no estágio atual da Demanda Esportiva Econômico no Brasil e no voleibol em particular, para gerar fundamentos crescentes, por meio da adoção de medidas econômico-fiscais, para a sua viabilização e vitalização.

2. *Demanda Esportiva Semi-Econômica* (DESE) – cuja característica consiste em aliar certas feições econômicas ao esporte, com outras não econômicas e associadas ao esporte voluntário, amador.
A Demanda Esportiva Semi-Econômica constitui-se num meio caminho entre a *Demanda Esportiva Econômica* e a *Demanda Esportiva Amadorística* (DEA), que é descrita logo mais adiante (Veja o item 3).
Na Demanda Esportiva Semi-Econômica, em razão de diversos fatores, ocorre uma combinação de atividades geradoras de caixa com outras que não rendem receitas financeiras. Isso cria uma zona de incerteza para a visibilidade econômica e a geração lucrativa de promoções esportivas.
A lucratividade deste projeto esportivo tende a ser baixa, e o desvio padrão do retorno é alto. Ademais, a taxa interna de retorno (TIR) sinaliza baixo valor.
Entre os fatores relevantes para justificar estas situações no DESE merecem atenção os seguintes:
   a. Há numerosos esportes recentemente incorporados à rotina esportiva, cuja demanda potencial é relevante e elevada. Existe propensão positiva em vê-los e praticá-los, mas os potenciais espectadores e desportistas ainda não estão plenamente conquistados por eles. Seu número ainda carece de uma massa básica tão numerosa, que indubitavelmente se possa afirmar que ocorre ou acontecerá a economicidade plena.
   Isto seja porque esportistas e espectadores que praticam ou assistem a estes esportes são fiéis a outras modalidades ou porque o esporte é desconhecido ou porque ainda não se inseriu no "caldo de cultura" dos demandantes. Falta uma massa crítica de praticantes e de expectadores que venha gerar um fluxo de retornos atraentes a este tipo de projeto.
   b. Outra razão é que o esporte pode ser caro (possui alto custo para seu exercício e manutenção) para um atleta, um espectador ou uma entidade esportiva. Então, ocorre uma limitação gerada por custos que não são compatíveis com a restrição

orçamentária dos desportistas, dos espectadores, dos clubes e outras instituições, reduzindo-se assim a sua prática.

c. O fato do "esporte ser caro" decorre sobretudo de quatro fatores: o preço de sua prática é alto de fato, o preço relativo do esporte opõe entre os mais caros (polo, iatismos, alpinismo em regiões gélidas, etc.), a componente de artigos importados é alta e sucedem-se as desvalorizações cambiais com a determinação local de uma moeda fraca, e a falta de renda para financiá-lo.

Como o preço do futebol, fornecido para um espectador-torcedor de estádios é menor que o preço do tênis, é natural que haja maior propensão, logo, maior demanda, para assistir ao futebol, mantidas outras condições constantes.

Estádios que forneceriam para estes dois esportes a mesma base de conforto, segurança e qualidade no jogo, nesta situação, tenderiam a carrear público a favor do futebol em detrimento do tênis.

A falta de renda para financiar o esporte é crônica em numerosos casos, assaz conhecidos do grande público. O alpinismo, a vela, o hipismo e o automobilismo, por exemplo, requisitam muitas verbas e capacidade de dispor e de manter uma infraestrutura para o esporte. Nesse caso, ele se torna caro. É preciso dispor dos equipamentos de alpinismo certos, de hospedagem e de passagens para viajar às montanhas pretendidas, escalando-as por vários dias. É necessário ter um barco, um veleiro ou um iate participando de um clube que normalmente é de elite, e ter capacidade de manter o barco e sua tripulação por um ou vários dias e até semanas, para tornar-se um velejador competente e competitivo.

Nestes casos, naturalmente, em que há interesse do público em ver o esporte e os atletas que se sobressaem pela qualidade, os esportistas tendem a solicitar patrocínio, suporte financeiro, subsídios, incentivos fiscais, doações, verbas de sustentação e afins.

O esporte, enaltecido na Lei nº 9.615, de 24 de março de 1998 no seu capítulo IV, parágrafo 2º como "a organização desportiva do país, fundada na liberdade de associação, integra o patrimônio cultural brasileiro e é considerada de elevado interesse social", justifica consequentemente, sob certos aspectos a demanda dos esportistas.[9]

Posto que é de "elevado interesse social", isto significa que o esporte é uma prioridade. E prioridades devem ser atendidas no provimento sério de condições apropriadas para o seu desenvolvimento, crescimento e promoção.

Da mesma maneira, os empresários do esporte e os estabelecimentos esportivos, verdadeiros mecenas das atividades desportivas brasileiras, merecem prioridade no que tange às suas solicitações para a viabilização do esporte quando as evidências se manifestam.

Organizações como Bradesco, BCN, Nossa Caixa, Banco do Brasil e personalidades com Carlos de Almeida Braga (conhecido por Braguinha), um dos proprietários da Icatú, têm contribuído de fato a favor da prática esportiva brasileira.

Para que esportes novos ou com alta capacidade de florescer, como o voleibol, possam tornar real todo o seu potencial e contribuam a plena carga a favor do "elevado interesse social", é fundamental que o governo contribua com a sua parte, como procura fazer desde 1994. Esta corresponde a otimizar dentro dos princípios do bom senso econômico liberal e capacitar a realização de patrocínios e suportes financeiros, segundo as possibilidades. Que se frise o significado desta proposição. Os encargos e financiamentos decorrentes dela podem e devem ser repartidos entre a livre iniciativa e o Estado. No caso deste, como a Legislação Esportiva é sobretudo federal, espera-se que, para viabilizar os esportes, o governo torne as normas, as leis, os regulamentos e os processos de obtenção de verbas, algo mais fácil, rápido, simples, equânime e, sobretudo, prioritário. Atender estas proposições é tão somente cumprir a Lei nº 9.165. Não atendê-las, é simplesmente torná-la letra morta.

Por fim, nesta terceira justificativa, lembramos novamente que o esporte é em todos os aspectos uma atividade popular. Mas a má distribuição de renda, da qual sofre a população brasileira, não incentiva o gasto em esportes em nível de consumo pessoal. Ao se inibir o poder aquisitivo do espectador, o estádio fica vazio. Por esta razão, quando vale a pena (ou acredita-se que valha a pena) investir num desportista ou num esporte promissor, surgem patrocinadores da iniciativa privada ou do setor público. Eles podem contribuir para o esporte sob inúmeras formas, tornando-o real, praticado e visto. Fornecem bilhetes (entradas) gratuitas ou subsidiadas; uniformes; camisas; bonés; meios de transporte e de hospedagem; infraestrutura e bases financeiras para a sustentação e manutenção dos atletas e suas torcidas.

Sob o ponto de vista econômico-financeiro e social, faz sentido apoiar o esporte que tende a se tornar do tipo DEE.

3. *Demanda Esportiva Amadorística* (DEA) – que corresponde à atitude de ver e/ou praticar esportes por puro prazer, sem que aspectos de ordem econômica interfiram em sua realização e evolução. Neste caso, os esportistas e os espectadores praticam por motivação, sem interesse pecuniário, o esporte. Uma dimensão de caráter lúdico, nobre na acepção espartana do termo, permeia a DEA.

   Incentivá-la, aumentar o seu potencial e a sua efetiva demanda são atitudes do Estado que correspondem ao atendimento da Lei nº 9.615.

   O desporto amador é o berço e o espaço no qual se criam os esportes. Quase sem exceções, a rota dos esportes que se tornam econômicos – gerando receitas às empresas; impostos ao governo; empregos à sociedade; e bem-estar sociocultural e patrimonial ao país –, parte deste tipo inicial de prática.

   Assim, conforme mostramos no quadro que segue, a rota dos esportes "de sucesso" no mundo atual – que se mede entre outros pela capacidade de gerar resultados econômicos e de aglutinar público em torno de si – parte do DEA para a seguir evoluir por certo tempo no DESE e talvez então se consagrar na DEE.

O Quadro 17, que mostra o *Grau de Interesse pelo Vôlei*, desenvolvido pela *Datafolha* em 1996,[10] a seguir, oferece elementos quantitativos para reforçar esta modelagem e compreender o processo de evolução da demanda pelo esporte. Por meio deste quadro, conclui-se que o voleibol é um esporte que demonstra ser do maior interesse popular. Comprovam "muito interesse" 83% das pessoas entrevistadas. Nele domina a faixa de público jovem, com escolaridade superior (87%), segundo grau incompleto (com 86%) ou completo (82%).

Pelo perfil etário, portanto, no seu estágio atual, o voleibol é um esporte de e para jovens, disseminando-se muito bem junto a um público que se sofistica com o passar do tempo, e responde pela elite intelectual brasileira e pela classe média.

No que diz respeito ao interesse marcado pelo tipo de categoria socioeconômica ao qual pertencem os entrevistados, as três categorias entrevistadas A, B e C/D comprovaram muito interesse pelo voleibol. As três manifestaram interesse na coluna ABA acima ou igual a 81%. Destaca-se o alto interesse do público de classe C/D, pelo esporte, com 90% de muito interessados.

O Quadro dos *Hábitos de ir a ginásio de esportes / arena para assistir aos jogos de vôlei* de nº 18, do Datafolha (idem, referência 10), mostra que 70% dos entrevistados têm positivamente o hábito de torcer e ver o voleibol em estabelecimentos esportivos.

A sequência de dezesseis quadros seguintes mostra os nossos levantamentos para calcular as bases da População Potencial para ser Público Pagante dos esportes em geral. Obtivemos estes dados combinando estatísticas do Datafolha, da Gazeta Mercantil e de anuários do IBGE.[11] Portanto, fizemos projeções que visam aproximar-se da realidade.

A demanda potencial pode ser considerada como uma combinação produzida entre o público que possui interesse em assistir, com a população que está em idade e condições positivas de pagar pelos esportes. Isto significa que, dependendo da modalidade de esporte, cruzando-se os dados do IBGE com os do *Datafolha* é possível inferir quantos brasileiros, por ano, tinham interesse e renda, simultaneamente, para ver e pagar uma modalidade esportiva (o preço de uma entrada em ginásio).

Quadro 35
A Constelação da Bola e a Propensão para "Consumi-la"

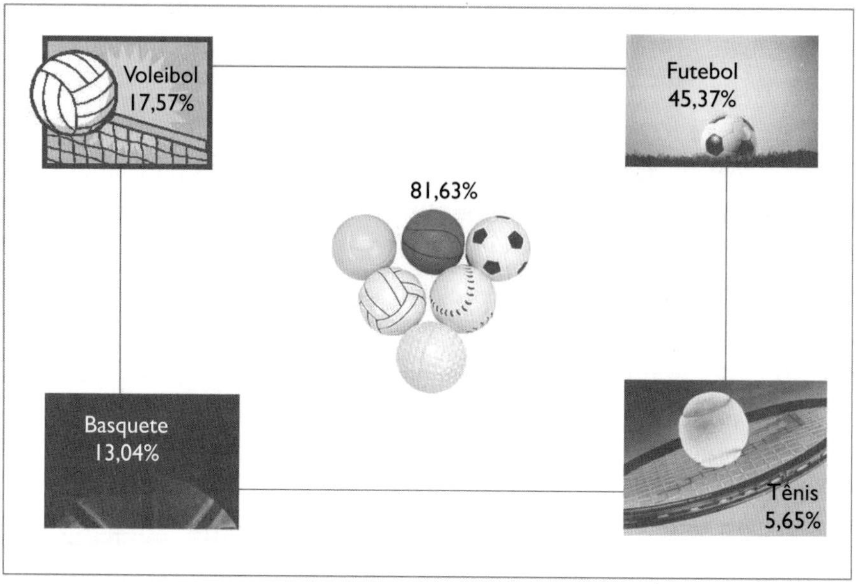

Fonte: PEEM/EBAPE – Fundação Getúlio Vargas com base nos dados do Datalha, 1996.

Quadro 36
A Constelação da Bola e a Propensão para Consumi-la no ano de 2010

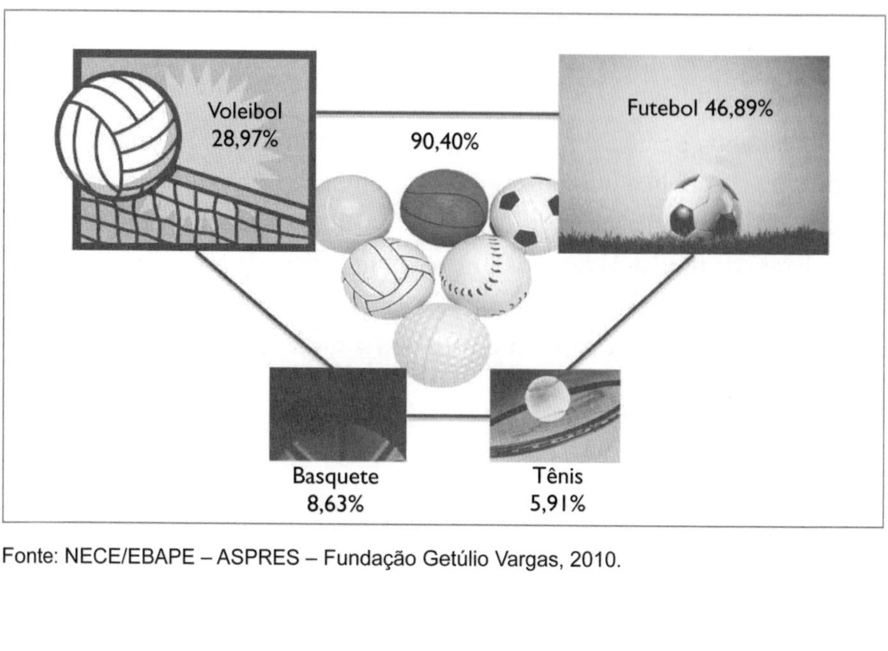

Fonte: NECE/EBAPE – ASPRES – Fundação Getúlio Vargas, 2010.

O nosso problema prático é que, enquanto os dados do IBGE são de 1995, os levantados pelo Datafolha foram consolidados em 1996. Desta forma, para exemplificar a evolução da demanda potencial pelo voleibol com um dado próximo, ponderando os dados, podemos afirmar que em 1995 havia 83% de pessoas com alto interesse pelo esporte, entre 120.936.407 brasileiros habilitados para pagá-lo e/ou praticá-lo. Essa demanda potencial voleibolística corresponde a 100.377.217 de brasileiros.

Este conjunto de dados demonstra que o voleibol insere-se, no modelo Graça–Kasznar que se detalha a seguir, numa situação avançada de Demanda Esportiva Semi-Econômica, com feições firmes no campo dos profissionais de Demanda Esportiva Econômica.

Conforme demonstramos anteriormente, o conjunto de incentivos do Estado que se possam fornecer a este esporte e aos que a ele se assemelhar, promovera um salto no esporte. Através deles, a demanda crescerá mais ainda, viabilizando progressivamente a prática econômica do voleibol. A melhor consequência desta atitude governamental, conforme veremos na seção 5.5 – Efeito Emprego, é a criação de mais empregos.

Ademais, na medida em que a produtividade agrícola, fabril, de serviços e comercial cresce no mundo, como tem ocorrido sensivelmente desde os anos 1940, a contratação de mão de obra tende a cair. Sobra mão de obra e os setores tradicionais, contratantes de trabalhadores em condições atualmente desnecessárias, passam a dispensá-los.

Os esportes constituem-se num destes raros setores dinâmicos e modernos dos nossos tempos que, por definição, necessitam empregar mais pessoas. Não existem esportes sem gente, atletas, corredores, jogadores e praticantes. A pessoa é por natureza a matéria prima do esporte. E na sociedade da tecnologia avançada, que privilegia a produtividade, cada vez mais sobrará tempo para as pessoas. Elas aperfeiçoarão a sua relação de lazer *versus* renda, frequentemente tendendo mais ao lazer, que à renda. Isso significa que, na medida em que o lazer e os esportes são quase sinônimos para grande número de pessoas, o aumento do tempo disponível nos nossos dias e no futuro, deslocará grande parte da população à prática de esportes. Isto pode ser visualizado nos Quadros 6, 17 e 18.

Concluindo esta seção e em função dos elementos que analisamos, é possível depreender que a participação do público tenderá a crescer, por e em espetáculos esportivos. Esse assunto é aprofundado na seção 1.2.9, a seguir.

1.2.8.1 Decorrências do Modelo Graça – Kasznar

Uma vez que se identifica num país, num estado, num município ou numa localidade o tipo de modalidade de esporte que é praticado, o Modelo Graça – Kasznar (MGK) sugere que se pense em suas consequências e impactos.

Caberá perguntar-se fundamentalmente se, sendo do interesse da comunidade e de empresários, seria possível deslocar a modalidade que foi identificada, do espaço DEA (Demandada Esportiva Amadorística), para um *upgrade* como DESE (Demanda Esportiva Semi-Econômica) e desta, mediante um novo *upgrade*, para a DEE (Demanda Esportiva Econômica).

Existe positivamente no mundo competitivo e capitalista de hoje uma necessidade de se garantir e assegurar a autossustentabilidade econômico-financeira de uma modalidade esportiva, em grande escala. Desta forma, quanto mais os esportes tendem a se tornar DEE's, tanto maior é a sua probabilidade de sobrevivência e de evolução quantitativa e qualitativa, com tanto que se disponha também de uma laboriosa, honesta e profissional equipe de gestores e administradores do esporte.

Por outro lado, quanto mais um esporte tende a se tornar um DEA, ou se eterniza neste estrato, tanto menor será a sua atratividade empresarial. Ele padecerá o risco de desaparecer ou de ser praticado por alguns poucos iniciados abnegados.

Para a política esportiva, o modelo MGK é de suma importância. Ele ordena e especifica cada esporte segundo uma visão econômico-financeira. À medida que uma atividade esportiva gera renda e autossustenta seus atletas e apoios gerenciais e administrativos, entende-se que ela se profissionaliza e se torna mais viável.

O que se visa é que todos os esportes considerados "socioeconomicamente" viáveis e necessários sejam identificados; definidos em suas características e necessidades de viabilização e passem a receber com políticas públicas apropriadas, recursos e medidas acertadas para levarem à satisfação e ao sucesso máximo as comunidades praticantes dessas modalidades.

Característica importante do MGK é que ele agrega todos os esportes. Isto é, sua preocupação é a de gerar uma gestão esportiva matricial integrada, que propele à autossustentação todas as modalidades socialmente desejadas.

Quadro 36

Modelo DEA/DESE/DEE: *o approach* GRAÇA – KASZNAR

A Rota dos Esportes de "Sucesso"

	DEA **Demanda Esportiva Amadorística**	DESE **Demanda Esportiva Semi-Econômica**	DEE **Demanda Esportiva Econômica**
ELEMENTOS GERAIS	Surgimento Natural. Atitude lúcida, voluntária, idealista. Sacrifício pessoal, espartano. Pode ser esporte novo, recente. Ainda pode ser desconhecido do público. Submetido a testes e aperfeiçoamentos. Não é esporte olímpico. Alguns iniciados o desenvolvem. Noutras situações, já popular, conhecido, é amplamente disseminado. Nada rende ao esportista, ao espectador e aos estabelecimentos. É o berçário dos esportes. Nasce espontaneamente. Caso sem prender interesse maior, desaparece.	Emergiu e está crescendo nas preferências do grande público. Surgem oportunidades que viabilizam a prática econômica do esporte. Ultrapassou o período de novidade ou moda e é conhecido do grande público de forma crescente. Pode ser ou não esporte olímpico. Evolui com vias de aperfeiçoamento, oferece volatilidade nos rendimentos a quem o pratica e apoia. Pode remunerar de forma variável os desportistas, os espectadores (prêmios, atuações) e os estabelecimentos. Possui seu caminho de expansão natural.	Evolução sob auspício público e privado. Movido a interesse dos esportistas, dos espectadores e dos promotores e produtores de bens e serviços para os esportes. Tende a ser mais antigo, tradicional. É conhecido do público e disseminado. Aperfeiçoado. Muda pouco. Pode ser ou não esporte olímpico. Pode fazer parte de cursos em academias, clubes e estabelecimentos. Pode remunerar de forma variável os desportistas, os espectadores (prêmios, atuações) e os estabelecimentos. Possui amplitude social e infraestrutura. Já se desenvolveu e criou espaço próprio.
ECONIMIA	A relação benefício/custo é inexiste. O *pay-back ratio* é inexiste. O investimento público tem caráter social para beneficiar a população. A demanda tende a ser grande, de massa, pois o preço de seu ingresso e prática pode ser bem baixo.	Mede-se o benefício/custo com resultados variáveis. O *pay-back* pode ou não ser positivo. O investimento público aumenta a base de consumo e a demanda por este esporte. Sua consagração assegurar mais e melhores promoções, recursos e meios. A demanda é variável. O preço influencia sua prática e audiência. Alcançou a maturidade e cresce bem na margem.	Mede-se o benefício/custo com resultados variáveis. O *pay-back* pode ou não ser positivo. O investimento público aumenta a base de consumo e a demanda por este esporte. Sua consagração assegurar mais e melhores promoções, recursos e meios. A demanda é elevada. O preço influencia sua prática e audiência. Alcançou a maturidade e cresce pouco na margem.

Quadro 36 A
Aplicação do Modelo DEA/DESE/DEE: GRAÇA – KASZNAR na Prática
Exemplo

DEA **Demanda Esportiva Amadorística**	**DESE** **Demanda Esportiva Semi-Econômica**	**DEE** **Demanda Esportiva Econômica**
Futebol de praia	Atletismo (certas modalidades)	Futebol profissional, Copa do Mundo
Futebol amador	Ginástica Olímpica (específica)	Futevôlei – show
Vôlei de praia amador	Iatismo sazonal	Superliga de vôlei
Moutain bike	Surfe alternativo	Surfe profissional
Rapel	Rapel de biólogos, pesquisadores	Hipismo
Mergulho	Mergulho de estudos	Mergulho profissional

1.2.9 Espetáculos Esportivos: Nível de Participação do Público

A participação do público em espetáculos esportivos pode ocorrer de várias formas, dependendo dos tipos de participação existentes.

Podemos classificar a participação do público, do espectador, sinteticamente, das formas que detalhamos no quadro-resumo seguinte.

Participação

Ativa	X	Passiva
Direta	X	Indireta
Aberta	X	Fechada
Grátis	X	Paga
Voluntária	X	Obrigatória
Contínua	X	Descontínua
Espontânea	X	Estimulada
In loco	X	Pelos meios de comunicação

Cada uma dessas formas de participação possui implicações sobre o exercício do esporte e o grau de economicidade que cada uma das modalidades apresenta.

Em uma situação ideal, praticamente impossível de ocorrer no estado da natureza, o "desejável" seria que os espectadores desenvolvessem seus interesses a favor dos esportes sob as formas ativa, direta, aberta, grátis ou paga, voluntária, contínua, espontânea, estimulada, *in loco* e pelos meios de comunicação.

A combinação destes atributos ofereceria uma "solução integrada melhor", sem contudo desmerecer o processo de participação esportiva sob outras modalidades possíveis. Juntos, eles estariam estimulando a maximização do número de pessoas que assistiriam a um espetáculo, o que entendemos ser uma forma de definição do que é a "participação do público".

As pessoas devem estar presentes, ligadas, motivadas para assistir aos espetáculos esportivos. Quando isso ocorre de uma forma natural, sem maiores artifícios, o esporte dirige-se ao caminho de ser visto como uma atividade cultural, um bem, um serviço que favorece a comunidade. Por essas razões, os espetáculos esportivos, sejam eles promovidos no ambiente amador ou profissional, encontram em grande parte nestes atributos o seu denominador comum de valores.

Procuremos definir resumidamente cada um destes atributos, para que se possa compreender a sua importância no processo de se criar público, logo que se aumente a demanda pelos esportes, e para que na prática se verifique este como um crescente movimento de participação do público nos esportes.

Ativa. Participação do torcedor que comparece a estádios e complexos esportivos nos quais ele pode ver ao vivo e interferir à viva voz, pelo entusiasmo e presença, no esporte ao qual comparece.
Passiva. Participação do torcedor que assiste a distância uma atividade esportiva, sem interferir nos acontecimentos do esporte que vê.
Direta. Ocorre quando o espectador, além de assistir, também é membro ativo de um espetáculo esportivo. As torcidas organizadas e *as cheer-leaders* são bons exemplos desta atuação. Esta é uma forma adicional de se motivar certos torcedores, que se incorporam a um jogo, valorizando-o e considerando-o também como deles (efeito "foi feito por mim").
Indireta. Verifica-se esta participação quando sendo amante do esporte ou não, um indivíduo ou grupo de indivíduos promove ou cria condições para a prática e o desenvolvimento do esporte, sem necessariamente assisti-lo. Os

empresários que faturam com atividades esportivas inserem-se bem nesta tipologia de participação.

Aberta. Participação à qual todo e qualquer torcedor, participante e agente possui acesso, sem custas e por tempo ilimitado.

Fechada. É o espetáculo que é vedado a certa parte da população e que, portanto, não é exercido sob a forma da equidade e da democracia plena. O acesso a sociedades hípicas, clubes de iatismo e clubes de golfe é limitado pelas considerações econômicas. Quem possui dinheiro e pertence a uma categoria de renda mais elevada, normalmente, pode assistir e participar com mais facilidade e regularidade desses esportes.

Grátis. Nesta circunstância, o público assiste de graça, sem o desembolso de recursos, ao espetáculo esportivo. A quantidade de assistentes pode aumentar significativamente, posto que o acesso é franqueado. Nos domínios dos espaços públicos bem populares, como nas quadras esportivas de voleibol, basquetebol e futebol do Aterro do Flamengo e da Favela da Maré, no município do Rio de Janeiro, a prática e a assistência destes esportes é gratuita. Aos sábados e domingos, sobretudo, dias de fim de semana, quando o trabalhador repousa da cansativa semana, as quadras tendem a permanecer lotadas.

Paga. Ocorre quando um agente econômico – torcedor ou empresa que subsidia espectadores – desembolsa capital para assegurar o espetáculo esportivo e seu desenvolvimento.

Voluntária. Refere-se à participação à qual o público comparece por livre vontade, por meio do autoestímulo.

Obrigatória. Participação à qual os espectadores são convocados em caráter compulsório. Quando assistir aos esportes faz parte do currículo obrigatório de uma escola ou de um curso superior de Educação Física, ocorre este evento.

Contínua. Participação que se realiza em caráter regular, contínuo e permanente. Existe uma rotina que repete o evento e o espetáculo esportivo. O público sabe a que se ater, dispondo de datas e horários precisos para assistir ao esporte. As programações dos canais de televisão ESPN e do CNN Sports correspondem a bons exemplos desta categoria. Entre os esportes, os jogos da Superliga do Campeonato de Voleibol inserem-se na continuidade da programação dos eventos.

Descontínua. Neste âmbito, a participação se registra em caráter irregular, descontínuo e temporário. Ora ocorre, ora não ocorre o evento esportivo. O risco de cancelamentos de espetáculo é elevado. O público necessita fazer um esforço especial, para prospectar os locais, os horários e as modalidades esportivas que serão apresentadas.

Espontânea. Participação natural, originária de vontade própria, que por autoestímulo o espectador possui. Este dirige-se aos estádios ou à assistência de esportes sem maiores artifícios, publicidades e propagandas.

Estimulada. Verifica-se quando a participação do espectador necessita ser gerada, produzida e induzida. Para aumentar a massa de público, através de diversos artifícios, gera-se um clima que favorece o aumento de público. A estimulação popular é realizada especialmente quando atividades esportivas de caráter econômico são programadas com o patrocínio de grandes companhias. No futebol, verificam-se no Brasil duas fases de torcida: a comum, dos campeonatos estaduais e brasileiros, que possuem uma torcida cada vez mais esvaziada nos estádios; e a que ocorre em época de Campeonato Mundial de Futebol. Especialmente neste último, são notórios os patrocínios às equipes e aos jogadores (com marcas estampadas nas camisas, calças, meias e sapatos) aos espectadores (com viagens e hospedagens de graça no país que faz a sede da Copa) e as maciças campanhas da mídia para promover o esporte.

Com a revolução das telecomunicações e a sofisticação dos sistemas de satélites, ficou mais fácil e confortável para os espectadores assistirem aos espetáculos esportivos em suas residências, clubes e países. Para os trabalhadores cansados do duro dia a dia, para os comodistas, para os gregários, e para os que por boas razões possuem medo de ir aos estádios nesta era de violência, a melhoria das telecomunicações soou como uma forma a mais de "ficar em casa". Enquanto os mais jovens mostram querer participar mais nos estádios, a faixa etária mais avançada, dos 55 anos para cima, tende a desaparecer dos templos do esporte. Em função destes fatos, estabelecimentos e complexos esportivos também esvaziaram. Desenvolver, promover e sustentar as conquistas do esporte, por meio de incentivos que aumentem o grau de atratividade dos esportes e dos estabelecimentos esportivos, é essencial para garantir o sucesso desta atividade educacional, cultural, patrimonial e econômica.

In loco. Afirma-se do esporte que é visto, ouvido e incentivado pelo espectador no local em que o evento acontece.

Pelos meios de comunicação. Corresponde à participação indireta, fora do local de realização do evento esportivo. O torcedor vê pela televisão, escuta pelo rádio ou assiste ao esporte no cinema ou pelo vídeo.

Conforme mostra o Quadro 54 da propensão total e relativa em se ver o esporte, pagando por ele, da seção 1.7, projetou-se que por semana, em 1998, havia no país aproximadamente 189.869.057 espectadores esportivos. Uma parte dessa população vai aos estádios e parques esportivos, enquanto outra parte recorre aos programas de televisão, jornal, rádio, cinema, vídeo e afins.

Nesta seção, que dividiremos a seguir em quatro subseções, estimularemos especialmente a análise dos atributos de assistência ao esporte *in loco* – em quadras; estádios e estabelecimentos esportivos diversos (1.2.9.1); e pelos meios de comunicação, com especial ênfase na via televisiva (1.2.9.2); na audiência de rádio (1.2.9.3); e por meio do cinema e do vídeo (1.2.9.4).

1.2.9.1 Em quadras, Estádios, Espaços

A participação e o comparecimento do público a eventos esportivos no Brasil tem sido crescente em termos de números absolutos e relativos ao longo dos anos 1990.

Impulsionado pelo crescente interesse por esportes em geral; pela mentalidade esportiva na qual se declama que esta atividade "faz bem à saúde"; e pelo crescimento demográfico, que aumenta naturalmente a base de espectadores potenciais, a presença e o ato de assistir a eventos esportivos no Brasil são considerados os mais elevados do mundo, quando o espetáculo é gratuito e espontâneo. Já quando os esportes são pagos, o público tende a minguar, colocando-nos num baixo índice de comparecimento.

Para a indústria do esporte, que há de viver também da arrecadação de recursos nos estádios, a baixa presença é inviável. Numerosos clubes sobrevivem na penúria e de doações e patrocínios. Sob esta ótica, faz sentido que se estimulem medidas para aumentar o índice de utilização, comparecimento, remuneração e rentabilidade dos esportes no país.

O clima ameno faculta a prática e a torcida por esportes, a céu aberto, transformando o Brasil de dimensões continentais num gigantesco parque esportivo.

Os custos médios de produção e de construção de estabelecimentos esportivos caem e são menores que nos países de clima temperado, nórdico, submetidos aos rigores do verdadeiro inverno. Nesses países, a prática esportiva também depende da capacidade de se investir em quadras cobertas e com aquecimento ambiental.

Dessa forma, embora o Brasil conte com quadras cobertas, em relação à sua infraestrutura esportiva global, a taxa de participação de estabelecimentos cobertos é diminuta. Em 1996, no Município de São Paulo, 4,8% apenas das quadras poliesportivas eram plenamente cobertas (fechadas), segundo dados da Fundação SEADE[12]. No ano de 1995, no Rio de Janeiro, quadras e ginásios fechados correspondiam a 3,6% do total registrado, conforme o IPLAN – RIO[13].

Neste sentido, conforme mostram as estatísticas da Confederação Brasileira de Voleibol no Quadro 8 – Superliga 96/97 – Feminino e no Quadro 9 – Superliga 96/97 – Masculino, compareceram respectivamente 226.240 e 219.948 torcedores aos jogos. Esses são certamente bons números de presenças no total. Todavia, ao atentarmos aos índices médios de presença por jogo, de 1.038 e 726 pessoas, notaremos que esta média é baixa.

Os estádios nos quais se realizam jogos de voleibol possuem capacidade de lotação bastante diversificada. Se considerarmos uma média de ocupação potencial de 3.200 assentos, perceberemos que o índice médio de ocupação em 1997 foi de 27,56%. Vale dizer que houve um grau de ociosidade de 72,44% durante os jogos realizados.[14]

Em 1996, o Instituto Datafolha pesquisou o "Hábito de ir a ginásio de esportes/arena para assistir aos jogos de voleibol" (Veja Quadro 18, na seção 1.7). Nele, constata-se que entre os que assistiam e foram entrevistados, 70% afirmaram ter o hábito de ver voleibol em ginásios.[15]

Isto significa que há um alto índice de presença nos eventos, da parte dos que assistem ao voleibol. Existe um núcleo de torcedores que comparece com alta frequência aos jogos da Superliga. A sua fidelidade de comparecimento é elevada. Mas este núcleo, este *core public*, é diminuto, não sendo capaz de sustentar as brilhantes equipes profissionais brasileiras, campeãs do mundo.

Ademais, o público de 3%, que comparece pela primeira vez aos ginásios, é pequeno. Isso pode significar que o índice de renovação de torcedores é relativamente baixo. Em virtude de fatores diversos (violência e medo de assaltos, preço, qualidade dos estabelecimentos, horários, custo dos transportes e afins), o público que assiste ao voleibol mostra sinais de cansaço e de estagnação estatística.

A promoção de meios que possam cativar maior público e encantá-lo mostra-se uma necessidade vital, para este que é o segundo esporte mais apreciado pelo grande público brasileiro.

1.2.9.2 Via Televisiva

Os meios de comunicação evoluíram de maneira soberba nos últimos 150 anos. A invenção do telégrafo, do telefone, do rádio, da televisão e da internet encurtaram o tempo de disseminação das mensagens, das vozes, dos sons e das imagens.

Nos últimos quarenta anos, particularmente a televisão mudou de forma notável. Passou da cor branca e preta, retransmitindo mensagens e imagens colhidas em dias anteriores no mundo, para colorida e com transmissão por satélite de qualquer evento de interesse, oriundo de qualquer parte do planeta.

Para os esportes, este progresso trouxe impactos marcantes. Entre estes, os mais relevantes podem ser assim enumerados:

1. Disseminação mundial das práticas e das múltiplas modalidades esportivas.
2. Barateamento contínuo do custo de se assistir a programas desportivos, com a consequente popularização dos esportes e da atividade de "ver e torcer a distância".
3. Capacidade de acompanhar, torcer e ver em tempo real eventos esportivos de naturezas variadas.

4. Facilidade de se educar o telespectador, que pode apreciar repetidas vezes um jogo, um lance de jogo, ou algum movimento de interesse.
5. Disseminação da "cultura esportiva televisionada", na qual as grandes cadeias investem somas pesadas, colocando à disposição do telespectador um aparato de apoio à compreensão do que ocorre nos esportes dos mais avançados e numerosos.
6. A criação de profissões nas telecomunicações diretamente oriundas e vinculadas aos esportes. Comentaristas, técnicos, repórteres especializados, junto das equipes de filmagem, transportes, reprodução e teletransmissão, entre outras, formam uma elite de profissionais bem remunerados.
7. O desenvolvimento da indústria da informação e do lazer esportivo.
8. A motivação em participar mais dos esportes, local e internacionalmente, como esportista e torcedor.
9. O desenvolvimento da indústria do turismo esportivo, doméstico e internacional.
10. A facilidade de avaliar, julgar e definir melhor o desempenho dos atletas, jogadores, equipes e competições esportivas, com a introdução de *replays*, filmagens de câmara lenta, tira-teimas e afins. Esses avanços tecnológicos tornaram o esporte mais transparente e emocionante.

Em função desses fatos, a televisão conquistou um espaço amplo e definitivo nos lares, nas empresas e nos espaços das comunidades em geral. No Brasil, virou hábito ver esportes pela televisão.

Esse fato é bem evidente no Quadro 34 denominado Costume de assistir aos Jogos de Vôlei pela Televisão e Frequência. Segundo o IBOPE, fonte autorizada e prestigiada para medir o grau de interesse em ver programações esportivas, em março de 1997 registrou-se que 17% dos brasileiros sempre veem jogos de voleibol pela televisão. De vez em quando, 38% da população assistem a jogos. Isto é, essa atividade não faz parte das suas rotinas, pode ser irregular, mas repete-se em diversas oportunidades.

Somando estas duas categorias de torcedores cibernéticos, fica comprovado que 55% da população brasileira gostam de ver jogos de vôlei pela televisão. Isto é, aproximadamente 90.750.000 brasileiros derivavam prazer em assistir ao voleibol pela televisão no ano de 1997.

Estimativas para o ano de 2010 sugerem que a população de espectadores usuários de aparelhos de televisão subiu para 162 milhões. Com maior poder aquisitivo e facilidade de acesso ao consumo de aparelhos televisores e aparelhos eletrodomésticos em geral, a população brasileira foi às compras na década de 2001-2010. E o aparelho televisor foi sua prioridade de compras, antes mesmo da geladeira (NECE-FGV e CETELEM, 2010).

Note-se que aqueles segmentos que participam raramente da audiência televisiva (15%) e ou os que não costumam assistir (30%) representam um amplo mercado potencial a ser conquistado. Para que essa conquista seja realizada e se confirme na prática, campeonatos estimulantes; vitórias marcantes e em bom número; atletas com destino de estrelato; o apoio da imprensa; infraestrutura de alta qualidade; equipes de apoio; estabilidade profissional e boas remunerações são algumas das condições *sine qua non* para que o esporte vingue e floresça.

Acerca da regularidade de se assistir aos jogos pela televisão, a maioria da população vê o voleibol de vez em quando (dvq). Isso significa que ainda não está plenamente incorporado no hábito do brasileiro assistir aos jogos e torneios de voleibol.

Sejam homens (37% de audiência dvq); mulheres (39%); jovens de 10 a 19 anos (45% dvq); jovens adultos de 20 a 30 anos (41% dvq) ou pessoas com grau de instrução superior (52% dvq), não importa, o fato é que os dados comprovam que o voleibol ainda necessita de um apoio para se tornar um esporte com espaço dominante no dia a dia do telespectador brasileiro.

Quadro 37

Costume de Assistir aos Jogos de Vôlei pela Televisão e Frequência

Resposta	Sexo			Mulheres		Idade			Grau de instrução			
	Total	Homem	Mulher	Que trabalham	Que não trabalham	10 a 19	20 a 30	40 e mais	Até prim. comp.	Ginas. inc. e comp.	Coleg. Inc. e comp.	Super. Inc. e mais
Base	2.000	967	1.033	461	572	550	788	662	666	707	480	147
Sempre	17%	19%	15%	15%	16%	21%	18%	13%	11%	20%	23%	16%
De vez em quando	38%	37%	39%	39%	38%	45%	41%	28%	32%	37%	43%	52%
Raramente	15%	15%	14%	15%	14%	13%	14%	16%	14%	14%	15%	18%
Não costuma assistir	30%	29%	31%	30%	32%	21%	27%	42%	43%	29%	20%	14%

Fonte: IBOPE – Opinião Pesquisa de Opinião Pública Brasil
Março de 1997

1.2.9.3 Via Rádio

O rádio já foi o meio de comunicação dominante na mídia, especialmente nos anos 1920 a 1948. Contudo, com a introdução da sua parcial substituta, a televisão; a sofisticação dos jornais e revistas; e a transmissão dos esportes por filmes, significativa parte de sua aura e sua magia foram esvaindo-se ao longo dos tempos.

Quando em seus primórdios, o rádio era um catalisador das famílias. Juntavam-se seus membros para ouvirem o noticiário e os esportes.

Televisores sofisticados; eletrodomésticos completos como vídeos, televisores e rádios e as periféricas antenas parabólicas invadiram o meio urbano e rural brasileiro, e salvo nas áreas mais remotas e pobres das regiões Norte, Nordeste e Centro-Sul, domina hoje em dia a televisão.

Na década de 1970, ainda era corriqueiro ver numerosos torcedores de jogos de futebol no Morumbi, no Pacaembu ou no Maracanã, colando o rádio às suas orelhas. Apreciando com detalhe cada lance, a emoção do entrevero esportivo realçava as glórias e os erros de cada equipe.

Nas populares portarias residenciais, especialmente aos sábados e domingos, também era usual testemunhar jogos e noticiários variados com o apoio do radinho. Esse hábito, que permanece forte nas áreas mais pobres do país, conforme vimos, está contudo mudando celeremente. Há uma grande audiência radiofônica no Brasil, mas seu perfil está se transformando.

O barateamento dos televisores portáteis invadiu as portarias e as residências. E o medo de ser assaltado ao levar eletrodomésticos aos estádios nas grandes urbes, afastou o torcedor ouvinte. Frequentemente, ele prefere ver o jogo sem maior apoio comunicacional e conferir os melhores lances em sua casa, após o jogo, pela televisão.

Em função desses fatos e por haver alto grau de substitutibilidade entre o rádio e os eletrodomésticos mais modernos, faz sentido tornar mais leve a pressão fiscal e de formação de custos da indústria radiofônica em geral. Medidas facilitadoras lhe dariam mais chances e oportunidades para ajustar-se estruturalmente melhor, tendo mais fôlego e tempo de vida no dinâmico ramo das telecomunicações.

1.2.9.4 Via Cinema e Vídeo

Assistir a jogos esportivos via cinema corresponde a mais uma alternativa que os espectadores possuem. Esse hábito foi bem disseminado entre os anos 1892 e 1948, quando e enquanto reportagens sobre esportes, filmes das Olimpíadas e a partir de 1930 da Copa de Futebol do Mundo, permitiam que os espectadores se inteirassem de como foram as competições.

Os filmes reprisavam os jogos e mostravam o que ocorrera. Havia, portanto, um hiato entre a ocorrência do evento esportivo e a sua transmissão e apresentação ao público.

À medida que os modernos meios de comunicação e telecomunicação foram penetrando no país, os hábitos de ver filmes esportivos mudaram. Nos dias que correm, são raros os filmes que reportam os eventos esportivos recentemente ocorridos. Simplesmente, os níveis de audiência tendem a ser baixos e pouco econômicos.

Havendo necessidade, os espectadores recorrem a vídeos, casas especializadas ou filmotecas de associações, clubes e empresas de telecomunicações.

Como decorrência desses fatos, é decrescente a curva da demanda por espetáculos desportivos assistidos no cinema, senão de fato mínima, e inviável economicamente.

Em uma sintética conclusão sobre esta subseção do capítulo, torna-se evidente que há uma forte relação entre o jornalismo e a imprensa esportiva, os meios de comunicação e os esportes. Estes são promovidos e incentivados pela mídia, numa ação sinérgica que beneficia a ambos.

O processo de realimentação inter-setorial – entre as indústrias esportivas e das comunicações, do jornalismo, da imprensa esportiva e das telecomunicações – sugere que se criem políticas de longo alcance, que beneficiem coerentemente os dois setores, na sua complementaridade.

Quadro 38

Estimativas das Receitas e Gastos Totais em Propaganda, Publicidade e Marketing

em milhões de reais
valores deflacionados

VALOR TOTAL DAS RECEITAS

	MONTANTES NACIONAIS			VALORES ABSOLUTOS					PARTICIPAÇÃO PERCENTUAL				
	GTPP	GTPM	GT-PP&PM	NO	NE	CO	SE	SUL	NO%	NE%	CO%	SE%	SUL%
1989	6895	148	7043	281	792	186	4679	1104	3,99	11,25	2,64	66,44	15,68
1990	6714	106	6820	189	707	185	4837	902	2,77	10,37	2,71	70,93	13,22
1991	9766	124	9890	260	1056	279	7008	1287	2,63	10,68	2,82	70,86	13,01
1992	10101	156	10257	261	1055	309	7238	1394	2,54	10,29	3,01	70,57	13,59
1993	10697	198	10895	273	1092	343	7686	1500	2,51	10,02	3,15	70,55	13,77
1994	11073	202	11275	301	1114	366	7902	1592	2,67	9,88	3,25	70,08	14,12
1995	11846	256	12102	338	1227	403	8393	1741	2,79	10,14	3,33	69,35	14,39
1996	12641	289	12930	381	1329	447	8876	1896	2,95	10,28	3,46	68,65	14,66
1997	14885	301	15186	556	1575	533	10276	2246	3,66	10,37	3,51	67,67	14,79
1998	17554	378	17932	721	1860	628	12111	2613	4,02	10,37	3,50	67,54	14,57
1999	19655	406	20061	833	2090	738	13471	2929	4,15	10,42	3,68	67,15	14,60
2000	21302	450	21752	916	2297	814	14559	3167	4,21	10,56	3,74	66,93	14,56

Valores previstos e estimados

Fonte: PEEM/FGV

Inclui: gastos através de Televisão; Radio; Jornais; Revistas; Publicações editoriais e gráficas nacionais e estrangeiras; catálogos; vídeos; anúncios; cartazes e afins. Soma os valores dos investimentos em Pesquisa de Marketing (PM); abertura de novos pontos de vendas para otimização d canais de distribuição no atacado e no varejo; desenvolvimento de novos produtos & serviços.

Quadro 39
Estimativa de Participação:
Marketing Sobre Produto

em milhões de reais

Ano	GT-PP&PM	PNB	GT/PNB %
1989	10.310	876.631	1,18
1990	8.827	837.541	1,05
1991	12.789	846.167	1,51
1992	12.873	841.598	1,53
1993	14.025	883.005	1,59
1994	13.828	934.660	1,48
1995	14.369	974.103	1,48
1996	15.263	1.000.014	1,53
1997	17.363	1.032.715	1,68
1998	20.216	1.034.987	1,95
1999	22.351	1.043.163	2,14
2000	24.458	1.089.688	2,24

Fonte: Relatórios do Banco Central do Brasil ano 1999/2000
Anuários do IBGE, de 1988/1999.
Revista de Marketing, anos 2 a 6
Obs.: esta série foi atualizada, a preços do ano 2000

"O voleibol tem ganhado adeptos no mundo todo e multidões acompanham os jogos nos ginásios e pela televisão. Itália, cuba, Holanda, Rússia, Bulgária, Coreia do Sul, Japão, Estados Unidos, Alemanha, Argentina e, naturalmente, o Brasil, são as maiores forças mundiais da atualidade entre homens. No voleibol feminino, Brasil, China, Japão, Cuba e Peru são algumas das melhores seleções."

Orlando Duarte[16]

CAPÍTULO 2

O Voleibol como Indústria Geradora de Renda, Riqueza, Emprego e Impostos

2.1 Evolução do PIB do Setor Esportivo, do Seu Faturamento e dos Investimentos a Ele Relacionados

Qual é a "produção" gerada pela atividade esportiva? Ela é mensurável, tal qual um bem material?

A atividade esportiva possui duas vertentes produtivas: sua prática se exerce com e sobre bens físicos, como estádios, quadras, piscinas, embarcações e outras facilidades, contudo essa mesma prática visa gerar bem-estar e satisfação pessoal e grupal, o que é difícil de mensurar por ser algo intangível.

O quanto circula de recursos financeiros no setor? Estes valores são declarados de fato em sua totalidade?

Como a definição de esporte e de prática esportiva é bem ampla e variada, não se chegando necessariamente a um consenso, fica a dúvida sobre o que incluir e excluir, quando se mede o fluxo de circulação de renda, de riqueza, de bens e serviços e de impostos, no ramo esportivo.

A busca de um consenso acerca dessa definição de esporte é um assunto palpitante e que continua na pauta das autoridades mundiais e governamentais sobre o assunto.

Quem "produz esporte"? O desportista? Aquele que pratica ginástica ou natação por diversão ou orientação médica rigorosa? O empresário que dá suporte às atividades esportivas, produzindo bens materiais como uniformes e bolas, assim como eventos e shows? Aquele aventureiro que quer descobrir novas modalidades e se joga com uma corda de uma ponte ou penhasco? A autoridade pública que transforma o esporte numa forma de socialização e coletivização de prazeres em momentos de lazer e diversão da população?

Todas as respostas podem ser consideradas positivas. Pela soma, contudo, o valor cresce. Eis algumas questões básicas, para as quais não há de fato uma única resposta, fechada e definitiva.

O assunto é rico em polêmicas e não facilita a criação de uma metodologia que seja "perfeita" e agrade a todos. Muito embora este desafio seja bastante complicado e de ordem maior, ainda assim o aceitamos e procuramos mediante rigorosas pesquisas deslindar algumas respostas para estes assuntos.

Os dados, que então decorrem, consideram o esporte na definição conjunta Graça-Kasznar como "toda atividade física, mental e humana que estimula o ser humano, mediante o movimento do seu corpo, cansando-o, transformando-o e exercitando-o, sob múltiplas formas". Isto inclui desde a caminhada até a corrida, por exemplo. Mas para efeitos estatísticos, a caminhada amadora, não remunerada, sem levantamentos de dados, foi excluída destes estudos e a corrida na modalidade múltipla olímpica e profissional foi incluída.

Neste sentido, fizemos em caráter inédito um levantamento minucioso das receitas e dos dispêndios com atividades esportivas, pautado numa amostra de empresas, mediante pesquisas, dados estatísticos do IBGE e do BACEN para projetar e estimar o PIB dos Esportes. Em especial, analisamos o PIB das maiores e mais importantes modalidades esportivas brasileiras, como o futebol, o vôlei, o basquete, o tênis, a náutica e afins.

Este estudo ampliou a base analítica que se realizou em período prévio, para os anos 1995-1997. Desta forma, abarcou-se o período 1995-2000, obtendo-se uma série estatística mais longa e coesa. Ela permite interessantes análises acerca da evolução do produto gerado direta e indiretamente pelo esporte. Neste sentido, cabem duas observações importantes:

1. Os estudos de produção são atribuição ao IBGE e insubstituíveis pelo escopo maior que lhe cabe. Neste levantamento, enfatizamos inovativamente uma forma e uma metodologia que permitem uma aproximação, logo uma estimativa, do que vem a ser a "produção esportiva".
2. Assim, a dita "produção esportiva", ou o PIB dos Esportes, possui mensuração complexa, por ser difícil a definição do que o setor de fato gera, produz e contabiliza.

Há inúmeras práticas esportivas e muitas não são bem definidas. Ademais, os esportes mobilizam para si e em torno de si muitos outros setores. Aproveitamos para descobrir, na medida do possível, em quanto contribuem estes na alavancagem econômico-financeira dos esportes. É esta a nossa maior intenção.

A evolução do faturamento, das receitas totais brutas, das vendas e do despendido do setor esportes e seus subsetores é idêntica, por definição contábil, à que se pode obter mediante as técnicas utilizadas no Sistema de Contas Nacionais (SCN).

Os Gráficos 22 e 23 das Receitas Totais dos Esportes a seguir ilustram claramente que o PIB do setor esportivo brasileiro tem crescido positiva e consistentemente nos últimos seis anos. Este movimento de alta sucede tanto nos esportes em geral quanto no voleibol.

Mais adiante, nos Quadros 43, 44, 45 e 46 da seção 3.3 – Cálculo do PIB do Esporte –, podemos apreciar que o crescimento das vendas e da produção esportiva brasileira é de grande porte.

Em 1995, o PIB total dos esportes atingiu a cifra de R$ 28,12 bilhões, o que correspondia a 1,5% do PIB brasileiro naquele ano. Em 1996 e em 1997, o PIB esportivo continuou crescendo aceleradamente, ao saltar para R$ 29,82 bilhões e R$ 31,35 bilhões, respectivamente.

Nos anos de 1998, 1999 e 2000 experimentou-se certo arrefecimento macroeconômico. As crises da Ásia (Rússia e Japão) foram tomando a forma de uma crise profunda e duradoura. Os Estados Unidos chegaram ao fim de um longo ciclo, de praticamente 10 anos ininterruptos de crescimento, liderados brilhantemente pelo presidente Bill Clinton e uma certa superoferta de bens e serviços se instalou no parque fabril norte-americano.

No plano doméstico, a dívida interna no país continuou crescendo e manteve a taxa real de juros entre as três mais altas do mundo. Em 1999, após cinco anos de sobrevalorização cambial no meio de rumoroso escândalo bancário e financeiro, que derrubou os bancos Fonte e Cindam e a corretora Marka, entre outras, a taxa de câmbio foi desvalorizada brutalmente.

Em menos de 60 dias, o Brasil viu substituírem-se na presidência do Banco Central até quatro economistas, permitindo àquele que assumiu a partir de março-abril de 2000 o que o bom senso de mercado pregava: uma desvalorização forte, extensa, que combinasse com as subitamente perdidas reservas internacionais.

No decorrer desta quebra de credibilidade, o país acorreu ao FMI e suas taxas de crescimento caíram dos tão prometidos e propalados 4% a 5% anuais, para 1% e até 3% ao ano.

Desta forma, o PIB esportivo também teve de amargar altos e baixos, evoluindo 8,23% em 1998; 13,16% em 1999 e 9,90% no ano 2000 (Ver o Quadro 44). Ainda assim, estas são taxas muito melhores que as da média brasileira para os mesmos anos. Mas o mais marcante é que as taxas de variação do período analisado de seis anos revelam que a indústria dos esportes cresceu 6,01% em 1996 e 5,14% em 1997. Essas duas taxas são maiores que as registradas para o Nível de Atividade Industrial brasileiro para o mesmo período, geral, de 1,5% e 3,9% naqueles anos.[17]

Este fato indica que o setor possui certa robustez e cresce acima da média da indústria. Os dados sugerem que a força motriz do setor concentra-se nos subsetores II – Serviços Esportivos; III – Valor Indireto dos Serviços; e IV – Valor do Esporte na Educação. O subsetor I – Indústria de Artigos Esportivos – é fortemente correlacionado à indústria de bens de consumo, a ele pertencendo. Esta caiu de 5,1% de atividade em 1996 para

1,7%. Enquanto isso, segundo levantamentos, a indústria de artigos esportivos sofreu uma queda abrupta de 12,14% para 0,45%.

A Metodologia referente ao cálculo do PIB dos Esportes, que montamos em caráter pioneiro neste documento, é detalhada a seguir. Aos apreciadores de metodologias originais sobre esta variável fundamental da Economia, sugerimos a leitura do documento "Metodologia Intensa de Análise da Produção e Cálculos de Ciclos de Negócios", de nossa autoria.[18]

Aparentemente, entre 1994 e 1996 ocorreu a maior parte da absorção dos efeitos positivos do controle inflacionário. Com a melhora na distribuição de renda, a população concentrada nas bases da pirâmide de distribuição compraram mais bens e serviços, entre eles, os esportivos. Em 1997, absorvidos os efeitos redistributivos de renda, crescendo a taxa de desemprego, ocorreu nova contração na demanda por bens de consumo. Em 1998, 1999 e 2000, verificou-se uma retração do crescimento do PIB brasileiro, que aumentou a ociosidade do sistema e gerou mais prática esportiva, expandindo com vigor os resultados do setor.

Neste processo dinâmico, o PIB dos esportes aumentou sua participação no PIB brasileiro de maneira persistente. Conforme demonstrado no Quadro 42 – *Taxas de Participação Percentual dos Principais Dados do Esporte*, o PIB dos esportes sobre o PIB do Brasil subiu de 1,5% em 1995 para 1,6% em 1996 e 1,7% em 1997. No triênio seguinte, este crescimento persistiu, saltando a participação para 1,8% em 1998; 1,9% em 1999 e 2,0% em 2000.

Este parece ser um crescimento gradual e seguro, permitindo que se compare o nível de produção esportiva entre as maiores indústrias do setor secundário. Em 1996, a indústria petroquímica, a maior do Brasil, equivalia a aproximadamente 15,3% do PIB industrial, seguindo-se a produção de bens alimentares em segundo lugar com 12,4% e a siderurgia com 10,6% na terceira posição.

Considerado que em 1996 o PIB fabril alcançou praticamente os 38% do PIB brasileiro, pode-se inferir que o PIB petroquímico foi de 5,81% em relação ao nacional. Analogamente, bens alimentares com 4,71% e a siderurgia com 4,02% mostraram significativa ascendência sobre a formação da produção.[19]

Isso mostra que a maior indústria brasileira, a do complexo petroquímico, formal, antiga e estruturada sobre um marcante regime oficial, é 3,63 vezes maior que a relativamente recente, frequentemente informal, indústria dos esportes.

Para que os esportes possam crescer, é necessário assegurar formas de aumento de sua produtividade e capitalização. Para tanto, investimentos se fazem necessários. O governo, assoberbado por dívidas e demandas sociais crescentes, possui poucos recursos para fazer frente à capitalização de todos os setores.

No caso do setor esporte, em que a formação bruta de capital fixo prevalece na formação dos investimentos, o volume requisitado de recursos é crescente. Quanto mais a população cresce e se expande pelo território brasileiro, mais ela demanda estabelecimentos esportivos.

A carência de dados gerais acerca do valor econômico do parque esportivo nacional torna complexo estimar o valor total dos investimentos necessários na infraestrutura esportiva. Considera-se que havia aproximadamente no Estado de São Paulo 21.450.000 m^2 de terrenos construídos ou ocupados para finalidades esportivas em 1996.[20] Isso inclui os estádios, as quadras e os ginásios públicos e privados, de áreas livres e descobertas, sem registrar a metragem do parque marítimo, fluvial, lacustre, de montanhismo, alpinismo e os aeródromos.

Esta base corresponde a prováveis 37% do total das benfeitorias esportivas do país, mantida a razão dos investimentos já realizados como próxima à participação do PIB de cada Estado sobre o PIB total do Brasil.[21] Isso significa que havia no país em 1996 um parque esportivo que ocupava pelo menos 58.000 hectares em terrenos com benfeitorias conexas.

Ao preço-base de construção de R$ 42,00 o metro quadrado,[22] chega-se à conclusão de que o parque esportivo valia em 1996 em redor de R$ 24,360 bilhões.

Considerando-se a taxa média anual de depreciação de imóveis como de 5% (cinco por cento, ou depreciação linear em 20 anos), o valor anual mínimo dos investimentos de reposição do que depreciou nos parques esportivos brasileiros era de R$ 1,218 bilhão.

Dado o crescimento médio anual do PIB dos esportes, que foi de 5,5750% no triênio 1995-1997, isto significa que pelo menos mais R$ 1,358 bilhão em recursos deviam ser carreados em 1996, para sustentar o processo de expansão desta indústria.

Depreende-se que anualmente é esperado que os investimentos em estabelecimentos e infraestrutura esportiva igualem ou suplantem R$ 2,576 bilhões. Isso corresponde a 17,43% do PIB esportivo (mensurado em bases reais financeiras pelos itens I, II e III, do Quadro 43 – Cálculo do PIB do Esporte). De fato, os números das necessidades de investimentos são subestimados, ao considerar-se que o PIB dos esportes cresceu mais rapidamente no triênio 1998-2000, conforme mostra o Quadro 44.

Como em boa parte os estabelecimentos implicam em alto grau de imobilização – pela construção e manutenção de estádios, ginásios, pistas, e afins –, o processo de expansão dos investimentos nos esportes será bem-sucedido caso o governo e a iniciativa privada ajam juntos. Seja de forma independente, seja por regimes de concessão dos estabelecimentos já existentes e repassados à administração privada, seja em regimes de parceria ou por meio de promoção das oportunidades identificadas pela iniciativa privada.

Por haver inúmeras modalidades esportivas que servem de referência para comprovar o dinamismo desta indústria, nos ateremos, além do voleibol, à introdução do exemplo ainda que parcial do segmento de *fitness*.

Também conhecido por condicionamento físico, fisiculturismo dirigido ou educação física renovada, o *fitness* é uma forma de se praticar ginástica e musculação em intensidade variada e tem assumido uma posição de destaque na prática de atividades esportivas, nas grandes cidades brasileiras. Até 1975, mal se ouvia falar dele. Mas em 25 anos este esporte passou a crescer exponencialmente e hoje é objeto do envolvimento das famílias brasileiras, dos esportistas e das autoridades.

Numerosos atletas e praticantes também alegam que o condicionamento físico é altamente maleável e daí a sua atratividade. Muitos o praticam por dever de conservação do físico em bom estado. E muitos outros lhe agregam as características de um prequalificador para a prática de outras modalidades esportivas, de forma mais completa.

O *fitness* e toda atividade esportiva trazem benefícios inquestionáveis à saúde humana, quando praticados com esmero, seriedade, orientação adequada e na dose certa.

Em 1999, segundo o Ministério da Saúde, o estilo de vida atual do brasileiro, que tem 92% de sua população concentrada em cidades com mais de 20.000 habitantes, é o responsável por 54% do risco de morte por cardiopatias; 50% do risco de morte por acidente vascular cerebral; 37% pelo risco de contração de câncer e a nível agregado, total, por 51% do risco de morte de uma pessoa.

Com a prática costumeira de condicionamento físico, este risco cai para 21%, o que é notável. É possível manter e alcançar um peso corporal mais adequado, e regular melhor o funcionamento do metabolismo. Eis porque cada vez mais brasileiros conscientes passam a praticar isoladamente ou de forma combinada a ginástica, o *fitness*, a musculação e a natação.

Segundo levantamento feito em 2001 pela Associação Brasileira de Academias (ABA), havia 7.102 estabelecimentos focados na produção de *fitness*, musculação e natação. Deles, 94% são de pequeno porte e faturavam menos de R$ 1 milhão por ano. Para se ter uma ideia deste perfil, a maior academia de São Paulo, a Runner, contava em 2001 com 24.000 alunos e faturou aproximadamente R$ 25 milhões, dispondo de fôlego e ambição para abrir o seu capital em bolsa.

Considerado o maior mercado econômico e desportivo do Brasil, os municípios de São Paulo descobriram que neles funcionavam 964 academias esportivas e que juntas elas faturaram no ano 2000 a cifra de R$ 240 milhões. Em 2010, esta cifra havia subido para 1.934 academias e um faturamento estimado em R$ 1,3 bilhão (ABF, 2011). O retorno do investimento ocorre num prazo variável, que oscila entre 30 e 36 meses.

Em São Paulo, as sete maiores academias (Runner, Kralt, Bio Ritmo, Companhia Athletica, Fórmula, Competition e Reebok) movimentaram 74.600 alunos no ano 2000. Isso equivale a 0,563% da população total paulistana, que possui o maior rendimento *per capita* do país. (Kasznar, PEEM/EBAPE/FGV, 25). Mas, naturalmente, 0,563% da população total é uma fração mínima da que pratica de fato e daquela que deverá exercitar-se mesmo, na perspectiva do ano 2005 ou 2010.

As perspectivas neste campo são ótimas. E como o fisiculturismo requisita material desportivo; equipamentos de *fitness*; salas e academias de ginástica apropriadas, que envolvem a construção civil; a infraestrutura e o investimento em novas quadras; a produção de esteiras, bicicletas ergométricas, pesos, halteres e afins; a produção de uniformes e macacões, calçados, laços, fitas e outras roupas para a prática destas habilitações desportivas, está lançado o elo para o crescimento econômico integrado, neste sentido, da indústria do esporte (Veja o quanto isso afeta o PIB dos Esportes no Quadro 43).

E por esta via se enriquece a produção moderna do vestuário esportivo; da alimentação desportiva; das bebidas isotônicas, não alcoólicas desportiva; dos transportes desportivos e afins, conforme reforça o Quadro 43.

Este assunto é tão amplo e tão rico que, apenas neste campo e para reforçá-lo como exemplo, no ano 2000, segundo a ACAD, a indústria e a revenda de equipamentos de *fitness* movimentaram 200 milhões de dólares, aproximadamente.

Para o ano 2001, apesar da crise internacional e da contínua crise doméstica, este segmento estimava crescer entre 20 e 25%. Em nível nacional, ele estimou faturar 1 bilhão de dólares. Isso mostra e dá evidências de que a população urbana se desloca para fazer das atividades aeróbicas uma fonte de saúde e lazer.

Nos anos 2002 a 2005, as estimativas apontavam taxas entre 15 a 25% para o crescimento, que se confirmaram merecendo destaque o fato de que apenas 1,7% da população brasileira se fazia atender em academias. Nos anos 2006 a 2010, essa tendência se acelerou, situando-se anualmente em crescimento de 18,3%, numa demonstração de grande força e capacidade de mobilização por parte deste subsegmento esportivo (ACAD, 2011).

Poucos setores podem colher com tamanha vantagem e capacidade a tríade constituída pelos seguintes elementos: necessidade de se praticar exercícios físicos (que é universal, logo alcança 100% da população); ser indicado e aprovado por todos os médicos, logo recebe também o apoio explícito das políticas de saúde pública; e ser uma atividade relativamente barata, que solicita baixo investimento mensal dos praticantes, onde quer que estejam.

Receitas Totais dos Esportes

Gráfico 22
Receitas Totais do Esporte

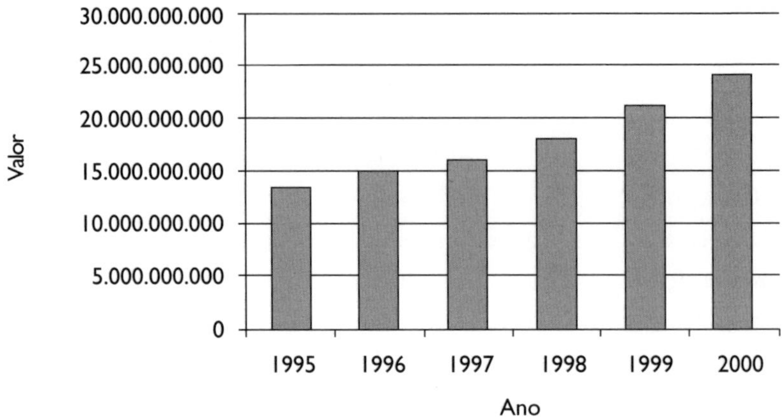

Gráfico 23
Receitas Totais do Esporte Voleibol

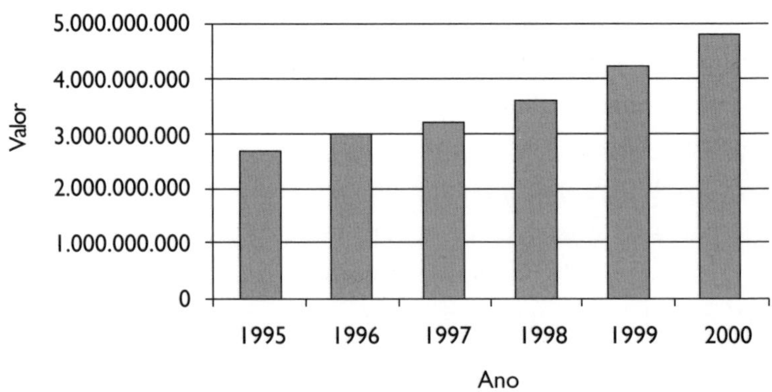

Fonte dos Gráficos 22 e 23: PEEM/EBAPE/FGV

2.2 Estratégia, Administração, Finanças Corporativas e Estrutura de Despesas e de Custos

O vôlei foi incontestavelmente o esporte mais bem-sucedido do Brasil nos anos 1980, 1990, 2000 e nesta virada de milênio. Para que seu sucesso estratégico fosse alcançado, seus dirigentes envidaram esforços empresariais sem precedentes na atividade de acompanhamento e de aprimoramento da Administração.

Nos quadros que seguem, a CBV abre corajosamente e de forma pioneira os seus dados, com vistas a contribuir com um exemplo construtivo, que serve de modelo, para a Administração Esportiva *lato sensu*.

A prática profissionalizada do esporte requer inúmeras técnicas de gestão esportiva, mas seu detalhamento suplanta os objetivos deste livro. Algumas destas técnicas podem ser oferecidas, para explicar o sucesso do vôlei, de seus atletas e de sua confederação, na conquista de tantas taças, prêmios e medalhas de ouro, prata e bronze nas Olimpíadas no período de 1980 a 2000. Entre elas, destacam-se as seguintes medidas:

1. Montar, desenvolver e cumprir regularmente um Plano Estratégico de longo prazo. Atuar com Planos de Ação Imediata (PAI).
2. Focalizar bem e de público a missão, os objetivos e as metas.
3. Montar uma infraestrutura moderna, de dimensão tal, que assegure por meio de sua ocupação e uso contínuo, retornos previamente calculados e considerados como uma taxa mínima de rentabilidade, desconsiderando-se recursos subsidiados.
4. Montar uma equipe talentosa de dirigentes, administradores, técnicos e treinadores, que possuam proatividade, garra, liderança e espírito de equipe.
5. Implantar por meio dos membros do item 4, as equipes profissionais e amadoras dos esportes que serão ofertados à comunidade.
6. Implantar um sistema de identificação e promoção dos atletas mais talentosos e motivados, de sorte a treiná-los para fins de competição e com a meta de ganhar. Convocar novas gerações de atletas.
7. Identificar a demanda do público esportivo e espectador, de forma a oferecer o que lhe interessa em prazos curtos e a preço acessíveis.
8. Fortalecer e promover os elos institucionais, com o governo; as autoridades em geral; os fornecedores; e os potenciais clientes e sócios da entidade.

9. Formular, aplicar e manter em regime permanente um sistema de relacionamento e patrocínios.
10. Dispor continuamente de relações públicas e de relações ótimas com a imprensa e a mídia, para disseminar o que se fez e alcançou assim como os programas esportivos que virão.
11. Estudar e mobilizar as energias, em face da legislação vigente, atendendo-a cuidadosamente e pleiteando, quando factível, apoio para o esporte.
12. Compor programas nacionais e internacionais de participação.
13. Apoiar as necessidades básicas das torcidas.
14. Dispor de orçamentos bem projetados e cumpri-los com rigor e muita atenção. Implantar uma auditoria de resultados.
15. Assegurar a liquidez financeira, dispondo de recursos em tesouraria para cumprir com todas as obrigações.
16. Não endividar-se, nem tomar empréstimos, num país que tem uma das três mais altas taxas de juros reais do mundo.
17. Investir no esporte, em eventos, na conquista sadia da juventude e na imagem da atividade.
18. Promover encontros de confraternização animados, divertidos, democráticos, participativos e leves com todas as confederações.
19. Participar de encontros, seminários e congressos esportivos no exterior, para aumentar o domínio da tecnologia esportiva, fazer convênios e obter mais parcerias estratégicas.
20. Estimular a participação popular, acorrendo a ela em todo local em que ela possa ser promovida.

Para que a estrutura de custos e de receitas possa ser bem monitorada e venha a render os objetivos estratégicos e organizacionais que a CBV neste caso específico se propõe a desenvolver no prazo de um ano ou mais, parte-se de diversas premissas internas na CBV. Elas são debatidas em nível interno na organização e, então, uma vez acertadas e bem entendidas por todos os colaboradores, passam a ser objeto de divulgação cuidadosa e atenta.

O ato de administrar recursos financeiros na CBV é considerado da mais elevada importância. Faz parte do processo de gestão. Mas o recurso financeiro é um meio, um instrumento, para que se atinjam as finalidades esportivas e a produtividade esportiva previamente delineada pelo grupo interno que traça as estratégias.

Assim, administrar apresenta um contexto maior, que integra e reúne de forma harmoniosa atos e atividades como de coordenação, comando, comunicação, acompanhamento, implantação e avaliação de múltiplos projetos. No ato de administrar, a responsabilidade dos dirigentes se torna evidente. Quem sabe gerenciar com responsabilidade, justiça, bom senso, equilíbrio e sucesso crescente, logo aparece.

Em questão de meses se pode perceber se o corpo dirigente e administrativo de uma organização realiza as tarefas que de fato lhe cabem a contento, ou se suas atividades destoam dos objetivos organizacionais previamente acertados. Neste segundo caso, cai-se potencialmente na linha do desacerto, do descaso, da politicagem, do uso ilícito e desfavorável aos propósitos organizacionais da estrutura que foi montada, e situações afins.

No caso do esporte em particular, a administração desportiva envolve questões bem complexas e variadas. Os esportes podem ser amadores, profissionais ou ambivalentes. Ademais, estão frequentemente imbuídos de uma característica educacional e de um positivo viés coletivista, de convívio e pratica coletiva, comunitária.

Deste ponto de vista, a administração desportiva se qualifica como potencialmente mista, ao exigir dos seus dirigentes as habilidades típicas de um talentoso líder de empresa privada, que quer maximizar lucros, com os de um talentoso dirigente público, que quer maximizar os benefícios sociais, a satisfação social e as possibilidades de interação comunitária, geradora de atividades sociais e empregatícias.

Deste modo, é preciso ser bem ortodoxo no trato das contas esportivas, pois elas têm uma propensão natural a elevarem-se através de uma pressão de gastos. Ao ser uma parte deles possivelmente social, o dirigente se "compadeceria" desta necessidade, inclinando-se afazer gastos além da medida, o que é contraproducente para a organização a médio e longo prazo. Não se gasta o que não se tem.

E falta na estrutura desportiva brasileira a auditoria de resultados contínua, independente e sob a qual se liberem os recursos públicos previstos para os esportes. Ademais, ainda é singela a responsabilização por atos realizados pelos dirigentes durante seu período de gestão, especialmente quando se trata de desvios. Eis porque é importante sempre assegurar-se de que se dispõe de recursos (primeiro vem, e deve-se garantir, a verba ou a dotação orçamentária e, a seguir, vem o gasto). Ademais, quem tem liquidez possui crédito na praça e então pode operar melhor, trabalhando em condições de mercado mais favoráveis.

No quadro atual brasileiro, desportivo, este assunto é de especial relevância. Há numerosos clubes falidos, deficitários, que penam com grandes dívidas financeiras e operacionais em suas estruturas. Os clubes de futebol são os mais delicados e evidentes exemplos. Com este endividamento, não possuem acesso normal ao crédito bancário e são o natural objeto de suspeitas acerca da sua qualidade gerencial, seja pelos analistas de crédito no mercado de capitais, seja pelos órgãos públicos que poderiam cooperar com seu saneamento e na liberação de verbas para o esporte.

Ao haver mais inadimplência, o volume de crédito liberado cai. A estrutura de capital das organizações tende a se tornar menor, e a produção cai. Como consequência, essa situação minora o produto, logo o potencial de elevação do PIB diminui. Eis porque, também, evidentemente, a profissionalização do setor esportivo é fundamental e necessita ser promovida. A profissionalização ampla da gestão desportiva e o trato das estruturas desportivas nacionais com pessoas treinadas para assumirem estes postos, também revelando padrões éticos e morais superiores em seu trabalho, reforçam a qualificação e a produção no setor esportes.

O quadro a seguir mostra a preocupação da CBV em atuar de forma coordenada e focada, em atividades feitas simultaneamente, e diversas, na sua cadeia de suprimentos dos esportes. Este modelo mostra a preocupação da CBV em, com recursos previamente estipulados, alimentar as suas diversas unidades de negócios, com o apoio interno e externo, de sorte a chegar convenientemente ao mercado consumidor.

O modelo mostra que é preciso administrar por eventos, em regime permanente e de presença assídua, para se fazer valer e apreciar na sociedade. Este elemento – a presença por meio de eventos – é fundamental na boa administração desportiva.

Um esporte pode ser facilmente substituído por outro. Seja para ver, seja para praticar. Assim, o produtor de esportes necessita sempre se mostrar presente na sua comunidade, com novos programas, mais calendários e novos jogos e momentos de prática desportiva, que definimos como eventos.

A falta de renovação, o não comparecimento aos olhos do público, é danoso para o esporte, para a empresa e para a estrutura esportiva. Simplesmente, quem não faz propaganda de si e de suas novidades acaba por sair do circuito. Isso porque, enfatiza-se, o grau de substituição de um esporte por outro, e de uma atividade humana por outra, é muito elevado.

É relativamente fácil substituir ginástica por caminhada e esta por uma corrida. Mais fácil ainda pode ser substituir vôlei de praia por vôlei de quadra.

E em relação às atividades, muitos fatores influem em sua prática. Se chover forte, não se veleja, não se pratica natação *outdoors* e evita-se a pesca por causa dos perigos do mar ou de um rio. Portanto, e em seu lugar, talvez se leia, se vá ao cinema ou se papeie com os amigos num bar.

Assim, o acompanhamento do fluxo de serviços é feito em regime permanente pela alta administração, que incentiva os eventos e negócios, está presente na comunidade nacional e internacional desportiva (ou haveria de estar, comprovando resultados) e busca apoio à sua entidade, para expandir-se de forma coordenada em nível cosmopolita.

Quadro 40
Demonstrativo da Receita e Despesa

Receitas Extraordinárias	1990	1991	1992	1993	1994	1995	1996	1997
Doações - Patrocínios	889.491,35	1.061.196,69	1.888.122,14	1.414.878,89	7.333.626,87	8.416.331,87	7.179.839,74	8.885.830,32
Renda de Jogos	58.314,09	82.534,89	23.459,09	80.438,36	423.951,39	356.236,35	499.682,26	42.637,48
Receita Total	947.805,45	1.143.731,58	1.911.581,23	1.495.317,24	7.757.578,26	8.772.568,22	7.679.522,00	8.928.467,80

Despesa Administrativas	1990	1991	1992	1993	1994	1995	1996	1997
Encargos Sociais	ND	ND	11.714,94	9.952,29	51.741,93	99.522,05	169.240,38	154.819,87
IAPAS	12.293,56	8.500,18	ND	ND	ND	ND	ND	ND
FGTS	3.268,86	2.415,27	ND	ND	ND	ND	ND	ND
Impostos e Taxas	751,45	389,69	149,97	100,86	21.513,90	2.195,17	2.059,10	230.734,42
PIS	404,95	316,78	ND	ND	ND	ND	ND	ND
Despesa Total	16.718,82	11.621,92	11.864,90	10.053,15	73.255,83	101.717,21	171.299,48	385.554,28

Taxa de Câmbio	170,06	1.068,80	12.387,50	326,105	0,846	0,973	1,039	1,116

Obs.: Valores em US$

Fonte: CBV – Confederação Brasileira de Voleibol

Fluxo de Caixa

Ano de 1997	Indor	Praia	SL	CBV
Entradas	3.761.738,35	2.122.401,43	1.552.867,38	2.099.462,37
Saídas	3.325.448,03	1.220.698,92	1.274.283,15	1.369.713,26
Taxa de Câmbio	1,116	1,116	1,116	1,116

Fonte: CBV – Confederação Brasileira de Voleibol

Quadro 41
Demonstrativo da Receita e Despesa

Receitas Extraordinárias	1990	1991	1992	1993	1994	1995	1996
Doações - Patrocínios	151.266.899,69	1.134.207.019,08	23.389.112.951,65	461.399.078,87	6.204.248,33	8.189.090,91	7.459.853,49
Renda de Jogos	9.916.894,45	88.213.290,57	290.599.535,00	26.231.350,00	358.662,88	346.617,97	519.169,87
Receita Total	161.183.794,14	1.222.420.309,65	23.679.712.486,65	487.630.428,87	6.562.911,21	8.535.708,88	7.979.023,36

Despesa Administrativas	1990	1991	1992	1993	1994	1995	1996
Encargos Sociais	ND	ND	145.118.775,90	3.245.490,62	43.773,67	96.834,95	175.840,75
IAPAS	2.090.642,32	9.084.997,27	ND	ND	ND	ND	ND
FGTS	555.902,06	2.581.442,28	ND	ND	ND	ND	ND
Impostos e Taxas	127.792,15	416.501,70	1.857.702,90	32.892,26	18.200,76	2.135,90	2.139,41
PIS	68.866,61	338.570,35	ND	ND	ND	ND	ND
Despesa Total	2.843.203,14	12.421.511,60	146.976.478,80	3.278.382,88	61.974,43	98.970,85	177.980,16

Obs.: Os valores dos anos de 1990/1991/1992 estão em Cruzeiros (Cr$), de 1993 estão em Cruzeiros Reais (CR$) e os valores dos anos de 1994/1995/1996 e 1997 estão em Reais (R$).
Fonte: CBV (Confederação Brasileira de Voleibol)

Fluxo de Caixa

Ano de 1997	Indor	Praia	SL	CBV
Entradas	4.198.100,00	2.368.600,00	1.733.000,00	2.343.000,00
Saídas	3.711.200,00	1.362.300,00	1.422.100,00	1.528.600,00

Fonte: CBV (Confederação Brasileira de Voleibol)

Quadro 42
Demonstrativo da Receita e Despesa
Taxa de Participação em Percentual

Receita Extraordinárias	1990	1991	1992	1993	1994	1995	1996	1997
Doações - Patrocínios	0,94	0,93	0,99	0,95	0,95	0,96	0,93	1,00
Renda de Jogos	0,06	0,07	0,01	0,05	0,05	0,04	0,07	0,00
Receita Total	1,00	1,00	1,00	1,00	1,00	1,00	1,00	1,00

Despesa Administrativas	1990	1991	1992	1993	1994	1995	1996	1997
Encargos Sociais	ND	ND	0,99	0,99	0,71	0,98	0,99	0,40
IAPAS	0,74	0,73	ND	ND	ND	ND	ND	ND
FGTS	0,20	0,21	ND	ND	ND	ND	ND	ND
Impostos e Taxas	0,04	0,03	0,01	0,01	0,29	0,02	0,01	0,60
PIS	0,02	0,03	ND	ND	ND	ND	ND	ND
Despesa Total	1,00	1,00	1,00	1,00	1,00	1,00	1,00	1,00
Taxa de Câmbio	170,06	1.068,80	12.387,50	326,105	0,846	0,973	1,039	1,116

Obs.: Valores em Dólar (US$)
Fonte: CBV - Confederação Brasileira de Voleibol

2.3 *Pricing-Policy*

Entende-se por *pricing-policy* a formulação, desenvolvimento e manutenção de políticas de preços relacionadas à otimização das receitas e das despesas das empresas.

Uma política de preços bem formulada necessita assegurar que o fluxo de receitas suplante o fluxo de despesas, de tal forma que a empresa assegure lucros. E bens e serviços econômicos precisam ter um preço correto e justo, que supere os custos fixos e variáveis unitários, rendendo uma margem aceitável de ganho aos sócios acionistas.

O desafio natural desta política é o fato de os preços altos inibirem o consumidor. Logo, a maximização das receitas necessita motivar a maior demanda possível, para que uma maior quantidade de clientes compre em grandes quantidades um bem, motivada por um preço aceitável. De preferência, baixo ante os competidores e concorrentes. Com preços competitivos, baixos e geradores de lucro, a empresa pode evoluir e investir, e seus clientes podem estender a sua demanda.

Preços altos inibem o consumidor e se forem vistos como atraentes por outras empresas irão atraí-las à indústria, criando mais concorrentes no mercado. Portanto, há numerosas variáveis em jogo na hora de se definir uma política de precificação de bens e serviços. Cabe ao empresário sentir o que é um preço factível e confortável para a sua estrutura de produção e para o cliente. Qual é, em outras palavras, o preço que sustenta o negócio e mantém o cliente.

Embora seja saudável ter mais competidores na praça, as empresas já instaladas necessitarão pensar em formas de maximizar as suas receitas, sem criar atrativos especiais a novos entrantes em sua indústria. Desta forma, uma *pricing-policy* correta, duradoura e estável, pode partir resumidamente de três premissas, a serem aplicadas com coerência nas empresas, a saber:

1. Os preços necessitam ser atraentes para os consumidores. Assim, eles necessitam maximizar o valor do fluxo contínuo de vendas. Isso significa que eles devem ser suficientemente baixos para atrair o maior número de compradores e altos o bastante para cobrir todos os custos e garantir uma margem de retorno que seja alta para manter os investimentos e o interesse dos acionistas pela companhia.
2. A compra de matérias-primas; a absorção de empréstimos; a contratação de pessoal e de gestores há de ser a custo suficientemente baixo, que seja racional e econômica, sem contudo criar perdas em qualidade; quantidade de suprimento; motivação e greves e afins. Assim, é fundamental minimizar custos, reduzir despesas, praticar o *rightsizing*, sempre em benefício da organização e de suas receitas.
3. A empresa há de saber diferenciar entre investimentos e custos. Para expandir-se, aumentando suas plantas, necessita gastar. Com este ato, faturará mais. Sendo maior, mais complexa, necessitará de mais pessoas, competentes e competitivas. Os salários delas também deverão aumentar. Se a empresa souber enxergar nestes gastos autênticos investimentos e gerenciar sua estrutura convenientemente, poderá fazer lucros maiores que os anteriores.

Espera-se que a diferença entre receitas totais e despesas totais seja maximizada, ao longo do tempo, de tal forma que os lucros sejam maximizados.

Em função desta base teórica, no caso da indústria dos esportes,e em particular do voleibol, podemos constatar que eles:

- Desdobram-se em esportes:
  1. pagos por espectadores;
  2. pagos em parte por espectadores;
  3. pagos em parte por patrocinadores, geralmente empresas; e
  4. não pagos, assistidos gratuitamente.
- Dependem quanto às fontes de formação de receitas:
  1. de fontes do governo federal, previstas no Orçamento Geral da União, como as dotações para Educação Física e Desportos, atualmente no Ministério da Educação e Cultura;
  2. de fontes de governos estaduais e municipais, associados às secretarias de educação, normalmente;
  3. de recursos administrados pela arrecadação de contribuições e mensalidades diversas em clubes, associações e outros estabelecimentos esportivos;
  4. de faturamento direto em estádios, ginásios e estabelecimentos diversos;
  5. de patrocínios e apoio financeiro variado, em troca de direitos de transmissão dos esportes por televisão, rádio, cinema, vídeo e afins; e
  6. de patrocínios e doações específicas, destinados à promoção específica de eventos esportivos e de momentos particulares do esporte e outros.

Em face desta realidade, a política de preços praticada nas atividades esportivas necessita ser mais viabilizada, para que ela ofereça mais crescimento no novo milênio. Especificamente, os preços cobrados pelas empresas esportivas merecem apoio e incentivo na sua estruturação. A livre iniciativa deve ter preços competitivos e baixos para os esportes, com a meta de maximizar as receitas e cobrir suas despesas com dignidade.

De comum acordo com os órgãos empresariais atuantes no Brasil, seriam estimuladas formas de se viabilizarem os clubes, os ginásios e os múltiplos estabelecimentos esportivos do país. O envolvimento, a ligação e o estímulo ao relacionamento, já existente em parte, entre órgãos passariam a ser promovidos. Entidades como o SENAI; o SEBRAE; as Federações e Associações de Indústrias e Comércio; os Clubes dos Diretores Lojistas; o Touring Clube; o Rotary Clube; as Federações e Confederações dos Esportes; os Clubes; as Associações Esportivas de todo tipo e formato; e os órgãos governamentais vinculados à promoção dos esportes atuariam no sentido de ampliar as bases da comercialização, distribuição e vendas de bens e serviços gerados pela indústria esportiva.

Entre as medidas que consideramos serem capazes de estimular preços atraentes para as atividades esportivas e que podem ser apoiadas pelo governo, destacamos as seguintes:

1. A criação da Central de Abastecimento Nacional de Artigos e Bens Esportivos (CANABE), destinada a todos os membros que desenvolvem em suas unidades, estabelecimentos, residências e empresas alguma atividade esportiva.

   No CANABE, fornecedores dos esportes se encontrariam com os potenciais clientes, pessoas físicas e jurídicas, para comprarem e negociarem artigos na quantidade desejada. Seriam criadas no CANABE economias de escala que reduziriam o custo médio de compra de artigos, para as escolas, as universidades, os clubes, as academias, os ginásios e estabelecimentos esportivos em geral.

   Com a transação de maior número de artigos, o preço médio deles tenderia a cair, atraindo mais compradores e racionalizando custos. Os fornecedores e os clientes (usuários de artigos e bens esportivos) teriam um endereço certo ao qual iriam. O suprimento e o abastecimento dos esportes seriam mais bem administrados.

   Os CANABEs também se tornariam vastos empregadores de mão de obra. Suas subsidiárias se encontrariam em todas as capitais do país e em cidades que possuam acima de 100.000 habitantes.

   Como em 1998 o Brasil contava com 126 cidades cuja população tinha mais de 100.000 habitantes, é bom observar que as filiais das CANABEs se localizariam em 27 capitais e 99 cidades distintas. Esta capilarização permite que uma maior penetração, divulgação e venda dos esportes seja realizada, a nível nacional.

2. Por meio das entidades especializadas na exportação e na importação de bens e serviços, poderia ser incentivada a venda internacional de bens, artigos e serviços do Esporte Brasileiro. Além das entidades supracitadas, a Associação Brasileira dos Exportadores (ABE), o FOREX Clube; a Associação Nacional das Empresas Especializadas em Cambio (ANEFAC); e o conjunto das companhias brasileiras de aviação, transportes rodoviários e transportes marítimos poderiam, mediante acordos e protocolos:
   a. facilitar a exportação e a importação de bens, artigos e serviços gerados pelo esporte, para a finalidade e com as características educacionais dos esportes;
   b. identificar oportunidades desta indústria no mundo, país a país, gerando, mediante uma Central de Dados Comerciais dos Esportes (CEDACOE), condições para que nossos esportistas, seus clubes, associações, produtores e entidades em geral, identifiquem potenciais e efetivos negócios, otimizando através de mais vendas suas estruturas de custos e de preços; e
   c. dar continuidade e mais impulso à política de doação de passagens aéreas, rodoviárias e marítimas a esportistas, técnicos, professores de Educação Física e dirigentes de esportes, para que eles possam viabilizar mais acordos internacionais de torneios, competições e participações diversas nos esportes.
3. Instituir uma Legislação específica que preveja o apoio aos investimentos no esporte, de tal sorte que empresas que promovam descontos no preço de seus artigos esportivos, no preço de ingresso em seus espetáculos e afins, sintam interesse em investir mais no esporte.

Esta legislação pode pautar-se em evidências como as que seguem. Em caso comprovado de manutenção de preços por parte do produtor, por prazo igual ou superior a 1 ano, para cada R$ 1,00 de bens e serviços vendidos e comprovados, a entidade ou empresa terá:

a. Direito de investir R$ 1,00, com abate fiscal equivalente a 1,00 nas contas de seu Balanço Patrimonial e de seu Demonstrativo de Lucros e Perdas.
b. Direito em comprar equipamentos, máquinas e utensílios ao valor de fábrica, na fonte primária supridora, sejam domésticos ou estrangeiros.
c. Direito de descontar em dobro, como custos correntes, este valor, destinando-o para ensino e educação física na própria empresa.

2.4 Estrutura Fiscal e Dispêndio Tributário

Pode-se afirmar que a carga fiscal brasileira é uma das mais elevadas e, portanto, empresarialmente mais insuportáveis do mundo.

Não fosse apenas alta, surge também a grave questão dos usos que se fazem com os recursos do erário público, provenientes de um crescente e questionado sacrifício da população que, entre 1997 e 2000, vem apresentando queda real na sua renda *per capita*.

Obviamente, uma carga fiscal elevada só pode deprimir e reduzir a produção. O Brasil produz cada vez mais, contudo existe um processo caro que recai sobre ele, gerado pela elevada carga fiscal.

O Estado procura obter a melhor arrecadação possível para financiar suas imensas dívidas sociais e compromissos desenvolvimentistas. Contudo, os contribuintes possuem seus limites. E aumentar a carga fiscal indefinidamente afugenta os contribuintes do país, assim como pode inviabilizar a produção das empresas.

Isto significa que o Estado precisa encontrar uma carga fiscal ótima, que mantenha em nível máximo a plena utilização de fatores, para que ocorra a máxima produção de riqueza e geração de bens e serviços. E carga ótima não é certamente carga máxima.

Essas são duas dimensões distintas. Carga ótima gera benefício social e econômico máximo. Carga máxima é o Estado todo poderoso, dono de toda a estrutura de produção socioeconômica, que corresponde a um Estado comunista. A eficiência do capital há de ser considerada, para que se produza o que a sociedade requisita, dentro dos parâmetros da solidariedade social e coletiva, e dos princípios de autossustentabilidade empresarial e dos negócios.

E isto também se deve a impostos impertinentes e uma estrutura fiscal que só ameaça crescer, quando deveria ser mais bem dimensionada e precisa e estabilizar-se num patamar não ameaçador para os produtores.

Conforme mostram os dados do jornal *O Globo*, de 11 de novembro de 2001, considerando-se as alíquotas do Imposto de Renda para as Pessoas Jurídicas (IRPJ), a Constituição Social (9%), a Alíquota Normal do IRPJ (15%) e o Adicional do IRPJ (10%), as empresas chegam a pagar 34% de seus resultados ao Estado.

Em função deste fato real, o Brasil é o país que no lugar de reduzir custos empresariais fiscais, tem a insistente propensão em aumentá-los, tornando extraordinariamente difícil a existência e o mister da atividade empresarial privada. O dinheiro público rende pouco nas mãos e sob a gestão do Estado. Isto é, a eficiência e a produtividade do capital em mãos do Estado tendem com raras exceções a sumir e apresentar pequeno retorno aos contribuintes.

Conforme mostram os dados da consultoria citados neste estudo, sobre os quais se baseia a pesquisa do jornal *O Globo*, o Imposto sobre o Valor Agregado (IVA) no Brasil também é o maior do mundo (29,80%), equivalente a 10% de IPI; 18% de ICMS (em São Paulo, Rio de Janeiro e Minas Gerais).

Os quadros 42-A e 42-B, a seguir, ilustram este assunto grave e que há décadas não se resolve em virtude dos pesados interesses pecuniários e políticos envolvidos.

Enquanto os produtores se sacrificam e são acuados por estruturas de custos fiscais crescentes, que lhes tiram os ganhos de produtividade e de sacrificados investimentos em tecnologia e pessoal, os legisladores parecem pouco sensíveis à lógica da racionalização fiscal. Podem até, com a elevação da carga, aumentar os benefícios para outras categorias e comunidades (o Norte e o Nordeste são um bom exemplo de sucção de recursos fiscais, sem reversão do quadro), também se perpetuando no poder com seus grupos e *lobbies*.

Quadro 42 A
Alíquota Máxima do Imposto sobre o Valor Agregado (IVA)

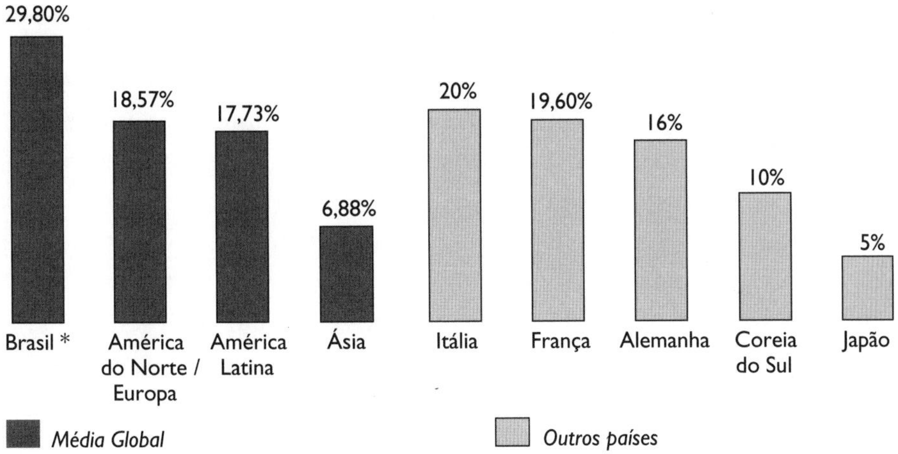

* Corresponde ao ICMS e ao IPI
Fonte: *O Globo* de 11 de novembro de 2001.

Quadro 42 B
Alíquota Máxima do Imposto de Renda

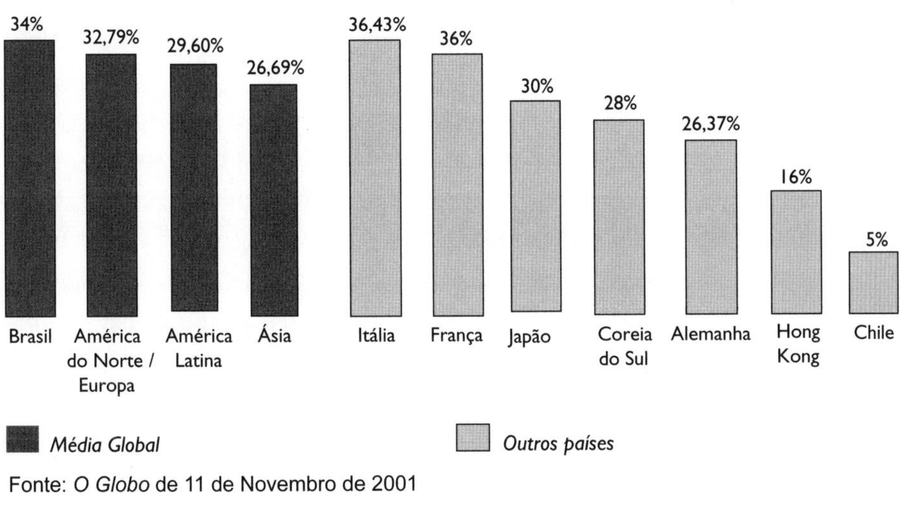

Fonte: *O Globo* de 11 de Novembro de 2001

A Estrutura Fiscal e o Dispêndio Tributário são elementos que funcionam e agem em conjunto. Enquanto a Estrutura Fiscal detalha os tipos de impostos e alíquotas que se pagam na economia ou num setor, o dispêndio aplica as alíquotas sobre as receitas e variáveis nas quais incidem os impostos, criando as despesas tributárias que alimentam o erário público.

Em nível genérico, do Brasil, a carga fiscal incidente sobre as empresas veio crescendo ao longo dos anos 1980 a 2000. Continuou ascendente ao longo da década de 2001-2010, quando teria alcançado 38,2% segundo o IBGE no ano de 2010. Em nível federal, a carga teria montado a 22,4% do PIB (Produto Interno Bruto). Pesada e com retornos escassamente visualizados pela sociedade, ela montava a 33,67% do PIB do Brasil em 1997.

Cargas fiscais altas inviabilizam a produtividade e a competitividade das empresas de um país. Ademais, quando no exterior, outros países promovem a queda da carga fiscal, a competitividade em preços aumenta a favor dos estrangeiros e de seus produtos e serviços, que passam a ser mais importados.

Em face de um déficit público persistente e a governos que não conseguiram controlar os gastos públicos, a práxis brasileira tem sido aumentar a carga tributária. Isso implica numa contínua ascensão dos custos e dos dispêndios tributários, que é contraproducente, pois mobiliza a iniciativa privada a fechar contas que não lhe cabem. Ademais, os esforços de aumentar a produtividade para vender mais barato no país e no exterior são dissipados, na medida em que o Estado, pela via fiscal, abocanha grande parte de seus resultados.

Acompanhando a carga fiscal média das empresas, a alíquota média incidente sobre as companhias que atuam na indústria esportiva do voleibol, alcançou os 30,21% em 1997. Essa carga, muito elevada, estressa a capacidade de pagamento e de administração de resultados das companhias do setor, necessitando ser rebaixada para viabilizá-las de forma crescente.

Em 2010, a projeção da carga fiscal sobre o setor esporte havia subido para 36,76%, confirmando-se a agressiva tendência altista de cobrança fiscal. Isso significava maior pressão de custos, maior demanda por créditos no sistema bancário, o mais caro do mundo pelo conceito da taxa de juros real, e maior risco de inadimplemento empresarial.

Por ser um setor relativamente novo, o esporte e, em especial, o Voleibol necessitam de folga financeira para se estabelecerem com firmeza. Investimentos, produtividade, qualidade e resultados dependem da formação positiva de margens de retorno e estas são função da carga fiscal. Quanto maior é esta, como no atual caso brasileiro e dos esportes em geral, mais difícil é assegurar uma trajetória de lucros e de estabilidade aos desportos em geral e ao voleibol em particular.

Segundo os dados do Tesouro Nacional, a valores correntes, consideradas as contribuições fiscais vinculadas à produção e à circulação doméstica de bens, a arrecadação fiscal vem crescendo positiva e consistentemente entre 1995 e 2000. No triênio 1995-2000, os dispêndios agregados com impostos pelas empresas saltaram de R$ 286 bilhões, em 1995, para R$ 319 bilhões, em 1997.

Em 2011, as receitas públicas federais, apenas, bateram o recorde de arrecadação fiscal de 1 trilhão de reais. A contribuição dada pela sociedade é enorme. A questão reside em que gastar, como gastar e a quem conceder o direito de gerir o cofre, pelo bem público.

Desses totais, os esportes arrecadaram segundo nossas estimativas R$ 1,7 bilhão em 1995 e R$ 1,97 bilhão em 1997, conforme mostramos no Quadro 45 – Dados Gerais do Brasil. As atividades correlatas ao voleibol teriam contribuído com aproximadamente R$ 217 milhões em 1995 e R$ 241 milhões em 1997.

O voleibol teria aumentado sua contribuição ao erário público no triênio focalizado, ano a ano. Em 1995, pagou 0,0244% dos impostos da pessoa jurídica do país, saltando para 0,0255% em 1997. Essa contribuição deve ser considerada alta. Especialmente porque os esportes não podem pagar impostos sobre a parte do PIB que corresponde à imputação esportiva.

Em função dessas evidências, é necessário criar condições propícias ao desenvolvimento dos esportes em geral e do voleibol em particular na seara fiscal. Entre estas condições, as principais são:

1. A redução simples e direta das alíquotas fiscais.

2. A postergação de quaisquer encargos fiscais, para atividades esportivas, para prazos compatíveis com a maturação dos projetos de investimentos em esportes, realizados e a realizar pelas empresas.
3. A instauração de um crédito fiscal às empresas que investem em esportes. Para cada R$ 1,00 investidos nos esportes, se cria um crédito fiscal que pode ser abatido da declaração do Imposto de Renda de n% (valor a determinar e negociar). Esta proposta não é original e possui as feições clássicas da Lei Sarney que, por tempo limitado, com grande sucesso, incentivou o setor de Cultura.
4. O incentivo às empresas boas pagadoras, que receberão um desconto progressivo da alíquota do Imposto de Renda, na medida em que pagam em dia seus impostos federais. Uma tabela especial seria montada com esta finalidade.
5. A reversão total dos impostos pagos pelo setor em prol do próprio setor, sob a supervisão direta das confederações esportivas, do Conselho Federal de Desportos e do Ministério da Educação e Cultura.

CAPÍTULO 3

Sensibilidade (Elasticidade) dos Esportes às Políticas Correntes do Governo e seu Peso em Face do PIB, através dos Multiplicadores

3.1 Cálculo de Elasticidade e Efeitos Multiplicadores do Esporte (ME)

A expressão da Elasticidade ou da Sensibilidade mede em geral uma taxa de variação relativa, provocada por outra taxa de variação relativa. Desta forma, ela procura responder usualmente à seguinte questão: Em quanto por cento varia x, para uma variação de z% em y?.

A taxa de crescimento de x é associada à taxa de crescimento de y. Naturalmente, três espécies de reações podem ser esperadas neste tipo de relacionamento entre as variáveis. Veja-mo-las:

1. Se x crescer (variar mais do que proporcionalmente) mais que y, haverá uma indicação de que possivelmente x sofre significativamente os efeitos de uma variação de y. Neste caso, x é sensível a y, logo x é elástico a y.
2. Se x crescer (variar mais do que proporcionalmente) à mesma taxa de y, haverá uma indicação de que possivelmente x sofre os mesmos efeitos de uma variação de y. Ou seja, os impactos entre as

duas variáveis são proporcionais, unitários e iguais. Neste caso, x é neutro a y, logo x é elástico numa relação unitária a y.

3. Se x decrescer (variar menos do que proporcionalmente) em relação a y, haverá uma indicação de que possivelmente x sofre significativamente os efeitos de uma variação de y. Neste caso, x tende a ser insensível, ou inversamente sensível a y, logo x é inelástico em relação a y.

Portanto, este indicador mostra o grau de sensibilidade de uma variável em relação a outra. Quanto maior for esta elasticidade, superando a unidade e tendendo a mais infinito, mais afirmaremos que a variável dependente, normalmente no nominador e que é a submetida ao teste de sensibilidade, é afetada pela variável independente.

Neste capítulo, vamos analisar para o período de 1995 a 2000, o grau de sensibilidade dos esportes e em particular do voleibol à mudança de certas variáveis demográficas e econômicas.

Como este é um trabalho sustentado por dados reais e a economia brasileira move-se "com grandes saltos", havemos de esperar valores elevados nos coeficientes de elasticidade.

Ademais, estes dados precisarão ser "lidos" e interpretados com cuidado. Pela instabilidade que caracteriza a economia brasileira, estes dados não poderão ser projetados, porque não se repetirão. Mas permitem entender bem melhor, diante das medidas de política econômica que foram tomadas entre 1994 e 2000, como reagem certas variáveis esportivas, em sua ordem de grandeza.

Nossas análises se concentrarão no período de 1995 a 1997. O leitor poderá estender o uso e o conceito destas análises para o período seguinte, que também contempla os anos 1998 a 2000.

Na presente pesquisa, podemos indagar consequentemente questões como as que seguem, respondidas pela mensuração dos coeficientes de elasticidade:

1. Em quanto% (por cento) variam as vendas (RT) do setor de material desportivo (d), dada uma variação de x% na alíquota dos impostos sobre esse produto?

2. Em quanto% (por cento) varia a taxa de emprego, dada uma variação de z% no Produto Interno Bruto (PIB) do setor de indústria y?

Este questionamento e as respostas decorrentes são de suma importância em Economia e no mundo dos negócios, posto que mereçam atenção da nossa parte:

1. O fato de que é por meio dos cálculos de elasticidade que se identificam as variáveis que mais e melhor afetam outra variável. Passamos a dispor de algumas feições básicas e relevantes de relações de causalidade e impactos.
2. Por meio dos cálculos de elasticidade passamos a dispor de subsídios que facilitam a identificação das variáveis que menos afetam outra variável. Estas tendem então a ser "inelásticas".
3. Definem-se mais claramente zonas de influência entre variáveis, o que permite que se possam identificar melhores políticas a adotar, posto que se discriminem variáveis efetivas, de outras.

Nas subseções que seguem, vamos detalhar mais definições e características relacionadas à elasticidade, para dominarmos este raciocínio. A seguir, vamos aplicar estes conceitos em caráter inédito ao Banco de Dados montado e levantado pelo Programa de Estudos dos Estados e Municípios e pelo Núcleo de Estudos das Contas dos Esportes – NECE, na EBAPE da Fundação Getúlio Vargas, para os esportes no Brasil.[23]

3.2 Definição de Elasticidade

A mais usual expressão de elasticidade é aquela que associa uma variação relativa da demanda por produtos $[(q_1 - q_0) / q_0]$ com uma variação relativa dos preços $[(p_1 - p_0) / p_0]$.

Desta forma, pode-se indagar, para exemplificar no caso dos esportes, em quanto por cento variará a quantidade demandada de ingressos para um ginásio no qual se realizará um jogo de voleibol, dada uma variação de 10%, por exemplo, nos preços dos ingressos.

Neste caso, espera-se que o aumento de preços iniba o consumo do esporte e reduza o número de bilhetes vendidos. Isso significa que um aumento de preços tenderia a reduzir a procura por eventos esportivos, em condições normais.

A expressão da elasticidade **(E)** que teremos então pode ser assim apresentada:

$$E = ((q_1 - q_0) / q_0) / ((p_1 - p_0) / p_0)$$

No exemplo que debatemos, a pergunta que surge é:

$$E = ((q_1 - q_0) / q_0) / (0.10)$$

Os dados resultantes de elasticidade são detalhados nos Quadros 52, 53 e 54.

3.3 Definições de Multiplicadores do Esporte

A expressão do multiplicador mostra quantas vezes uma relação é maior que outra. Por exemplo, pode-se perguntar quantas vezes o PIB do Brasil é maior que o PIB do voleibol.

No Quadro 47, que detalha as Taxas de Participação Percentual dos Principais Dados do Esporte do Brasil e do Voleibol em Relação ao Produto Interno Bruto (PIB) do Voleibol, vemos que essa relação foi de 37.948,9775% no ano de 1995 e 31.818,9242% no ano de 1997.

Ao dividirmos estes valores por 100, constatamos que o PIB do Brasil era aproximadamente 379,49 vezes maior que o PIB do Voleibol em 1995 e 318,92 vezes superior em 1997. Esses são os multiplicadores do PIB em relação ao Voleibol.

No mesmo Quadro 47, usando o mesmo método anterior, também revela-se que o PIB Total dos Esportes (PIB TE) em 1995 e 1997, respectivamente, foi 11,96 e 10,54 vezes maior que o PIB do Voleibol.

À medida que estes multiplicadores estão caindo no prazo de três anos, isto significa que a fatia de participação do voleibol no total dos esportes está aumentando gradativamente. Trata-se aparentemente de um crescimento lento, mas consistente.

Dadas estas análises, conclui-se que o multiplicador dos esportes fornece uma visão clara de dimensões e de relações de força. Pode-se através do multiplicador saber:

1. qual setor é maior que outro e quantas vezes;
2. quantas vezes é preciso multiplicar um valor, para alcançar o resultado registrado em outro; e
3. percentualmente, em que nível de superioridade, igualdade ou inferioridade se encontra um valor em relação a outro.

3.4 Efeitos Esperados dos Multiplicadores do Esporte

Os analistas podem utilizar os multiplicadores, tais como os que apresentamos para a realidade dos esportes no Brasil entre 1995 e 1997, entre outros, para as seguintes finalidades principais, indagando-se:

1. Quantas vezes um setor, uma economia ou outra variável é maior que...?
2. Para que o nosso setor se iguale ao setor x, quantas vezes ele deverá crescer?
3. Considerada a relação multiplicativa, quantas vezes se está crescendo numa relação de um ano para outro?

Desta maneira, este é um instrumento analítico que mostra certo grau de alavancagem, uma relação de poder e de participação, entre as variáveis. Traçar estratégias práticas pode surgir com a utilização também, entre outras, dessas relações.

No Quadro 47, são resumidos os valores dos multiplicadores.

3.5 Mensurações Técnicas dos Multiplicadores do Esporte

O processo de mensuração e cálculo de multiplicadores é simples e direto. Para determiná-los, basta dividir o valor absoluto de uma variável por outra. Surgirá um valor, a que chamamos de multiplicador. Caso a relação obtida for maior que 1,00 (unidade), diremos que a variável que está no nominador é tantas vezes maior que a do denominador. Caso a relação dê o valor 1,00 (um), afirmaremos que o multiplicador é unitário, logo, que os valores no nominador e no denominador são iguais. Finalmente, se a relação resultante for menor que 1,00 (um), o denominador superará o nominador.

Vejamos este tipo de relação na prática.

No Quadro 45 dos Dados Gerais do Brasil, do Esporte, do PIB e de Elementos Empregatícios e Fiscais, a População Economicamente Ativa (PEA), equivalente ao número total de empregados potenciais, é de 95.702.423 pessoas. Já o número total de empregados nos esportes corresponde a 245.184 pessoas. A divisão de um valor pelo outro mostra que a PEA é 390 vezes maior que o número registrado de esportistas.

Outra forma de ver esta relação é perceber que para cada 390 trabalhadores potencialmente em idade de trabalhar, 1 (um) atua nos esportes.

Esse dado mostra que tão somente 0,26% das atividades profissionais são preenchidas pelos esportistas. Um número baixo em relação ao potencial do setor, que pode ser incentivado e mobilizado para gerar mais empregos.

3.6 Cálculos da Elasticidade das Receitas no Esporte

Uma das questões mais recorrentes e importantes desta pesquisa é a seguinte: Como aumentar as receitas (vendas) no setor esporte?

A resposta a esta questão reside em encontrar os elementos e as variáveis que geram as melhores condições para aumentar as vendas de forma sustentável e prolongada.

O que se deseja é descobrir entre o conjunto de variáveis que podem estimular as vendas, aquela ou aquelas que mais impulsionam estas. Normalmente, na realidade, há várias condições simultâneas que propiciam a expansão de uma variável. Seu conjunto precisa ser estimulado, para que se encontrem condições propícias que beneficiem o crescimento de outra.

Em Economia, é, contudo, bem corriqueiro que se procure isolar uma dupla de relações, estudando-se seu comportamento e suas interações. O cálculo de elasticidade provê as respostas a estas indagações.

Neste caso particular, a obtenção de resposta à questão focal que colocamos é obtida por meio do cálculo da Elasticidade das Receitas nos Esportes.

Conforme se pode ler no Quadro 51 – Coeficientes de Elasticidade –, foram calculadas quatro elasticidades deste tipo. Verifiquemos em que resultaram. A elasticidade das receitas totais dos esportes às alíquotas médias praticadas nos impostos no Brasil entre 1995 e 1997 mostra que, na média, a elasticidade foi de 7,9212, um valor muito elevado. Isso revela que embora a carga fiscal tenha crescido 4,30% e 0,63% entre 1995-1996 e 1996-1997, as receitas totais do esporte cresceram ainda mais, 10,39% e 8,43%, respectivamente.

Ou seja, embora os impostos tenham se elevado, eles não inibiram o processo de expansão das vendas da indústria esportiva. Certamente, ela é sensível a impostos. Contudo, como ela está numa fase de crescimento acelerado, a elevação da carga fiscal foi insuficiente para inibi-la. Um caso raro e isolado no contexto à época e recessivo da Economia Brasileira.

Uma forma de ler o resultado do coeficiente de elasticidade das vendas dos esportes em face dos impostos em geral no Brasil é a seguinte: entre 1996 e 1997, para uma expansão de 0,63% na carga fiscal, as receitas totais do esporte variaram 8,43%, o que resultou numa elasticidade de 13,4262. Ou seja, quando a carga fiscal é praticamente mantida constante, próxima de zero (0,63% é de fato um valor baixo), então as vendas do setor esportivo crescem fortemente. Evidentemente, para o setor esporte, isto significa que o governo pode adotar duas medidas:

1. manter a alíquota média dos impostos como está, que ela não inibirá a expansão dos esportes enquanto atividades empresariais. Mas tampouco expandirá mais. O ritmo se manterá. Ou então,
2. reduzir as alíquotas médias dos impostos, gerando um forte movimento expansionista da produção.

Pela dimensão do déficit público, de 7,5% do PIB, entre 1994/1997 (18), nutrem-se dúvidas de que o governo esteja interessado em reduzir alíquotas fiscais em geral. O esforço de arrecadação fiscal em 1999 e 2000 aumentou. O problema é que a carga fiscal enfrentada pelas empresas é excessiva e qualquer aumento tributário põe por terra as ambições de exportar mais, criar mais empregos e abaixar a inflação.

Por essa razão, para viabilizar o processo de expansão dos esportes, ele necessitará introduzir medidas complementares às fiscais e orientadas à racionalização de custos correntes e gastos em investimentos esportivos.

3.7 Definição de PIB (Produto Interno Bruto), PNB (Produto Nacional Bruto) e seu Cálculo

O Produto Interno Bruto (PIB) corresponde à soma de todos os bens e serviços produzidos num país, no prazo de um ano. Corresponde ao valor dos bens finais produzidos.

O PIB nominal faz a mensuração do valor da produção aos preços existentes no período no qual o produto foi efetuado. O PIB real mede a produção ocorrida em qualquer ano aos preços de um ano-base predeterminado.

Neste estudo, o PIB é calculado aos preços correntes para os anos de 1995, 1996, 1997, 1998, 1999 e 2000.

O Produto Nacional Bruto (PNB) equivale ao valor dos bens finais e dos serviços produzidos. No seu cálculo, incluem-se inúmeros subitens. A soma do valor econômico aos preços de mercado dos produtos e serviços gerados correntemente fornece o valor do PNB.

A avaliação do PIB e do PNB é complexa e difícil. Os preços de mercado, como base que gera a avaliação, correspondem a um princípio que não se aplica uniformemente. É e permanece sendo um grande desafio metodológico avaliar o setor serviços, ao qual pertence em grande parte a indústria dos esportes.

A diferença entre o PIB e o PNB é que este incorpora ganhos de renda e produto no exterior, enquanto o primeiro não considera o que é ganho fora do país.

Por ser o esporte uma atividade humana praticada, sobretudo, pelos residentes em seus próprios países e porque torneios e *matches* são ocasiões internacionais mais bem raras em relação aos eventos do mesmo tipo no país, o PIB é o produto a ser calculado para os esportes. Assim se procedeu.

Na área dos serviços, como avaliar uniformemente e juntos, os setores bancário, securitário, presidiário, burocrático, policial, das atividades domésticas (do lar), médico, esportivo, religioso, consultivo, e das organizações não governamentais?

Em face desta realidade, as Contas Nacionais da maior parte dos países omite boa parte dos produtos e, sobretudo dos serviços gerados. Os esportes sofrem com esta discriminação e abandono metodológico. Assim, o valor que se registra da produção final de laranjas; maçãs; feijão; tratores; carros; navios; serviços de advocacia; educação; fretes; e milhares de outros itens, gera o PNB. Os serviços do governo são registrados pelo custo salarial incorrido com os funcionários públicos. Inexiste, portanto, neste sentido um princípio único, sobre o tratamento de casos atípicos como este.

No lugar destes princípios, são utilizadas e acordadas inúmeras convenções. Frágeis, elas são objeto de revisões na razão direta da melhoria do estado da arte das técnicas econômicas, econométricas, geográficas, estatísticas, informáticas e afins.

Ademais, existem naturais problemas metodológicos que fazem com que partes significativas da produção econômica sejam minimizadas ou ignoradas. Nos Estados Unidos, calcula-se que 30% do PNB americano não sejam medidos. Entre as transações que se subestimam no PNB americano, figuram "trabalhar em um segundo emprego; transações ilegais; trabalhar como imigrante ilegal; trabalhar enquanto recebe seguro-desemprego; tráfico de drogas e trabalhar para atividades não totalmente declaradas".[24]

Com o propósito de contribuir no sentido de reduzir o tamanho dessa imensa lacuna, desenvolvemos em caráter pioneiro e inédito, um modelo que avalia o PIB dos esportes no Brasil. Ademais, penetramos mais fundo neste meio, criando as bases fundamentais, detalhadas, do cálculo do PIB dos esportes e do PIB do voleibol. Sugerimos a leitura das seções Metodologia de Cálculo do PIB do esporte e do Voleibol; Metodologia de Cálculo dos Levantamentos do PIB do Esporte – Equações (Quadros 56, 57 e 58) e Variáveis Utilizadas nas Fórmulas (Quadros 54, 59 e 60).

O caso particular do PIB dos Esportes é provavelmente um dos mais complexos existentes. Isto porque há pelo menos três categorias de renda que se mesclam e interligam, para formar o Produto dos Esportes. Estes detêm feições de *produto*, pois há produtores de artigos esportivos; *serviços*, pois há inúmeras atividades ativas esportivas e de suporte aos esportes, como os de criação de marcas e patentes, publicidade e propaganda, telecomunicações e imprensa; e *atividades econômicas ou substitutivas de ganhos econômicos mensuráveis pela ótica do produto*, como a prática dos esportes, que implicam no cálculo da *Imputação do Valor do Esporte*.

O cálculo de imputação visa determinar a parte de produção e serviços gerados na Economia que propiciaram autoconsumo, beneficiando o próprio produtor dos bens e serviços. Na agricultura, uma parte da produção de ovos, galinhas, batatas, alfaces e bens são consumidos pelas famílias de campesinos. O produto não vai ao mercado, sendo consumido no local de plantio, colheita e produção. Nesta hora, imputa-se, calcula-se um valor à agricultura que tendo sido produzida, não chegou à comercialização via mercado. Mas gerou bem-estar e aumentou a riqueza das pessoas.

No caso dos esportes, o cálculo de imputação assume feições especiais. Quem pratica esportes, os consome. Ao praticá-los, conquista maior bem-estar pessoal. Ademais, fortalecendo a sua saúde, a pessoa fica menos propensa a contrair doenças e contamina menos terceiros. Os tratamentos farmacêuticos, quimioterápicos, hospitalares e clínicos tendem a reduzir-se.

Quanto mais pessoas praticam esportes, tanto menos doentes potenciais e efetivos são registrados no país, especialmente para doenças respiratórias, circulatórias, coronarianas e da arteriosclerose, entre outras. As despesas públicas com gastos curativos caem e os recursos podem ser dirigidos para investimentos, acelerando mais e melhor o desenvolvimento do país.

Desta maneira, quem pratica alguma modalidade de esporte, produz saúde e bem-estar para si e à comunidade. Essa produção tem valor econômico. Pelo meio do cálculo de imputação, o Valor Imputado do Esporte pode ser calculado. Nós desenvolvemos uma série de cálculos para chegarmos a esta expressão. Chamando-a de Valor do Esporte na Educação, ou PIB EE, conforme mostramos nos Quadros 56, 57 e 58 denominadas Cálculo do PIB do Esporte.

Para gerar maior precisão, dividimos os cálculos de imputação esportiva em quatro categorias distintas, pois as características delas variam de acordo com tempo alocado nos esportes; o objetivo pretendido com a atividade e o custo do tempo real e alternativo.

Naturalmente, supôs-se que:

1. O tempo alocado para o 1º, o 2º, e o 3º graus é limitado, definido nos currículos e na média equivalente a 10 (dez) horas semanais (inclui o tempo de Educação Física e do recreio).
2. O tempo nas empresas e instituições é de dois tipos: em associações e clubes esportivos, é amplo e de baixo custo médio; já nas empresas produtivas não esportivas, o esporte é fornecido para dar lazer, reduzir o *stress*, e prevenir doenças, com isso, reduzindo o grau de absenteísmo.
3. O objetivo no 1º, no 2º e no 3º grau é o de assegurar a Educação Física, habilitar as pessoas a usarem e desenvolverem apropriadamente suas habilidades físicas e promover aqueles que têm vocações esportivas.
4. Nas empresas, o objetivo é associado à troca de favores: promove-se o bem-estar individual, para que com uma maior presença e produtividade do trabalhador saudável, se interrompa menos o

fluxo de produção. Com isso, as receitas podem elevar-se e os custos cair. Todos ganham: empresa e colaboradores.

5. O custo do tempo real é baixo nas unidades escolares, embora crescente na medida em que se sobe no degrau acadêmico. Já nas organizações esportivas promotoras de atletas profissionais e nas empresas produtivas, o custo do tempo é bem mais elevado. Os atletas vivem da profissão e as empresas reduzem no curto prazo seus ganhos, para que, fazendo economias em saúde, vejam o ressarcimento das suas contas em longo prazo.

Nossas estimativas acerca da imputação compõem o item IV e seus subitens no Quadro 43 – Cálculo do PIB do Esporte.

3.8 Definições de Receitas

As receitas correspondem ao valor total das vendas brutas registradas oficialmente pelas empresas. Equivalem ao faturamento das organizações.

Para uma empresa monoprodutora isolada, as receitas correspondem ao preço do produto **(p)** multiplicado pela quantidade vendida **(Q).**

$$RT = p * Q$$

Para a Economia ou um setor específico, as receitas totais correspondem à somatória das receitas individuais das empresas.

Neste levantamento, o PIB do setor esportes e o PIB do voleibol são calculados conforme as expressões supra enunciadas. O Quadro 43 – Cálculo do PIB do Esporte – resume nossos resultados.

Para obtê-los, consideramos, dentro do que propõe a técnica das Contas Nacionais e dado o seu estado da arte, que o PIB Total do Esporte (PIB TE) é dado pela somatória das receitas auferidas na Indústria de Artigos Esportivos (I), no Setor Serviços Gerados pelas Firmas Especializadas em Esportes (II), no Setor dos Serviços Indiretos e Vinculados aos Esportes (III).

3.9 Elos entre PIB e Receitas

Para os efeitos desta pesquisa, o elo entre PIB e receitas totais brutas somadas de todas as empresas do setor esportivo é pleno. As duas expressões são numericamente idênticas.

$$\varepsilon_1 = \frac{\left(\frac{\Delta RT}{RT}\right)d}{\left(\frac{\Delta T}{T}\right)B}$$

3.9.1 Elasticidade das Vendas do Setor Desportivo à Variação de Impostos Totais no Brasil

A expressão acima mede a elasticidade das vendas (receitas totais) do setor desportivo em relação à variação dos impostos totais no Brasil. Isto é, calcula a taxa de variação relativa das vendas registradas no setor esportivo, em relação a uma variação relativa na carga fiscal geral no país.

Conforme pode-se confirmar através do Quadro 51 – Coeficientes de Elasticidade –, esta relação correspondeu a 2,42 em 1996 e 13,43 em 1997. No período de 1995 a 1997, a elasticidade média registrada alcançou os 7,92. Podemos assim considerar o nível de sensibilidade das vendas do setor esporte a uma variação na carga fiscal como alta.

As receitas são afetadas fortemente para mais ou para menos, quando o governo introduz novas cargas fiscais. No período analisado, as vendas aumentaram, apesar de ocorrer maior arrocho fiscal. A característica de ser um "novo setor", dinâmico e em formação, é que explica esta aparente contradição que acontece entre aumentar impostos e continuar vendendo mais.

Isto é, em 1996, para uma taxa de variação dos impostos no Brasil de 4,30%, a taxa de variação das receitas totais do esporte atingiu 10,39%. Isso fez com que em face da elevação dos impostos e apesar deles, que inibem o movimento produtivo da Economia, as vendas continuassem se expandindo. Para aplicar esses valores ao cálculo de Elasticidade desta subseção e de todas as seguintes, o leitor pode referir-se aos quadros de Taxas de Variação 45, 47 e 49.

Isso significa que os esportes em geral correspondem a uma atividade tão produtiva e inovadora que eles não se inibem a um aumento da carga fiscal e continuam vendendo. Essa situação é excepcional e deveria ser preservada. Geraria exclusivamente vantagens ao sistema econômico e ao mercado de emprego, especialmente se a carga fosse reduzida e de preferência, extinta.

Em condições normais, de um setor amadurecido, um aumento da carga fiscal inibiria a produção. Esta situação não foi registrada no caso brasileiro. A resposta mais plausível para esta sinalização é que os esportes estão na fase de crescimento acelerado (segunda fase) no ciclo de vida do produto. Dada esta situação dinâmica, o movimento de demanda crescente dos esportes, gera movimentos de produção que se traduzem em vendas crescentes, apesar do obstáculo e elemento inibidor que representa um aumento fiscal.

As autoridades necessitariam avaliar esta situação, pois a carga fiscal neste caso pode estar acelerando o movimento de chegada à fase de amadurecimento, do setor esporte. Esta realidade encurtara a real capacidade dos esportes gerarem produto, emprego, educação física e, sobre uma base maior de empresas, maior contribuição fiscal futura.

3.9.2 Elasticidade das Receitas Totais dos Esportes à Variação da Alíquota Média dos Impostos nos Esportes

A expressão desta mede a elasticidade das receitas totais do setor desportivo em relação à variação dos impostos no setor esportes no Brasil. Isto é, calcula a taxa de variação relativa das vendas registradas no setor esportivo, em relação a uma variação relativa na carga fiscal que incide sobre as empresas que produzem bens e serviços para o setor esportivo.

O Quadro 51 – Coeficientes de Elasticidade – informa que esta relação correspondeu a 85,78 em 1996 e 29,84 em 1997. No período de 1995 a 1997, a elasticidade média registrada foi de elevados 57,81. Podemos definir o nível de sensibilidade das vendas do setor esporte a uma variação na carga fiscal ocorrendo no próprio setor como muito alta.

As receitas são fortemente alteradas para mais ou para menos, quando o governo introduz novas cargas fiscais nos esportes. No período analisado, as vendas aumentaram, apesar de ocorrer maior arrocho fiscal. Por ser a indústria esportiva uma "nova área econômica", com pequeno histórico de contribuição fiscal, se explica este paradoxo, que se verifica no momento atual, ao se aumentarem impostos e continuarem as vendas crescendo mais.

Isso sugere que os esportes como um *business* são uma atividade tão produtiva e inovadora que eles ainda não se retraem a um aumento da carga fiscal e continuam vendendo. Essa situação é excepcional e deveria ser mantida. Até porque ofereceria exclusivamente vantagens ao sistema econômico e ao mercado de emprego, especialmente se a carga fosse reduzida e de preferência, extinta.

Reduzir os impostos certamente elevaria ainda mais as vendas, poderia mais do que elevar o volume de contribuição fiscal e garantiria novos empregos.

$$\varepsilon_2 = \frac{\left(\frac{\Delta RT}{RT}\right)d}{\left(\frac{\Delta T}{T}\right)B}$$

As autoridades podem redesenhar esta situação, pois a carga fiscal neste caso está acelerando a chegada à fase de amadurecimento do setor esporte. Esta realidade entorpece a real capacidade dos esportes gerarem produto, emprego, e, sobre uma base maior de empresas, maior contribuição fiscal futura.

3.9.3 Elasticidade das Receitas Totais dos Esportes dada uma Variação no Número Total de Empregados no Brasil

$$\varepsilon_3 = \frac{\left(\frac{\Delta RT}{RT}\right)d}{\left(\frac{\Delta N^o E}{N^o E}\right)_B}$$

A expressão anterior mede a elasticidade das vendas (receitas totais) do setor desportivo em relação à variação do número de empregados no Brasil. Isto é, calcula a taxa de variação relativa das vendas registradas no setor esportivo, em relação a uma variação relativa no emprego de trabalhadores no país.

Conforme pode-se confirmar através do Quadro 51 – Coeficientes de Elasticidade –, esta relação correspondeu a 0,86 em 1996 e 0,98 em 1997. No período de 1995 a 1997, a elasticidade média registrada alcançou os 0,92. O coeficiente menor que 1,00 (unidade) revela que a taxa relativa de expansão do emprego foi maior que a taxa relativa de expansão das vendas.

Isso significa que as receitas são pouco afetadas por expansões significativas de mão de obra em geral. Os fatores que alavancam as receitas são outros, e a mão de obra é praticamente neutra na geração de vendas. Certamente, para produzir, as empresas afeitas a este setor de indústria esportiva já utilizam técnicas fabris e de serviços de última geração. A produtividade das vendas está noutros fatores, como a alavancagem fornecida por publicidade, propaganda e mídia televisiva.

3.9.4 Elasticidade das Receitas Totais dos Esportes dada uma Variação no Número Total de Empregados no Esporte

$$\varepsilon_4 = \frac{\left(\frac{\Delta RT}{RT}\right)_d}{\left(\frac{\Delta N^o E}{N^o E}\right)_d}$$

A expressão anterior mede a elasticidade das vendas (receitas totais) do setor desportivo em relação à variação do número de empregados no setor esportes. Isto é, calcula a taxa de variação relativa das vendas registradas no setor esportivo, em relação a uma variação relativa no número de empregados do setor esportes.

A situação neste caso difere da anterior. Os empregos esportivos criam um empuxe de fato positivo nas vendas do esporte. Isto é, quando se emprega mais gente na indústria correlacionada a bens e serviços esportivos, as vendas esportivas crescem positivamente. O Quadro 51 – dos Coeficientes de Elasticidade – comprova esta relação, que correspondeu a 1,31 em 1996 e 1,08 em 1997. No período de 1995 a 1997, a elasticidade média registrada alcançou os 1,19. Podemos assim considerar o nível de sensibilidade das vendas do setor esporte a uma variação na carga fiscal como ligeiramente positiva.

As receitas esportivas são influenciadas para mais, quando se emprega mais gente no esporte. No período analisado, as vendas aumentaram, sendo determinante a contratação e o emprego de mais trabalhadores. A característica de ser um "novo setor", dinâmico e em formação, significa que mais mão de obra deve ser incentivada a trabalhar nesta indústria. Ela gera mais renda, mais emprego e maior produtividade.

As autoridades interessadas no desenvolvimento e no bem-estar da população devem avaliar esta situação. Desobstruir a produção de esportes gera empregos.

Esta percepção é evidenciada pelos resultados de elasticidade obtidos também nas relações 31, 32, 33, 34 e 35, no Quadro 51. No conjunto, a elasticidade foi positiva, mostrando sem sombra de dúvida que os esportes aumentam o emprego no Brasil. E ademais, que o voleibol é um dos responsáveis pelo aumento da oferta de empregos esportivos no país.

3.9.5 Elasticidade do Número de Empregos no Brasil em Relação a uma Variação Relativa dos Impostos no País (Carga Fiscal)

$$\varepsilon_5 = \frac{\left(\dfrac{\Delta NE}{NE}\right)_B}{\left(\dfrac{AT}{T}\right)_B}$$

A expressão anterior faz a mensuração do grau de sensibilidade do emprego no Brasil em relação à variação na alíquota média dos impostos totais no país.

É de se esperar que a carga fiscal crescente iniba o emprego. Ao subirem os custos de produção gerados por uma maior pressão fiscal, os preços sobem. Daí decorre que há menos demanda por bens e serviços. Como consequência, os produtores retraem a oferta. Vale dizer, contratam menos fatores, entre eles mão de obra, o que aumenta o desemprego.

Conforme se observa no Quadro 51 – Coeficientes de Elasticidade –, esta relação correspondeu a 4,35 em 1996 e 10,24 em 1997. No período de 1995 a 1997, a elasticidade média registrada alcançou os 7,30. Podemos assim considerar o nível de sensibilidade do emprego a uma variação na carga fiscal como alta.

Como era esperado, esta relação é inversa. Logo há uma correlação negativa entre carga fiscal e empregos. O governo, ao aumentar a carga neste triênio analisado, administrando uma economia em crise e crescendo modicamente, acelerou no período o desemprego, ao aumentar impostos.

A mão de obra empregada é afetada significativamente, quando o governo introduz novas cargas fiscais. A elevação de impostos reduz a renda e o poder aquisitivo do trabalhador que permanece empregado. Ademais, ao retrair o consumo, gera desemprego.

Em 1997, para um aumento da alíquota fiscal de 0,63%, a taxa de contratação de mão de obra caiu de 18,73%, para 16,43%, ou menos 12,3%. Ou seja, uma ínfima elevação da carga fiscal, de 0,63%, abalou o emprego de 11.316.000 trabalhadores, pelo conceito da força de trabalho.[25] Ademais, aproximadamente 2.638.350 trabalhadores oficialmente empregados perderam o seu emprego.[26]

As autoridades necessitariam apreciar este quadro, pois a carga fiscal empobrece grande parte da população. Este quadro retrairá a capacidade real dos esportes gerarem produto, emprego e uma maior contribuição fiscal futura.

3.9.6 Elasticidade do Emprego no Setor Esporte dada uma Variação Relativa na Alíquota Média dos Impostos no Brasil (Efeitos da Carga Fiscal)

$$\varepsilon_6 = \frac{\left(\dfrac{\Delta N^o E}{N^o E}\right)_d}{\left(\dfrac{\Delta T}{T}\right)_d}$$

De forma similar à anterior, esta expressão mede a elasticidade do emprego no esporte em relação à variação da alíquota média dos impostos no Brasil. Ou seja, mede o quanto é sensível à empregabilidade nos esportes em face de variações na carga fiscal.

Também há uma correlação negativa entre estas variáveis. Uma alta dos impostos emprega menos gente nas atividades produtivas do setor esportes.

No Quadro 51 – Coeficientes de Elasticidade –, esta relação correspondeu a 2,81 em 1996 e 13,67em 1997. No período de 1995 a 1997, a elasticidade média registrada alcançou os 8,24. Podemos assim considerar o nível de sensibilidade do emprego do setor esporte a uma variação na carga fiscal como alta. Os esportes mostraram ser muito mais sensíveis que a economia em geral, a aumentos da carga fiscal.

Em 1997, para um aumento da alíquota fiscal de 0,63%, a taxa de contratação de mão de obra nos esportes caiu de 12,09%, para 8,58%, ou menos 3,51%. Uma queda de 29,03%. Isso significa que uma diminuta elevação dos impostos, de 0,63%, abalou o emprego de 298.394 trabalhadores, pelo conceito da força de trabalho.[27] Entre estes, que são o contingente empregado nos esportes, 86.623 perderam o emprego ou sofreram pesadas baixas salariais.

3.9.7 Elasticidade do Emprego no Setor Esporte dada uma Variação Relativa no Produto Interno Bruto do Setor Esportivo, Excluída a Imputação do Desporto Escolar (TE)

$$\varepsilon_7 = \frac{\left(\dfrac{\Delta N^{o}\, E}{N^{o}\, E}\right)_d}{\left(\dfrac{\Delta PIB - TE}{PIB - TE}\right)_d}$$

A expressão anterior mede a elasticidade do emprego do setor desportivo em relação à variação no PIB dos esportes no Brasil. Isto é, verifica o quão afetado é o emprego a variações no nível de produção.

Espera-se uma correlação positiva entre emprego e produção. De fato, isso aconteceu nesta análise.

De acordo com o Quadro 51 – Coeficientes de Elasticidade –, esta relação correspondeu a 2,01 em 1996 e 1,67 em 1997. No período de 1995 a 1997, a elasticidade média registrada alcançou os 1,84. Desta maneira, o nível de sensibilidade do emprego ao PIB do setor esportes é menor que nos casos anteriores, embora significativo.

O PIB total dos esportes continuou crescendo positivamente em 1996 e 1997, a taxas de 6,01% e 5,14%, respectivamente. Essas taxas foram superiores às registradas para o Brasil, de parcos 2,85% e 3,13% nos mesmos anos. Isso significa que políticas que aumentam a produção no setor esportes reverberam nele mais empregos. Logo, medidas fiscais, creditícias, monetárias, cambiais, salariais, de preços, comerciais e administrativas, que incentivem os esportes, puxando para cima o PIB em geral e dos esportes em particular, devem criar mais emprego.

Todas as demais expressões de elasticidade, que constam do Quadro 51, da 8ª até a 35ª, seguem esta mesma linha de raciocínio e de estruturação. Em função deste fato, apresentaremos as expressões principais que moldam outras elasticidades estudadas, deixando o leitor tecer complementarmente suas próprias conclusões.

3.9.8 Elasticidade-Emprego no Setor Esporte dada uma Variação Relativa no Produto Interno Bruto do Setor Esportes, Excluída a Imputação do Desporto Escolar (DE) e do Esporte Praticado em Empresas, Imputado como Valor Econômico (SDE)

$$\varepsilon_8 = \frac{\left(\dfrac{\Delta N^o E}{N^o E}\right)_d}{\left(\dfrac{\Delta PIB - SDE}{PIB - SDE}\right)_d}$$

A expressão anterior mede a elasticidade do emprego em relação à variação do PIB no Brasil. Isto é, calcula a taxa de variação relativa do emprego de mão de obra, em relação a uma variação relativa no produto gerado no país.

Conforme pode-se confirmar através do Quadro 51 – Coeficientes de Elasticidade –, esta relação correspondeu a 1,20 em 1996 e 0,38 em 1997. No período de 1995 a 1997, a elasticidade média registrada alcançou tênues 0,79. Podemos assim considerar este nível de sensibilidade como baixo, indicando que a geração setorial de empregos está sendo prejudicada de alguma forma por outras políticas.

Isto é, mesmo que o produto suba, contrata-se pouca gente no momento. Na certa, os impostos sufocantes, a importação maciça de tecnologia e margens apertadas por movimentos recessivos estão inibindo a contratação de mão de obra.

3.9.9 Elasticidade do Número Total dos Empregados nos Esportes em face de uma Variação Relativa do PIB dos Serviços Associados Indiretamente ao Esporte

$$\varepsilon_9 = \frac{\left(\dfrac{\Delta N^o E}{N^o E}\right)_d}{\left(\dfrac{\Delta PIB - SIE}{PIB - SIE}\right)_d}$$

Os altos coeficientes de elasticidade, de 2,49 e 1,49, respectivamente, em 1996 e 1997, mostram que os setores indiretamente ligados ao esporte são grandes empregadores de mão de obra.

Isto é, artigos esportivos produzidos por empresas, serviços de publicidade, transportes e manutenção de parques esportivos definem fortemente a empregabilidade do setor.

Este resultado demonstra que no geral, as empresas estão fortemente estressadas por cargas fiscais elevadas.

3.9.10 Elasticidade-Emprego no Setor Esporte em Relação a uma Variação no Produto Interno Bruto no Brasil

$$\varepsilon_{10} = \frac{\left(\dfrac{\Delta N^o E}{N^o E}\right)_d}{\left(\dfrac{\Delta PIB}{PIB}\right)_B}$$

A expressão anterior mede a elasticidade-emprego esportivo em face do PIB em geral. Os resultados, que no triênio fincaram a marca de 3,49, mostram que, certamente, o emprego esportivo é fortemente sensível a movimentos gerais da produção.

Isto significa que políticas macroeconômicas afetam os esportes de maneira significativa.

Esta sinalização, esperada, confirmou-se. Significa que como os esportes possuem uma grande componente de lazer, ao ser este sacrificado ou muito expandido quando há retrações ou retomadas econômicas, implica em grandes movimentos no emprego de mão de obra.

Depreende-se que medidas de impacto global sobre a economia afetam e marcam de forma profunda as atividades esportivas no Brasil. Se a economia se retrai, então o emprego esportivo cai pesadamente. E vice-versa, se há uma melhoria na renda, então muito emprego é criado.

Este quadro demonstra que os esportes podem e devem ser considerados como uma das principais escoras de uma política brasileira que queira aumentar o nível de emprego.

Nas expressões de elasticidade de 26 a 30, estas percepções se consubstanciam.

3.9.11 Elasticidade-Emprego no Brasil dada uma Variação Relativa no Produto Interno Bruto do Setor Esportes, Excluída a Imputação do Desporto Escolar

$$\varepsilon_{11} = \frac{\left(\frac{\Delta N^{o}\, E}{N^{o}\, E}\right)_{d}}{\left(\frac{\Delta PIB - TE}{PIB - TE}\right)_{B}}$$

A elasticidade revelou-se assaz inconstante e ainda assim, elevada. Na média, beirou os 2,18, indicando que a produção nos esportes gera efeitos multiplicadores positivos e consideráveis na produção total de empregos no Brasil.

3.9.12 Elasticidade do Produto Interno Bruto do Setor Esportes, Excluída a Imputação do Desporto Escolar (TE), em Relação a uma Variação na Alíquota Média dos Impostos no Brasil

$$\varepsilon_{12} = \frac{\left(\frac{\Delta PIB - TE}{PIB - TE}\right)_B}{\left(\frac{\Delta T}{T}\right)_B}$$

A expressão anterior mede a elasticidade da produção do setor desportivo em relação à variação dos impostos totais no Brasil. Isto é, calcula a taxa de variação relativa da produção registrada no setor esportivo em relação a uma variação relativa na carga fiscal geral no país.

Pode-se confirmar através do Quadro 51 – Coeficientes de Elasticidade – que esta relação variou e foi inconstante, sendo na média elevada. Correspondeu a 1,39 em 1996 e 8,19 em 1997. No período de 1995 a 1997, a elasticidade média registrada alcançou os 4,79. Ou seja, a produção desportiva é afetada fortemente quando o governo introduz novas cargas fiscais. Os impostos exercem um impacto negativo e gerador de alto risco de produção na indústria esportiva.

Cargas fiscais mínimas, se é que deveria haver alguma sobre este setor, viabilizariam melhor a fundamental atividade esportiva.

3.9.13 Elasticidade no PIB do Voleibol dada uma Variação Relativa na Alíquota Média dos Impostos no Brasil (Alteração na Carga Fiscal)

A relação mostrou-se baixa, próxima de zero.

3.9.14 Elasticidade do PIB do Esporte Realizado através do Ensino dada uma Variação Relativa na Alíquota Média dos Impostos no Brasil

$$\varepsilon_{14} = \frac{\left(\dfrac{\Delta PIB - EE}{PIB_{EE}}\right)_{B/d}}{\left(\dfrac{\Delta T}{T}\right)_{B/d}}$$

A relação mostrou-se altamente instável, embora bem positiva. Significa que o setor educação é afetado negativamente com a elevação dos impostos, isto é, a elevação destes reduz o ensino e, com isto, o número de alunos. Por conseguinte, pratica-se menos esportes nas escolas.

3.9.15 Elasticidade do PIB dos Esportes Realizados através do Ensino e Gerando Voleibol, dada uma Variação Relativa na Alíquota Média dos Impostos no Brasil

Os resultados elevados, de 9,20 para a elasticidade do triênio, mostram que cargas fiscais altas inibem sobremaneira a prática desportiva paga nas redes de ensino. Ou seja, escolas, universidades e empresas investem nos esportes caudatariamente. Há um composto de atividades a mais que se oferece com o esporte. Mas ele pode ser sacrificado caso o garrote fiscal caia sobre o setor esportivo.

3.9.16 Elasticidade do PIB dos Esportes Realizados através do Ensino no Brasil, dada uma Variação Relativa na Alíquota Média dos Impostos no Voleibol

A expressão anterior revelou-se baixa, tendendo à insensibilidade. No triênio, alcançou o valor de 0,90. Isso é compreensível, porque há uma componente de obrigatoriedade, um regime de caráter compulsório, em parte da prática dos esportes nas escolas e universidades.

3.9.17 Elasticidade do PIB da Indústria de Artigos Esportivos dada uma Variação Relativa na Alíquota Média dos Impostos sobre os Esportes no Brasil

$$\varepsilon_{18} = \frac{\left(\dfrac{\Delta PIB - EI}{PIB_{EI}}\right)_{B/d}}{\left(\dfrac{\Delta T}{T}\right)_{EI\,/\,B/d}}$$

A expressão anterior revelou-se bem instável, mais para positiva, consubstanciando a percepção de que os impostos inibem fortemente os esportes.

O coeficiente médio de elasticidade, de 5,09, revela que aumentos de impostos na rede de Ensino sacrificam o ensino de esportes.

3.9.18 Elasticidade Cruzada do PIB do Setor Esporte ao Variar uma Alíquota Média de Imposto do Setor, em Relação à Elasticidade do PIB do Setor Esporte ao Variar dada Alíquota Média de Imposto

$$\varepsilon_{20} = \left(\frac{\left(\dfrac{\Delta PIB - SDE}{PIB - SDE}\right) B/d. \Big/ \left(\dfrac{\Delta T}{T}\right) B/d}{\left(\dfrac{\Delta PIB - SDE}{PIB - SDE}\right) B/d. \Big/ \left(\dfrac{\Delta T}{T}\right) B/d} \right)$$

O resultado desta expressão qualificou-se pouco à análise. A relação calculada espelhou dificuldades de se correlacionar um dado com outro. Em função deste fato, os dados apresentaram-se inconstantes.

3.9.19 Elasticidade Cruzada do PIB do Voleibol ao Variar a Alíquota Média dos Impostos no Setor Esporte, em Relação à Elasticidade do PIB do Setor Esporte ao Variar a Alíquota Média dos Impostos no Setor Esporte

A expressão revelou ser positivamente elástica. Há, portanto uma relação positiva entre o produto do vôlei e o produto gerado nos esportes. Quando estes crescem, o vôlei também cresce e vice-versa. A relação média de 1,87 mostra que a sensibilidade inter-setorial esportiva é alta no Brasil.

3.9.20 Elasticidade do PIB do Setor Serviços diretamente Ligados ao Esporte, dada uma Variação na Alíquota Média dos Impostos

$$\varepsilon_{20} = \frac{\left(\frac{\Delta PIB - SDE}{PIB - SDE}\right)_{B/d.}}{\left(\frac{\Delta T}{T}\right)_{B/d}}$$

A expressão resultou em alta elasticidade, comprovando que os impostos sacrificam, quando sobem, a produção direta de bens e serviços afeitos diretamente a ele.

3.9.21 Elasticidade do PIB do Setor Serviços diretamente Ligados ao Esporte, dada uma Variação na Alíquota Média dos Impostos no Setor Esporte

$$\varepsilon_{21} = \frac{\left(\frac{\Delta PIB - SIE}{PIB - SIE}\right)_{B/d.}}{\left(\frac{\Delta T}{T}\right)_{B/d}}$$

Os resultados excepcionalmente altos da elasticidade nesta relação fornecem evidências de que serviços diretamente ligados aos esportes são muito sensíveis a cargas fiscais. Neste setor, que emprega muita mão de obra, a reação produtiva é inversamente relacionada à carga fiscal.

Quadro 43
Cálculo do PIB do Esporte

Este cálculo pode atender a vários tipos de metodologias e de aproximações. as duas mais importantes são:

1) A ótica da participação na geração e na formação do produto, considerando a produção de bens vinculados ao esporte mais as receitas com atividades diretamente esportivas;

2) O percentual aparente de gastos em lazer e esportes da população, que multiplique a renda da população por ano.

Ambos os valores fornecem uma aproximação ao PIB desportivo. Apresentamos após os dados que levantamos sobre o faturamento de cada indústria formadora da atividade produtora do esporte, a metodologia de cálculo associada a estas duas aproximações:

Cálculo do PIB do Esporte:

Este cálculo pode atender a vários tipos de metodologias e de aproximações. As duas mais importantes são:

1) a ótica da participação na geração e na formação do produto, considerando a produção de bens vinculados ao esporte mais as receitas com atividades diretamente esportivas;

2) o percentual aparente de gastos em lazer e esportes da população, que multiplique a renda da população por ano.

Ambos os valores fornecem uma aproximação ao PIB desportivo. Apresentamos após os dados que levantamos sobre o faturamento de cada indústria formadora da atividade produtora do esporte, a metodologia de cálculo associada a estas duas aproximações:

Em R$ 1,00

Geração e Formação do Produto — **PIB esportivo** — **Aproximação técnica**

	Código			1995	1996	1997	1998	1999	2000
	I	**Valor do Produto da Indústria de Artigos Esportivos**		**7.044.047.609**	**7.898.858.094**	**7.934.607.500**	**8.129.881.520**	**10.352.084.490**	**12.564.616.283**
	I.1		Roupas	1.703.122.446	1.786.455.216	1.846.242.511	1.950.335.144	2.220.511.970	2.561.048.097
	I.2		Calçados	1.396.102.002	1.784.511.600	1.851.736.605	1.864.542.003	2.055.094.378	2.211.082.216
	I.3		Couros e Peles	225.119.426	247.083.174	264.512.004	226.338.544	199.358.224	198.307.244
	I.4		Artigos esportivos	833.014.793	904.285.187	946.728.519	1.134.272.222	1.561.374.998	1.864.291.550
	I.5		Instrumentos esportivos	2.150.486.909	2.450.731.034	2.312.580.100	2.419.575.991	3.293.350.866	3.905.882.481
	I.6		Equipamentos importados	393.182.100	380.172.198	348.612.376	350.116.402	558.221.660	652.005.015
	I.7		Outros	343.019.933	345.619.685	364.195.385	184.701.214	464.172.394	1.171.999.680
	II	**Valor dos Serviços Gerados pelas Firmas Especializadas em Esportes ou afins**		**4.433.842.831**	**4.877.957.552**	**5.972.486.481**	**7.502.007.441**	**8.163.912.046**	**8.742.577.973**
	II.1		Marcas, Patentes, Direitos Autorais	9.122.043	13.075.200	15.518.332	19.668.345	17.558.616	17.604.288
	II.2		Publicidade, Propaganda, Distribuição e Marketing	2.971.996.041	3.305.107.115	4.320.533.144	4.122.518.840	4.501.093.225	4.485.548.111
	II.3		Prática de atividades esportivas em Clubes, Academias e afins	381.726.922	431.260.208	456.012.750	440.155.458	445.337.918	473.061.224
	II.4		Arrecadações em estádios, quadras, clubes e afins em eventos	384.726.734	416.195.572	438.916.550	399.648.551	396.195.508	422.615.337
	II.5		Remuneração formal do complexo de esportistas	ND	ND	ND	1.891.345.015	2.150.209.337	2.472.005.488
	II,6		Meios de Comunicação Esportiva - Televisão; Radio; Jornalismo	516.122.019	539.173.124	561.244.510	575.664.883	601.907.885	672.061.335
	II,7		Outros	170.149.072	173.146.333	180.261.195	53.006.349	51.609.557	199.682.190
	III	**Valor Indireto dos Serviços Gerados pelo Esporte - Efeito Multiplicador**		**1.907.012.681**	**1.999.289.712**	**2.114.117.693**	**2.195.514.957**	**2.645.301.392**	**2.592.860.398**
	III.1		Transporte Intra - urbano	460.116.284	463.170.726	485.661.000	501.609.728	665.628.866	616.344.510
	III.2		Transporte intermunicipal	255.092.090	267.093.114	285.661.241	291.505.615	395.688.219	301.501.668
	III.3		Transporte internacional	48.102.731	59.016.173	54.661.245	66.384.275	129.248.512	151.052.007
	III.4		Hospedagens domésticas	76.126.437	84.228.462	98.665.366	92.045.378	92.519.668	94.609.375
	III.5		Hospedagens internacionais	165.584.402	169.714.114	172.351.225	189.278.515	244.651.119	263.601.294
	III.6		Alimentação doméstica	183.944.136	195.019.422	205.285.401	210.345.244	212.302.917	228.215.667
	III.7		Alimentação internacional	16.321.754	17.144.051	18.645.224	19.967.427	36.061.559	40.615.338
	III.8		Atendimento médico - hospitalar	110.726.733	110.184.493	115.664.251	122.804.588	135.619.833	159.335.061
	III.9		Manutenção de equipamentos	178.426.019	201.029.745	211.050.000	214.375.809	219.667.481	235.619.869
	III.10		Manutenção da infraestrutura poliesportiva	319.552.673	334.516.927	350.120.000	375.119.867	399.105.227	362.319.755
	III.11		Outros	93.019.422	98.172.485	116.352.740	112.078.511	114.807.991	139.645.854
PIB EI		**SUB-TOTAL (a)**		**13.384.903.121**	**14.776.105.358**	**16.021.211.674**	**17.827.403.918**	**21.161.297.928**	**23.900.054.654**

Fonte: PEEM / EBAPE / FGV

Quadro 44
Base de Dados Fundamental do Esporte e do Voleibol do Brasil

Projeção de receitas e PIB dos esportes, com base em amostra relevante de empresas que declaram atividades vinculadas aos esportes. Aproximação.

Receitas, PIB e arrecadação em R$1,00

Alíquotas em percentual

Nº	Valores absolutos	Ano					
		1995	1996	1997	1998	1999	2000
1	Receitas Totais do Esporte	13.384.903.121	14.776.105.358	16.021.211.674	17.827.403.918	21.161.297.928	23.900.054.654
2	Receitas Totais do Esporte Voleibol (aproximação no país e exterior)	2.351.767.633	2.722.900.894	2.974.921.832	3.310.307.247	3.929.366.172	4.437.916.171
3	Número total de trabalhadores ativos no Brasil (PEA ou NEB)	95.702.423	113.629.325	120.936.407	120.506.337	119.106.337	118.024.451
4	Número total de empregados nos Esportes (NEE)	245.184	274.819	298.394	299.061	296.167	300.435
5	PIB Total dos Esportes (PIB TE)	28.124.588.200	29.815.323.979	31.348.882.027	33.928.945.176	38.394.320.079	42.194.482.446
6	PIB dos Serviços ligados diretamente ao Esporte	4.433.842.831	4.877.957.552	5.972.486.481	7.502.007.441	8.163.912.046	8.742.577.973
7	PIB dos Serviços ligados indiretamente ao Esporte	1.907.012.681	1.999.289.712	2.114.117.693	2.195.514.957	2.645.301.392	2.592.860.398
8	PIB do Brasil	892.471.769.151	917.899.182.326	946.588.121.270	977.554.286.549	1.106.209.815.180	1.215.699.367.290
9	PIB total do Voleibol	2.351.767.633	2.722.900.894	2.974.921.832	3.310.307.247	3.929.366.172	4.437.916.171
10	PIB do Esporte no Ensino	14.739.685.079	15.039.218.621	15.327.670.353	16.101.541.258	17.233.022.151	18.294.427.792
11	PIB na Indústria de Artigos Esportivos	7.044.047.609	7.898.858.094	7.934.607.500	8.129.881.520	10.352.084.490	12.564.616.283
12	PIB na Indústria de Artigos Esportivos de Voleibol	1.237.660.297	1.298.058.120	1.371.813.782	1.134.272.222	1.561.374.998	1.864.291.550
13	Alíquota média dos impostos no Brasil (Carga fiscal)	0,3208	0,3346	0,3367	0,3401	0,3403	0,3403
14	Alíquota média dos impostos nos esportes	0,2476	0,2479	0,2486	0,2486	0,2486	0,2486
15	Alíquota média dos impostos no Voleibol	0,2885	0,2970	0,3021	0,3021	0,3021	0,3021
16	Arrecadação Total de Impostos no Brasil	286.304.943.544	307.129.066.406	318.716.220.432	332.466.212.855	376.443.200.106	413.702.494.689
17	Arrecadação Total de Impostos nos Esportes	1.744.106.188	1.958.126.922	1.972.543.425	2.021.088.546	2.573.528.204	3.123.563.608
18	Arrecadação Total de Impostos no Voleibol	217.460.627	228.072.706	241.031.797	199.295.032	274.338.271	327.561.618
19	Número de Empregados no Voleibol estimativa (NEV)	29.896	32.605	34.894	35.817	36.486	37.013

Fonte: PEEM / EBAPE / FGV

Quadro 45
Taxas de Variação Anual

Resumo

Nº	Taxas de Variação por Indicador	Valor Percentual				
	Mede o Grau de sensibilidade e variação % de cada variável, para a variação média ocorrida entre 1995 e 1997.	1995 / 1996	1996 / 1997	1997/1998	1998/1999	1999/2000
1	Receitas Totais do Esporte	10,39	8,43	11,27	18,70	12,94
2	Receitas Totais do Esporte Volley Ball	15,78	9,26	11,27	18,70	12,94
3	Número total de empregados no Brasil (PEA)	18,73	6,43	-0,36	-1,16	-0,91
4	Número total de empregados nos Esportes	12,09	8,58	0,22	-0,97	1,44
5	PIB Total dos Esportes (PIB TE)	6,01	5,14	8,23	13,16	9,90
6	PIB dos Serviços ligados diretamente ao Esporte	10,02	22,44	25,61	8,82	7,09
7	PIB dos Serviços ligados indiretamente ao Esporte	4,84	5,74	3,85	20,49	-1,98
8	PIB do Brasil	2,85	3,13	3,27	13,16	9,90
9	PIB total do Volley	15,78	9,26	11,27	18,70	12,94
10	PIB do Esporte no Ensino	2,03	1,92	5,05	7,03	6,16
11	PIB na Indústria de Artigos Esportivos	12,14	0,45	2,46	27,33	21,37
12	PIB na Indústria de Artigos Esportivos de Volley - Ball	4,88	5,68	-17,32	37,65	19,40
13	Alíquota média dos impostos no Brasil (Carga fiscal)	4,30	0,63	1,01	0,06	0,00
14	Alíquota média dos impostos nos esportes	0,12	0,28	0,00	0,00	0,00
15	Alíquota média dos impostos no Volley - Ball	2,95	1,72	0,00	0,00	0,00
16	Arrecadação Total de Impostos no Brasil	7,27	3,77	4,31	13,23	9,90
17	Arrecadação Total de Impostos nos Esportes	12,27	0,74	2,46	27,33	21,37
18	Arrecadação Total de Impostos no Volley Ball	4,88	5,68	-17,32	37,65	19,40
19	Número de Empregados no Volley (estimativa)	9,06	7,02	2,65	1,87	1,45

Fonte: PEEM / EBAPE / FGV

Quadro 46

Taxas de Participação Percentual dos Principais dados do Esporte do Brasil e do Voleibol em relação ao Produto Interno Bruto (PIB)

Nº	Valores em relação ao PIB do Brasil	Ano					
		1995	1996	1997	1998	1999	2000
1	Receitas Totais do Esporte	1,4998	1,6098	1,6925	1,8237	1,9130	1,9660
2	Receitas Totais do Esporte Voleibol	0,2635	0,2966	0,3143	0,3386	0,3552	0,3651
3	Número total de trabalhadores ativos no Brasil (PEA ou NEB)						
4	Número total de empregados nos Esportes						
5	PIB Total dos Esportes (PIB TE)	3,1513	3,2482	3,3118	3,4708	3,4708	3,4708
6	PIB dos Serviços ligados diretamente ao Esporte	0,4968	0,5314	0,6309	0,7674	0,7380	0,7191
7	PIB dos Serviços ligados indiretamente ao Esporte	0,2137	0,2178	0,2233	0,2246	0,2391	0,2133
8	PIB do Brasil	100,0000	100,0000	100,0000	100,0000	100,0000	100,0000
9	PIB total do Voleibol	0,2635	0,2966	0,3143	0,3386	0,3552	0,3651
10	PIB do Esporte no Ensino	1,6516	1,6384	1,6193	1,6471	1,5578	1,5048
11	PIB na Indústria de Artigos Esportivos	0,7893	0,8605	0,8382	0,8317	0,9358	1,0335
12	PIB na Indústria de Artigos Esportivos de Voleibol	0,1387	0,1414	0,1449	0,1160	0,1411	0,1534
13	Alíquota média dos impostos no Brasil (Carga fiscal)						
14	Alíquota média dos impostos nos esportes						
15	Alíquota média dos impostos no Voleibol						
16	Arrecadação Total de Impostos no Brasil	32,0800	33,4600	33,6700	34,0100	34,0300	34,0300
17	Arrecadação Total de Impostos nos Esportes	0,1954	0,2133	0,2084	0,2067	0,2326	0,2569
18	Arrecadação Total de Impostos no Voleibol	0,0244	0,0248	0,0255	0,0204	0,0248	0,0269

Fonte: PEEM / EBAPE / FGV

Quadro 47

Taxas de Participação Percentual dos Principais Dados do Esporte do Brasil e do Voleibol em Relação ao Produto Interno Bruto (PIB) do Voleibol

"quanto por cento é esta variável em relação ao PIB do Voleibol"

Nº	**Valores em relação ao PIB do Voleibol**	Ano					
		1995	1996	1997	1998	1999	2000
1	Receitas Totais do Esporte	569,14	542,66	538,54	538,54	538,54	538,54
2	Receitas Totais do Esporte Voleibol	100,00	100,00	100,00	100,00	100,00	100,00
3	Número total de trabalhadores ativos no Brasil (PEA ou NEB)						
4	Número total de empregados nos Esportes						
5	PIB Total dos Esportes (PIB TE)	1.195,89	1.094,98	1.053,77	1.024,95	977,11	950,77
6	PIB dos Serviços ligados diretamente ao Esporte	188,53	179,15	200,76	226,63	207,77	197,00
7	PIB dos Serviços ligados indiretamente ao Esporte	81,09	73,42	71,06	66,32	67,32	58,43
8	PIB do Brasil	37.948,98	33.710,34	31.818,92	29.530,62	28.152,37	27.393,47
9	PIB Total do Voleibol	100,00	100,00	100,00	100,00	100,00	100,00
10	PIB do Esporte no Ensino	626,75	552,32	515,23	486,41	438,57	412,23
11	PIB na Indústria de Artigos Esportivos	299,52	290,09	266,72	245,59	263,45	283,12
12	PIB na Indústria de Artigos Esportivos de Voleibol	52,63	47,67	46,11	34,26	39,74	42,01
13	Alíquota média dos impostos no Brasil (Carga fiscal)						
14	Alíquota média dos impostos nos esportes						
15	Alíquota média dos impostos no Voleibol						
16	Arrecadação Total de Impostos no Brasil	12.174,03	11.279,48	10.713,43	10.043,36	9.580,25	9.322,00
17	Arrecadação Total de Impostos nos Esportes	74,16	71,91	66,31	61,05	65,49	70,38
18	Arrecadação Total de Impostos no Voleibol	9,25	8,38	8,10	6,02	6,98	7,38

Fonte: PEEM / EBAPE / FGV

Quadro 48

Indicadores de Produtividade e de Contribuição *per-capita* da Indústria Esportiva Brasileira, com foco sobre o Voleibol

Taxas de Participação Percentual dos Principais Dados do Esporte do Brasil e do Voleibol em Relação ao Número de Empregos no Esporte (NEE) ou ao Número de Empregos no Voleibol (NEV), ou ao Número de Empregados no Brasil (NEB).

Nº	Valores em relação ao NEE, ao NEV e ao NEB	Ano					
		1995	1996	1997	1998	1999	2000
1	Receitas Totais do Esporte s. NEE	54.591	53.767	53.691	59.611	71.451	79.551
2	Receitas Totais do Voleibol NEV	78.665	83.512	85.256	92.423	107.696	119.902
3	Número total de trabalhadores ativos no Brasil (PEA ou NEB)	3.201	3.485	3.466	3.365	3.264	3.189
4	Número total de empregados nos Esportes s. NEV	8	8	9	8	8	8
5	PIB Total dos Esportes (PIB TE) s. NEE	114.708	108.491	105.059	113.452	129.637	140.445
6	PIB dos Serviços ligados diretamente ao Esporte s. NEE	18.084	17.750	20.015	25.085	27.565	29.100
7	PIB dos Serviços ligados indiretamente ao Esporte s. NEE	7.778	7.275	7.085	7.341	8.932	8.630
8	PIB do Brasil s. NEB (renda *per capita* da PEA)	9.325	8.078	7.827	8.112	9.288	10.300
9	PIB Total do Voleibol s. NEV	78.665	83.512	85.256	92.423	107.696	119.902
10	PIB do Esporte no Ensino s. NEE	60.117	54.724	51.367	53.840	58.187	60.893
11	PIB na Indústria de Artigos Esportivos s. NEE	28.730	28.742	26.591	27.185	34.954	41.821
12	PIB na Indústria de Artigos Esportivos de Voleibol s. NEV	41.399	39.812	39.314	31.669	42.794	50.369
13	Arrecadação Total de Impostos no Brasil s. NEB	2.992	2.703	2.635	2.759	3.161	3.505
14	Arrecadação Total de Impostos nos Esportes s. NEE	7.113	7.125	6.611	6.758	8.689	10.397
15	Arrecadação Total de Impostos no Voleibol s. NEV	7.274	6.995	6.908	5.564	7.519	8.850
16	PIB do Brasil s. População (Renda *per capita* da população)	5627	5683	5756	5908	6594	7146

Fonte: PEEM / EBAPE / FGV

Quadro 49

Taxas de Variação dos Indicadores de Produtividade e Evolução *per capita* do Esporte em Geral e do Voleibol

Nº	Indicador	Porcentagem				
		1995 / 1996	1996 / 1997	1997 / 1998	1998 / 1999	1999 / 2000
1	Receitas Totais do Esporte s. NEE	-1,51	-0,14	11,03	19,86	11,34
2	Receitas Totais do Vôlei s. NEV	6,16	2,09	8,41	16,53	11,33
3	Número total de trabalhadores ativos no Brasil (PEA ou NEB)	8,87	-0,55	-2,92	-2,97	-2,32
4	Número total de empregados nos Esportes s. NEV	2,77	1,46	-2,36	-2,78	0,00
5	PIB Total dos Esportes (PIB TE) s. NEE	-5,42	-3,16	7,99	14,27	8,34
6	PIB dos Serviços ligados diretamente ao Esporte s. NEE	-1,85	12,76	25,33	9,89	5,57
7	PIB dos Serviços ligados indiretamente ao Esporte s. NEE	-6,47	-2,61	3,62	21,66	-3,37
8	PIB do Brasil s. NEB (renda *per capita* da PEA)	-13,38	-3,11	3,64	14,49	10,91
9	PIB Total do Voleibol s. NEV	6,16	2,09	8,41	16,53	11,33
10	PIB do Esporte no Ensino s. NEE	-8,97	-6,13	4,81	8,07	4,65
11	PIB na Indústria de Artigos Esportivos s. NEE	0,04	-7,48	2,23	28,58	19,65
12	PIB na Indústria de Artigos Esportivos de Voleibol s. NEV	-3,83	-1,25	-19,45	35,13	17,70
13	Arrecadação Total de Impostos no Brasil s. NEB	-9,65	-2,50	4,69	14,56	10,91
14	Arrecadação Total de Impostos nos Esportes s. NEE	0,16	-7,22	2,23	28,58	19,65
15	Arrecadação Total de Impostos no Voleibol s. NEV	-3,83	-1,25	-19,45	35,13	17,70
16	PIB do Brasil s. População (Renda *per capita* da população)	1,01	1,28	2,63	11,62	8,37

Fonte: PEEM / EBAPE / FGV

Quadro 50

Produto Interno Bruto por Subsetor Esportivo – Aproximação do PIB de Cada Subsetor

Dados pautados nas pesquisas de 1990/1992 e 1995/2000

em R$ 1,00

item nº	Modalidade esportiva pesquisada	Ano					
		1995	**1996**	**1997**	**1998**	**1999**	**2000**
	PIB total dos esportes, exclusive imputações	**13.384.903.121**	**14.776.105.358**	**16.021.211.674**	**17.827.403.918**	**21.161.297.928**	**23.900.054.654**
1	**Futebol**	6.072.730.546	6.699.486.169	7.265.619.494	8.337.876.812	9.899.255.171	10.853.014.818
2	**Voleibol**	2.351.727.478	2.602.072.154	2.824.539.618	3.144.754.051	3.724.388.435	4.454.970.187
3	**Basquetebol**	1.745.391.367	1.755.401.317	1.738.301.467	1.854.050.007	1.991.278.135	2.385.225.454
4	**Tênis**	756.247.026	638.327.751	685.707.860	764.795.628	1.123.664.920	1.388.593.175
5	**Ginástica, Educação Física e Natação**	935.604.728	1.066.834.807	1.187.171.785	1.369.144.621	1.673.858.666	1.956.864.775
6	**Náutica**	224.705.754	231.984.854	246.726.660	276.324.761	272.980.743	289.190.661
7	**Outros**	1.298.496.222	1.781.998.306	2.073.144.791	2.080.458.037	2.475.871.858	2.572.195.582

Taxa de Participação no Produto Interno Bruto por Subsetor Esportivo – Aproximação do PIB de Cada Subsetor

Dados pautados nas pesquisas de 1990/1992 e 1995/2000

item nº	Modalidade esportiva pesquisada	Ano					
		1995	**1996**	**1997**	**1998**	**1999**	**2000**
	PIB total dos esportes, exclusive imputações	**100,00**	**100,00**	**100,00**	**100,00**	**100,00**	**100,00**
1	**Futebol**	45,37	45,34	45,35	46,77	46,78	45,41
2	**Voleibol**	17,57	17,61	17,63	17,64	17,60	18,64
3	**Basquetebol**	13,04	11,88	10,85	10,40	9,41	9,98
4	**Tênis**	5,65	4,32	4,28	4,29	5,31	5,81
5	**Ginástica e Educação Física**	6,99	7,22	7,41	7,68	7,91	8,19
6	**Náutica**	1,68	1,57	1,54	1,55	1,29	1,21
7	**Outros (automobilismo, lutas, montanhismo, alpinismo)**	9,70	12,06	12,94	11,67	11,70	10,76

Fonte: *O Esporte como Indústria*; Istvan Karoly Kasznar, Editora Mundi Eventos e Colorgraf, trabalho em convênio, CBV - FGV, março de 1999.
Pesquisa anual do IBOPE e do Datafolha, anos 1991 a 2000, sobre preferências dos consumidores e espectadores sobre as atividades esportivas.
Anuário do IBGE de 1995 a 1999.
Relatórios do Banco Central do Brasil, BACEN, de 1995 e 2000.
Projeções de dados agregados do Banco Nacional de Desenvolvimento Econômico Social.

Quadro 51
Coeficientes de Elasticidade

Resumo

Nº	Elasticidade/Sensibilidade	Taxa de elasticidade / Coeficiente de sensibilidade				
	Mede o grau de sensibilidade e variação % de cada variável, para a variação média ocorrida entre 1995	1995 / 1996	1996 / 1997	1997 / 1998	1998 / 1999	1999 / 2000
1	Receitas Totaisdos Esportes X Alíquota média dos impostos no Brasil	2,42	13,43	11,16	318,01	0,00
2	Receitas Totaisdos Esportes X Alíquota média dos impostos nos Esportes	85,78	29,84	0,00	0,00	0,00
3	Receitas Totais dos Esportes X Número total de empregados no Brasil	0,86	0,98	50,44	-19,33	8,98
4	Receitas Totais dos Esportes X Número total de empregados nos Esportes	1,31	1,08	50,44	-19,33	8,98
5	Número total de empregados no Brasil X Alíquota média dos impostos no Brasil	4,35	10,25	-0,35	-19,76	0,00
6	Número total de empregados nos Esportes X Alíquota média dos impostos no Brasil	2,81	13,67	0,22	-16,46	0,00
7	Número total de empregados nos Esportes X PIB Total dos Esportes	2,01	1,67	0,03	-0,07	0,15
8	Número total de empregados nos Esportes X PIB dos Serviços ligados diretamente ao Esporte	1,21	0,38	0,01	-0,11	0,20
9	Número total de empregados nos Esportes X PIB dos Serviços ligados indiretamente ao Esporte	2,50	1,49	0,06	-0,05	-0,73
10	Número total de empregados nos Esportes X PIB do Brasil	4,24	2,74	0,07	-0,07	0,15
11	Número total de empregados no Brasil X PIB Total dos Esportes	3,12	1,25	-0,04	-0,09	-0,09
12	PIB Total dos Esportes X Alíquota média dos impostos no Brasil	1,40	8,20	8,15	223,80	0,00
13	Alíquota média X Pib total dos esportes no Vôlei	0,01	0,03	0,00	0,00	0,00
14	PIB no ensino do Brasil X Alíquota média dos impostos no Brasil	0,47	3,06	5,00	119,50	0,00
15	PIB no ensino gerando Vôlei X Alíquota média dos impostos no Brasil	3,67	14,75	11,16	318,01	0,00
16	PIB no ensino do Brasil X Alíquota média dos impostos no Voleibol	0,69	1,12	0,00	0,00	0,00
17	PIB no ensino gerando Vôlei X Alíquota média dos impostos no Voleibol	5,36	5,39	0,00	0,00	0,00
18	PIB na Indústria de artigos esportivos X Alíquota média dos impostos no Brasil	1,13	9,05	-17,15	640,31	0,00
19	PIB na Indústria de artigos esportivos de Voleibol X Alíquota média dos impostos do Voleibol	1,66	3,31	0,00	0,00	0,00
20	Cruzada do PIB no esporte variando com carga total no esporte, dada variação igual para o Brasil	74,91	3,66	0,00	0,00	0,00
21	Cruzada do PIB no esporte variando com carga total no esporte, dada variação igual para o esporte	2,11	1,65	0,00	0,00	0,00
22	PIB dos Serv. diretamente ligados no Esporte X Alíquota média dos impostos no Brasil	2,33	35,75	25,36	150,04	0,00
23	PIB dos Serv. diretamente ligados no Esporte X Alíquota média dos impostos nos Esportes	82,67	79,46	0,00	0,00	0,00
24	PIB dos Serv. indiretamente ligados no Esporte X Alíquota média dos impostos no Brasil	1,12	9,15	3,81	348,37	0,00
25	PIB dos Serv. indiretamente ligados no Esporte X Alíquota média dos impostos nos Esportes	39,94	20,34	0,00	0,00	0,00
26	PIB do Brasil X PIB do Esporte	0,47	0,61	0,40	1,00	1,00
27	PIB do Esporte X PIB do Brasil	2,11	1,65	2,52	1,00	1,00
28	PIB Total do Voleibol X Alíquota dos Impostos Total do Voleibol	5,36	5,39	0,00	0,00	0,00
29	PIB da Indústria de Artigos Esportivos de Vôlei X Arrecadação Total dos Impostos no Voleibol	1,00	1,00	1,00	1,00	1,00
30	Arrecadação Total dos impostos no Voleibol X Alíquota dos Impostos Total do Voleibol	1,66	3,31	0,00	0,00	0,00
31	Emprego Total do Vôlei X PIB do Voleibol	0,57	0,76	0,23	0,10	0,11
32	PIB do Voleibol X Emprego Total do Voleibol	1,74	1,32	4,26	10,02	8,95
33	Emprego Total do Voleibol X Arrecadação Total dos Impostos no Voleibol	1,86	1,24	-0,15	0,05	0,07
34	Emprego Total no Brasil X Emprego Total no Voleibol	2,07	0,92	-0,13	-0,62	-0,63
35	Emprego Total no Esporte X Emprego Total no Voleibol	1,33	1,22	0,08	-0,52	1,00

Fonte: PEEM / EBAPE / FGV

Quadro 52
Elasticidades Médias

Nº	Elasticidade/Sensibilidade Mede o grau de sensibilidade e variação % de cada variável, para a variação média ocorrida entre 1995 e 1997.	El md 1995/1997 Elasticidade média do triênio	El md 1998/2000 Elasticidade média do triênio	El md 1995/2000 Elasticidade média em 6 anos
1	Receitas Totais dos Esportes X Alíquota média dos impostos no Brasil	9,00	109,72	69,00
2	Receitas Totais dos Esportes X Alíquota média dos impostos nos Esportes	38,54	0,00	23,13
3	Receitas Totais dos Esportes X Número total de empregados no Brasil	17,43	13,36	8,39
4	Receitas Totais dos Esportes X Número total de empregados nos Esportes	17,61	13,36	8,50
5	Número total de empregados no Brasil X Alíquota média dos impostos no Brasil	4,75	-6,70	-1,10
6	Número total de empregados nos Esportes X Alíquota média dos impostos no Brasil	5,57	-5,41	0,05
7	Número total de empregados nos Esportes X PIB Total dos Esportes	1,24	0,03	0,76
8	Número total de empregados nos Esportes X PIB dos Serviços ligados diretamente ao Esporte	0,53	0,03	0,34
9	Número total de empregados nos Esportes X PIB dos Serviços ligados indiretamente ao Esporte	1,35	-0,24	0,66
10	Número total de empregados nos Esportes X PIB do Brasil	2,35	0,05	1,43
11	Número total de empregados no Brasil X PIB Total dos Esportes	1,44	-0,07	0,83
12	PIB Total dos Esportes X Alíquota média dos impostos no Brasil	5,91	77,32	48,31
13	Alíquota média X PIB total dos esportes no Voleibol	0,01	0,00	0,01
14	PIB no ensino do Brasil X Alíquota média dos impostos no Brasil	2,84	41,50	25,61
15	PIB no ensino gerando Vôlei X Alíquota média dos impostos no Brasil	9,86	109,72	69,52
16	PIB no ensino do Brasil X Alíquota média dos impostos no Voleibol	0,60	0,00	0,36
17	PIB no ensino gerando Voleibol X Alíquota média dos impostos no Voleibol	3,58	0,00	2,15
18	PIB na Indústria de artigos esportivos X Alíquota média dos impostos no Brasil	-2,32	207,72	126,67
19	PIB na Indústria de artigos esportivos de Voleibol X Alíquota média dos impostos do Voleibol	1,66	0,00	0,99
20	Cruzada do PIB no esporte variando com carga total no esporte, dada variação igual para o Brasil	26,19	0,00	15,71
21	Cruzada do PIB no esporte variando com carga total no esporte, dada variação igual para o esporte	1,25	0,00	0,75
22	PIB dos Serv. diretamente ligados no Esporte X Alíquota média dos impostos no Brasil	21,15	58,47	42,70
23	PIB dos Serv. diretamente ligados no Esporte X Alíquota média dos impostos nos Esportes	54,04	0,00	32,43
24	PIB dos Serv. indiretamente ligados no Esporte X Alíquota média dos impostos no Brasil	4,70	117,40	72,49
25	PIB dos Serv. indiretamente ligados no Esporte X Alíquota média dos impostos nos Esportes	20,09	0,00	12,06
26	PIB do Brasil X PIB do Esporte	0,49	0,80	0,70
27	PIB do Esporte X PIB do Brasil	2,09	1,51	1,65
28	PIB Total do Voleibol X Alíquota dos Impostos Total do Voleibol	3,58	0,00	2,15
29	PIB da Indústria de Artigos Esportivos de Vôlei X Arrecadação Total dos Impostos no Voleibol	1,00	1,00	1,00
30	Arrecadação Total dos impostos no Voleibol X Alíquota dos Impostos Total do Vôlei	1,66	0,00	0,99
31	Emprego Total do Vôlei X PIB do Voleibol	0,52	0,15	0,36
32	PIB do Vôlei X Emprego Total do Voleibol	2,44	7,74	5,26
33	Emprego Total do Voleibol X Arrecadação Total dos Impostos no Voleibol	0,98	-0,01	0,61
34	Emprego Total no Brasil X Emprego Total no Voleibol	0,95	-0,46	0,32
35	Emprego Total no Esporte X Emprego Total no Voleibol	0,88	0,19	0,62

Fonte: PEEM / EBAPE / FGV

Quadro 53

Resumo da Elasticidade

Nº	Elasticidade/Sensibilidade Mede o Grau de sensibilidade e variação % de cada variável, para a variação média ocorrida entre 1995 e 1997.	Desvio padrão 1995/2000
1	Receitas Totais dos Esportes X Alíquota média dos impostos no Brasil	139,31
2	Receitas Totais dos Esportes X Alíquota média dos impostos nos Esportes	37,33
3	Receitas Totais dos Esportes X Número total de empregados no Brasil	25,73
4	Receitas Totais dos Esportes X Número total de empregados nos Esportes	25,69
5	Número total de empregados no Brasil X Alíquota média dos impostos no Brasil	11,27
6	Número total de empregados nos Esportes X Alíquota média dos impostos no Brasil	10,79
7	Número total de empregados nos Esportes X PIB Total dos Esportes	1,00
8	Número total de empregados nos Esportes X PIB dos Serviços ligados diretamente ao Esporte	0,52
9	Número total de empregados nos Esportes X PIB dos Serviços ligados indiretamente ao Esporte	1,31
10	Número total de empregados nos Esportes X PIB do Brasil	1,96
11	Número total de empregados no Brasil X PIB Total dos Esportes	1,40
12	PIB Total dos Esportes X Alíquota média dos impostos no Brasil	98,18
13	Alíquota média X PIB total dos esportes no Vôlei	52,53
14	PIB no ensino do Brasil X Alíquota média dos impostos no Brasil	139,03
15	PIB no ensino gerando Voleibol X Alíquota média dos impostos no Brasil	0,52
16	PIB no ensino do Brasil X Alíquota média dos impostos no Voleibol	2,94
17	PIB no ensino gerando Vôlei X Alíquota média dos impostos no Voleibol	287,29
18	PIB na Indústria de artigos esportivos X Alíquota média dos impostos no Brasil	1,48
19	PIB na Indústria de artigos esportivos de Voleibol X Alíquota média dos impostos do Voleibol	33,13
20	Cruzada do PIB no esporte variando com carga total no esporte, dada variação igual para o Brasil	1,04
21	Cruzada do PIB no esporte variando com carga total no esporte, dada variação igual para o esporte	61,89
22	PIB dos Serv. diretamente ligados no Esporte X Alíquota média dos impostos no Brasil	44,42
23	PIB dos Serv. diretamente ligados no Esporte X Alíquota média dos impostos nos Esportes	154,26
24	PIB dos Serv. indiretamente ligados no Esporte X Alíquota média dos impostos no Brasil	17,90
25	PIB dos Serv. indiretamente ligados no Esporte X Alíquota média dos impostos nos Esportes	0,29
26	PIB do Brasil X PIB do Esporte	0,67

Fonte: PEEM / EBAPE / FGV

Quadro 54
Variáveis que Integram o Cálculo

Glossário

Código	
I.1	Vendas em lojas de artigos esportivos nas seções ou com especialização em esportes, declaradas como tal.
I.2	Vendas de calçados esportivos em lojas de calçados e em departamentos de lojas varejistas, declarados como "linha esportiva".
I.3	Vendas de artigos de couros e afins, vinculados à pratica esportiva e identificados como tais em lojas especializadas e departamentos de vendas varejistas.
I.4	Vendas de artigos que permitem a prática de esportes (bolas; redes; e afins) populares, de valor unitário inferior ou igual a R$ 500,00.
I.5	Vendas de instrumentos, estruturas, aparatos caros que possibilitam a prática do esporte, com valores unitários superiores a R$ 500,00. Inclui: quadras; obras; embarcações; e afins.
I.6	Importação anual de artigos e equipamentos esportivos.
I.7	Vendas de instrumentos, aparelhos e meios diversos de se praticarem as múltiplas atividades esportivas (pesca; náutica; automobilismo; e afins).
	Inclui o valor registrado em gastos com marcas; patentes e direitos autorais associados às atividades esportivas.
	Equivale ao valor das despesas com propaganda televisiva; radiofônica; jornalística; de empresas especializadas e similares, na promoção do esporte.
	Valor das receitas arrecadadas com cursos de esportes variados (atletismo; ginástica; natação; etc) para amostragem dos principais clubes metropolitanos brasileiros.
	Valor das receitas de vendas de bilhetes de ingresso anual em futebol; voleibol; basquete; tênis; natação; e diversos, registrados pelos grandes clubes metropolitanos.
II.1	Registros do I.N.P.I.
II.2	Grupo amostral metropolitano (10 >).
II.3	Grupo amostral metropolitano (10 >).

Fonte: PEEM / EBAPE / FGV

Quadro 55
PIB Esportivo

Geração e Formação do Produto **Média, desvio-padrão (taxa de risco/dispersão), das séries temporais** **Aproximação técnica**

Código				Média 1995/2000	Risco 1995/2000
	I	**Valor do Produto da Indústria de Artigos Esportivos**		8.987.349.249	2.071.911.777
	I.1		Roupas	2.011.285.897	323.258.994
	I.2		Calçados	1.860.511.467	276.516.811
	I.3		Couros e Peles	226.786.436	26.082.664
	I.4		Artigos esportivos	1.207.327.878	415.245.697
	I.5		Instrumentos esportivos	2.755.434.564	690.016.133
	I.6		Equipamentos importados	447.051.625	127.142.578
	I.7		Outros	478.951.382	351.152.719
	II	**Valor dos Serviços Gerados pelas Firmas Especializadas em Esportes ou afins**		6.615.464.054	1.783.260.169
	II.1		Marcas, Patentes, Direitos Autorais	15.424.471	3.809.596
	II.2		Publicidade, Propaganda, Distribuição e Marketing	3.951.132.746	652.678.169
	II.3		Prática de atividades esportivas em Clubes, Academias e afins	437.925.747	31.062.166
	II.4		Arrecadações em estádios, quadras, clubes e afins em eventos	409.716.375	19.847.773
	II.5		Remuneração formal do complexo de esportistas	1.085.593.307	290.898.059
	II,6		Meios de Comunicação Esportiva - Televisão; Radio; Jornalismo	577.695.626	54.847.381
	II,7		Outros	137.975.783	67.151.701
	III	**Valor Indireto dos Serviços Gerados pelo Esporte - Efeito Multiplicador**		2.242.349.472	308.348.449
	III.1		Transporte Intra - urbano	532.088.519	87.116.281
	III.2		Transporte intermunicipal	299.423.658	50.067.625
	III.3		Transporte internacional	84.744.157	43.872.449
	III.4		Hospedagens domésticas	89.699.114	8.149.974
	III.5		Hospedagens internacionais	200.863.445	42.462.800
	III.6		Alimentação doméstica	205.852.131	15.228.641
	III.7		Alimentação internacional	24.792.559	10.664.676
	III.8		Atendimento médico - hospitalar	125.722.493	18.993.403
	III.9		Manutenção de equipamentos	210.028.154	19.222.201
	III.10		Manutenção da infraestrutura poliesportiva	356.789.075	28.580.895
	III.11		Outros	112.346.167	16.382.149
PIB EI		**SUB-TOTAL (a)**		17.845.162.775	4.007.458.312
PIB EE	IV	**Valor do Esporte na Educação (b)**		16.122.594.209	1.390.568.144
	IV.1		Imputação do Esporte no 1º Grau	7.364.593.718	747.751.008
	IV.2		Imputação do Esporte no 2º Grau	5.897.187.969	309.248.364
	IV.3		Imputação do Esporte Universitário	683.761.213	46.811.526
	IV.4		Imputação do Esporte nas Empresas e Instituições	2.177.051.310	290.847.129
PIB TE	V	**TOTAL (a) + (b)**		33.967.756.984	5.394.790.197

Observações:

1) Calculou-se a média simples nominal do período, sem ajustes por indicadores inflacionários anuais, para dispor de uma noção básica de grandeza.
É importante ressaltar que no período 1995 / 2000 a inflação cai drasticamente em relação a níveis históricos bem mais elevados.

2) O desvio-padrão mede a taxa de risco de cada variável. Corresponde a um coeficiente de dispersão. Quanto maior é o desvio-padrão, tanto menos previsível e estável é a variável analisada.

Quadro 56
Metodologia de Cálculo dos Levantamentos do PIB do Esporte

Código	Sigla	Variável	Fórmula / Método Aplicado	
I	VPIAE	PIB_{IAE}	PIB_{IAE}	= RTR + RTC + RTCO + RTA + RTI + RTE + RT O
I.1	R	Roupas	$Rti,j_{R,RE}$	$\sum_{i=1}^{n} RT_{i,R} + \sum_{j=1}^{m} RT_{j,RE} = RT_R$
I.2	C	Calçados	$RTi_{,j,C,CE}$	$\sum_{i=1}^{n} RT_{i,C} + \sum_{j=1}^{m} RT_{j,CE} = RT_C$
I.3	CO	Couros	$RTi_{,j,CO,CE}$	$\sum_{i=1}^{n} RT_{i,O} + \sum_{j=1}^{m} RT_{j,O} = RT_O$
I.4	A	Artigos	$RTi_{,j,A}$	$\sum_{i=1}^{n} RT_{i,A} + \sum_{j=1}^{m} RT_{j,A} = RT_A$
I.5	I	Instrumentos	$RTi_{,j,I}$	$\sum_{i=1}^{n} RT_{i,I} + \sum_{j=1}^{m} RT_{j,I} = RT_i$
I.6	E	Equipamentos	$RTi_{,j,E}$	$\sum_{i=1}^{n} RT_{i,E} + \sum_{j=1}^{m} RT_{j,E} = RT_E$
I.7	O	Outros	$RT_{i,j,O}$	$\sum_{i=1}^{n} RT_{i,O} + \sum_{j=1}^{m} RT_{j,O} = RT_O$
II	VSGFE	PIB_{SDE}	PIB_{SDE}	$= RT_{MPD} + RT_P + RT_{CL} + ARR + RT_{COM} + RT_{OS}$
II.1	MPD	Marcas	RT_{MPD}	$\sum_{i=1}^{q} RT_{.iMPD}$
II.2	P	Publicidade	RT_P	$\sum_{i=1}^{s} RT_{i,P} + \sum_{j=1}^{t} RT_{j,P}$
II.3	CL	Clubes	RT_{CL}	$n^o\, s.tm + \sum_{k=1}^{e} (p \,.\, p) + VJ + PAT + SDin + DOA$
II.4	ARR	Arrecadação	ARR	$\sum_{a=1}^{z} ARR_{a\ ,10\ RM}$
II.5	COM	Comunicação	RT_{COM}	$\sum_{b=1}^{y} RT_b$
II.6	OS	Outros Serviços	RT_{OS}	$\sum_{c=1}^{x} RT_C$

Fonte: PEEM / EBAPE / FGV

Quadro 57
Metodologia de Cálculo dos Levantamentos do PIB do Esporte

III	VISGE	PIB_{SIE}	PIB_{SIE}	$RT_{TI} + RT_{TIM} + RT_{TIN} + RT_{HD} + RT_{HI} + RT_{AD} + RT_{AI} + RT_{MED} + RT_{MANEG} + RT_{MANIN} + RT_{OT}$
III.1	TI	Transp. Intra	RT_{TI}	$\sum_{i=1}^{n} RT_{i,T}$
III.2	TIM	Transp. Intermun.	RT_{TIM}	$\sum_{j=1}^{m} RT_{j,TIM}$
III.3	TIN	Transp. Internac.	RT_{TIN}	$\sum_{k=1}^{z} RT_{k,TIN}$
III.4	HD	Hosp. Dom.	RT_{HD}	$\sum_{e=1}^{O} RT_{e,HD}$
III.5	HI	Hosp. Internac.	RT_{HI}	$\sum_{p=1}^{q} RT_{p,H}$
III.6	AD_{ESP}	Alim. Dom. Esp.	RT_{AD}	$\sum_{n=1}^{m} RT_{AD,ESP} + DOA_{G,ESP} + OC_{G,i,ESP}$
III.7	AI_{ESP}	Alim.Internac. Esp.	RT_{AI}	$\sum_{i=1}^{n} RT_{Ai,ESP} + DOA_{G,ESP} + OC_{G,GI,ESP}$
III.8	MED_{CL}	Médico	$RT_{MED} = DT_{C/MED}$	$\sum_{j=1}^{m} DT_{MED,CL} + \sum_{k=1}^{O} DT_{MED,\ ESP/COL}$
III.9	MAN_{CL}	Manut. Equipes	$RT_{MANEQ} = DT_{C/MANEQ}$	$\sum_{j=1}^{m} DT_{MAN,\ CL}$
III.10	MAI	Manut. Infraestr.	$RT_{MANIN} = DT_{C/MANIN}$	$\sum_{l=1}^{n} DT_{MAN\ \ N}$
III.11	OT	Outros	RT_{OT}	$\sum_{i=1}^{m} RT_{OT}$

Fonte: PEEM / EBAPE / FGV

Quadro 58
Metodologia de Cálculo dos Levantamentos do PIB do Esporte

IV	VEE	PIB_{EE}	PIB_{EE}	$PIB_{1G}+PIB_{2G}+PIB3G+PIB_{EM}$
IV.1	1G	1º Grau	$PIB_{1G,ESP}$	$nºAI_{1G}*nºH/A_{ATES,1G}*V_{ATES,1}$
IV.2	2G	2º Grau	$PIB_{2G,ESP}$	$nºAI2G*nºH/A_{ATES,2G}*V_{ATES,2}$
IV.3	3G	3º Grau	$PIB_{3G,ESP}$	$nºAI3G*nºH/A_{ATES,3G}*V_{ATES,3}$
IV.4	EM	Empresas	$PIB_{EM,ESP}$	$n^o \Im_{EM} * n^o H /_{ATES,EM} * V_{ATES,E}$
a	Sta	PIB_{EI}	$VEE = PIB_{EE}$	$PIBEI = PIB_{IAE} + PIB_{SDE} + PIB_{SIE}$
b	STb	P	$VEE = PIB_{EI}$	
V	PIB	PIB_{TE}	PIB_{TE}	$PIB_{EI} + PIB_{EE}$

Fonte: PEEM / EBAPE / FGV

Quadro 59
Variáveis Utilizadas nas Fórmulas – I

Nº DA VARIÁVEL	SIGLA	SIGNIFICADO
1	RT	Receitas totais. Correspondem às vendas de bens e/ou serviços.
2	i	i-ésima empresa ou organização, geradora de vendas.
3	j	j-ésima empresa ou organização, geradora de vendas.
4	R	Indústria de roupas.
5	RE	Indústria de roupas esportivas.
6	n	n-ésima empresa ou organização, geradora de vendas.
7	m	m-ésima empresa ou organização, geradora de vendas.
8	C	Indústria de calçados.
9	CE	Indústria de calçados Esportivos.
10	CO	Indústria de couros.
11	CE	Indústria de artigos esportivos.
12	A	Indústria de artigos.
13	I	Indústria de instrumentos;
14	E	Indústria de equipamentos importados. Valores já em reais.
15	O	Indústrias variadas, produtoras de bens diversos utilizados no esporte.
16	PIB_{IAE}	Produto interno bruto dos artigos esportivos.
17	MPD	Marcas, patentes, direitos autorais e propriedade intelectual.
18	q	q-ésima empresa ou organização geradora de vendas.
19	P	Publicidade e propaganda e marketing associados à prática e à divulgação dos esportes.
20	s	s-ésima empresa ou organização geradora de vendas.
21	t	t-ésima empresa ou organização geradora de vendas.
22	CL	Clubes, associações esportivas, grêmios esportivos, academias, sociedades e afins.
23	nºs	Número de sócios que fazem parte das organizações CL.
24	tm	Taxa média anual de mensalidade das organizações CL.
25	PP	Público pagante em eventos esportivos nas organizações CL.
26	P	Preço médio anual de entrada em eventos esportivos, Proxy ponderada.
27	l	l-ésima empresa ou organização geradora de vendas.
28	k	k-ésima empresa ou organização geradora de vendas.
29	VJ	Movimentação econômica do valor das joías, títulos e propriedades.
30	PAT	Valores e movimentação econômica do patrimônio em organização CL.

Fonte: PEEM / EBAPE / FGV

(*Continua*)

Quadro 60-A (*Continuação*)
Variáveis Utilizadas nas Fórmulas – I

Nº DA VARIÁVEL	SIGLA	SIGNIFICADO
31	Sdiv	Serviços diversos geradores de caixa.
32	ARR	Arrecadação Total de receitas em jogos e eventos esportivos, considerada a amostragem metropolitana para as 10 (dez) maiores cidades do Brasil.
33	a	Sub-Grupo de produção, que considera todas as receitas geradas pelos subsetores industriais.
34	z	z-ésima empresa ou organização geradora de vendas.
35	RM	Regiões metropolitanas nas quais fizeram-se levantamentos. Foram 10 (dez) ao todo.
36	COM	Meios de comunicação nas atividades esportivas, geradas por televisão; rádio; jornalismo; revistas.
37	b	Corresponde ao valor total do produto interno bruto no esporte por quem o pratica, na educação e nas empresas.
38	y	y-ésima empresa ou organização geradora de vendas.
39	OS	Outros serviços, diversos, produtores, indutores e motivadores do esporte.
40	c	c-ésima empresa ou indústria de calçados.
41	x	x-ésima empresa ou indústria de calçados.
42	PIB_{SDE}	Produto interno bruto dos serviços ligados direta e explicitamente ao esporte.
43	PIB_{SIE}	Produto interno bruto dos serviços ligados indiretamente.
44	T_I	Receitas empresariais auferidas, com o transporte intra-municipal, para praticar, assistir e incentivar atividades vinculadas ao esporte.
45	TIM	Receitas empresariais auferidas, com o transporte inter-municipal, para praticar, assistir e incentivar atividades vinculadas ao esporte.
46	TIN	Receitas empresariais auferidas, com o transporte internacional, para praticar, assistir e incentivar atividades vinculadas ao esporte.
47	HD	Receitas auferidas em hotéis, pensões, albergues e hospedarias, para abrigos.
48	l	l-ésima empresa ou organização geradora de vendas.
49	o	o-ésima empresa ou organização geradora de vendas.
50	z	z-ésima empresa ou organização geradora de vendas.
51	Hi	Receitas auferidas em hotéis internacionais, albergues e hospedarias para abrigos.
52	q	q-ésima empresa ou organização geradora de vendas.
53	p	p-ésima empresa ou organização geradora de vendas.
54	AD_{ESP}	Receitas ganhos pela venda de alimentos a esportistas e no decorrer de eventos esportivos.
55	DOA	Doações, repasses e contribuições.
56	G	Governo. Tesouro Nacional como repassador de recursos.
57	GI	Órgãos e entidades de governos internacionais, repassadores de recursos.
58	ESP	Prática, geração e produção de um evento e/ou ato esportivo.
59	AI	Receitas ganhas pela venda de alimentos internacionais a esportistas e no decorrer dos eventos esportivos.
60	MED	Receitas totais auferidas pela classe médica na atividade de suporte e apoio ao esporte (internações; exames; análises; operações; etc).

Fonte: PEEM / EBAPE / FGV

Quadro 60-B (*Continuação*)
Variáveis Utilizadas nas Fórmulas – I

Nº DA VARIÁVEL	SIGLA	SIGNIFICADO
61	OC	Outros créditos à alimentação e à prática do esporte profissional e amador, (tickets).
62	COL	Colégios e atividades de ensino de 1º e 2º graus.
63	MAN	Receitas auferidas na manutenção, preservação e guarda de equipamentos.
64	MAI	Receitas auferidas poliesportiva.
65	OT	Outras receitas auferidas na geração dos serviços esportivos.
66	VEE;PIB_{EE}	Valor imputado e projetado do esporte, gerado através de redes de ensino escolar e de empresas.
67	1G	Rede de ensino de 1º grau-proprietário e primeiro-grau.
68	2G	Rede de ensino de 2º grau-proprietário e primeiro-grau.
69	3G	Terceiro grau. Universidades, faculdades, fundações, institutos e afins que praticam ensino superior.
70	EM	Empresas. Inclui todas as firmas e empresas atuantes, que fornecem tempo para a prática do esporte e infraestrutura correlata.
71	ST_a	Sub-Total (a): é o PIB das empresas produtoras de artigos esportivos, nas indústrias.
72	ST_b	Sub-Total (a): é o PIB gerado nos órgãos do ensino e das empresas, na prática do esporte – PIB-EE.
73	nºAl	Número de alunos matriculados no ensino, em dado ano.
74	nº H/A	Número médio de horas-aula dedicadas por aluno na prática do esporte por ano.
75	V	Valor imputado em R$ (reais) pela prática do esporte pelos alunos de 1º, 2º e 3º graus.
76	ATES	Metas em horas de fato atingidas (realizações), na prática do esporte.
77	nºz	Número total de trabalhadores registrados, que de fato praticam esportes.
78	d	Setor desportivo total.
79	B	Brasil.
80	RT	Receitas totais ou vendas totais brutas ou faturamento total bruto.
81	T	Carga fiscal bruta em valor total dos impostos diretos e indiretos pagos.
82	NºE	Número de empregados (Inclui pessoas com emprego formal e informal).
83	PIB-TE	Produto interno bruto total do esporte do Brasil.
84 ou 66	PIB-EE	Valor imputado e projetado do esporte, gerado através de redes de ensino escolar e de empresas.
85	PIB-EI	Valor do produto interno bruto direto e indireto da indústria de artigos esportivos.
83 ou 42	PIB-SDE	Produto interno bruto dos serviços ligados direta e explicitamente ao esporte.
87	PIB-SIE	Produto interno bruto dos serviços ligados indiretamente e explicitamente ao esporte.
88	PIB	Produto interno bruto do Brasil.

Observação: É importante salientar que estes quadros detalham todas as variáveis que calculamos para determinar o PIB total do Esporte (PIB-TE = PIB_{EE} + $PIBI_{AE}$ + PIB_{SDE}) e o PIB de atividades vinculadas indiretamente ao esporte (PIB-SIE).

PIB Total dos Esportes e do Brasil

Gráfico 23
PIB Total dos Esportes (PIB TE)

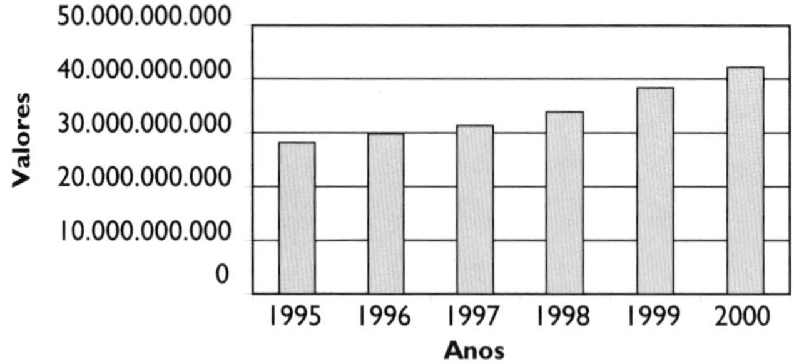

Fonte: PEEM / EBAPE / FGV

Gráfico 24
PIB dos Serviços Ligados Diretamente ao Esporte

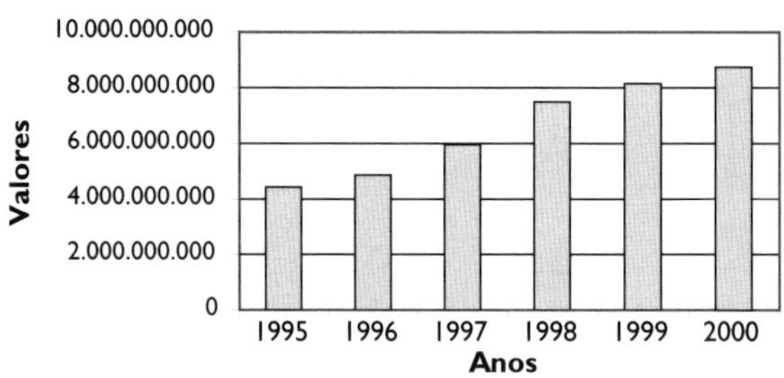

Fonte: PEEM / EBAPE / FGV

Gráfico 25
PIB dos Serviços Ligados Indiretamente ao Esporte

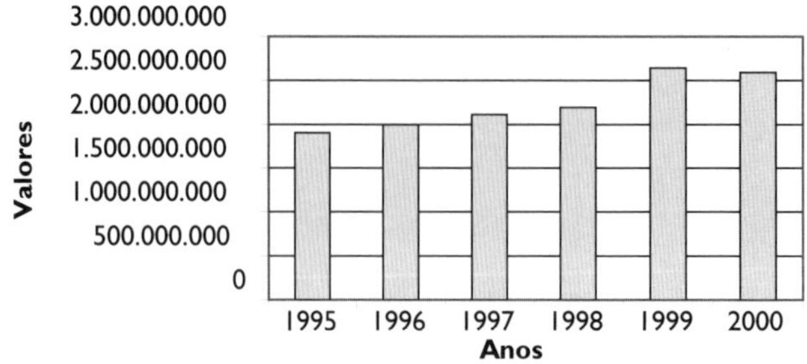

Fonte: PEEM / EBAPE / FGV

Gráfico 26
PIB do Brasil

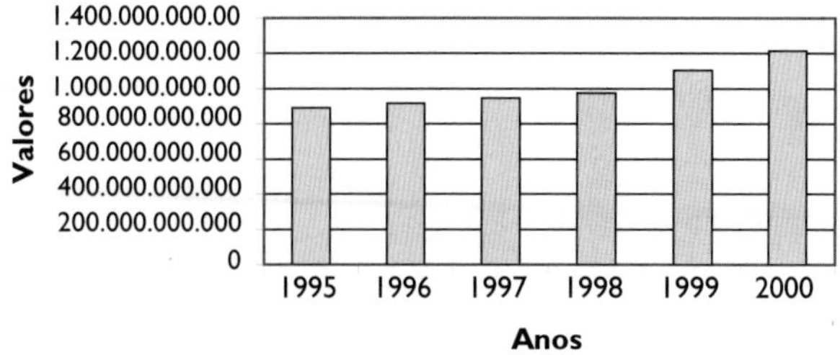

Fonte: PEEM / EBAPE / FGV

Gráfico 27
PIB total do Volei

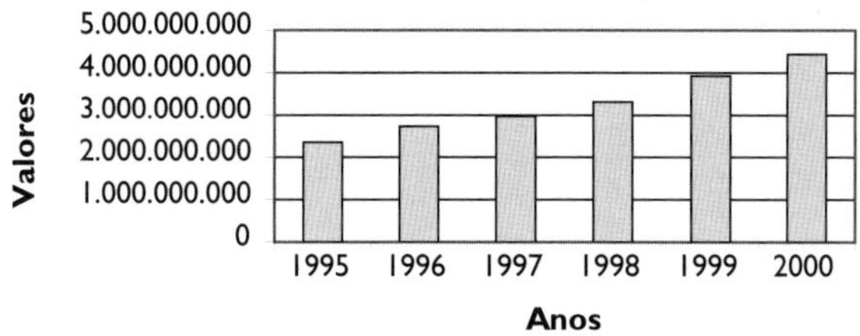

Fonte: PEEM / EBAPE / FGV

Gráfico 28
PIB no Esporte no Ensino

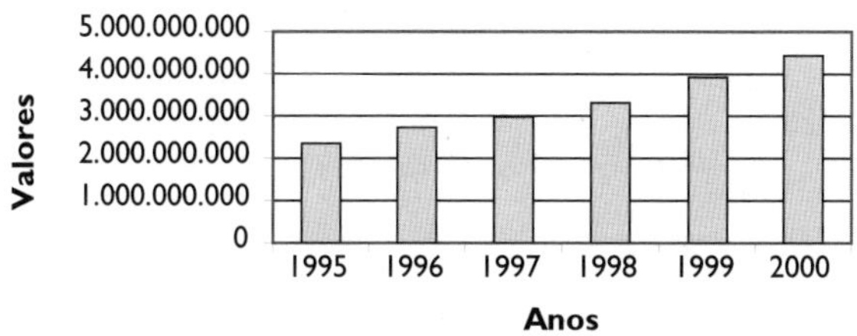

Fonte: PEEM / EBAPE / FGV

Gráfico 29
PIB na Indústria de Artigos Esportivos

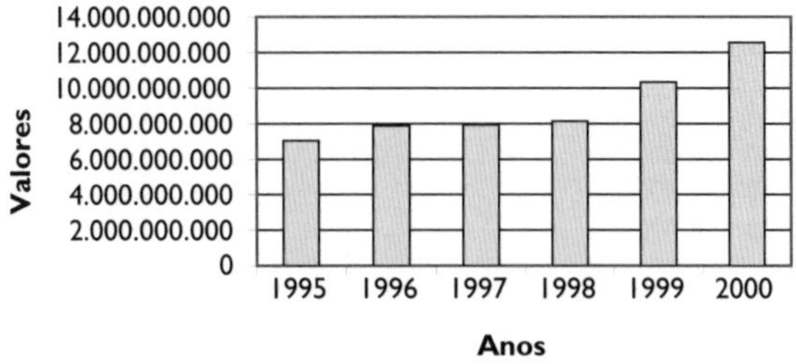

Fonte: PEEM / EBAPE / FGV

Gráfico 30
PIB na Indústria de Artigos Esportivos de Voleibol

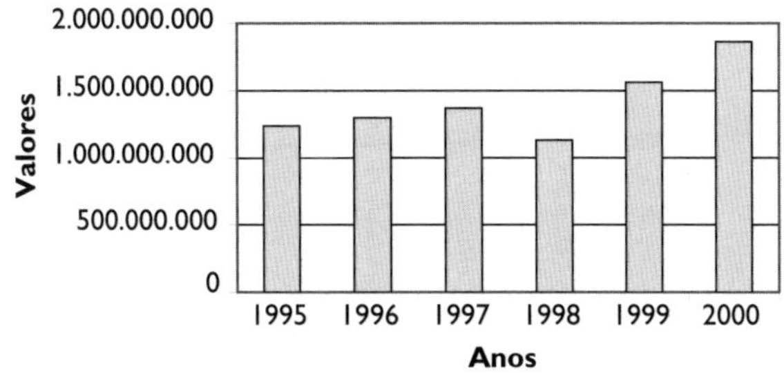

Fonte: PEEM / EBAPE / FGV

Gráficos do PIB do Esporte

Gráfico 31
Valor do Produto da Indústria de Artigos

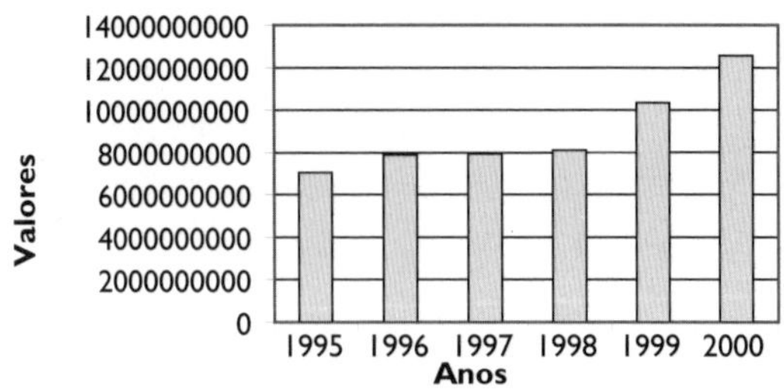

Fonte: PEEM / EBAPE / FGV

Gráfico 32
Valor dos Serviços Gerados pelas Firmas Especializadas em Esportes ou Afins

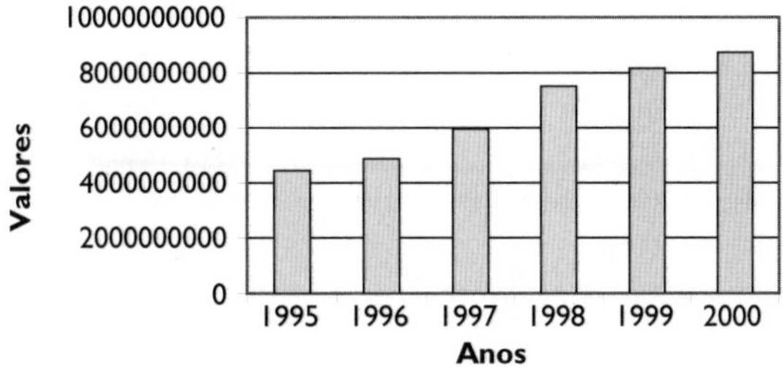

Fonte: PEEM / EBAPE / FGV

Gráfico 33
Valor Indireto dos Serviços Gerados pelo Esporte – Efeito Multiplicador

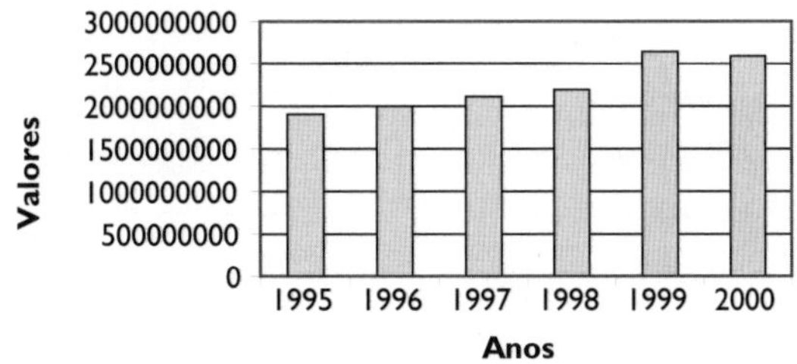

Fonte: PEEM / EBAPE / FGV

Gráfico 34
Valor do Esporte na Educação

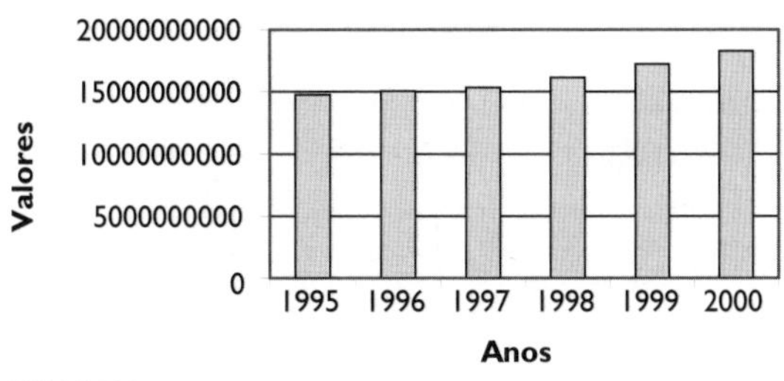

Fonte: PEEM / EBAPE / FGV

Valor do Produto da Indústria de Artigos Esportivos

Gráfico 35
Roupas

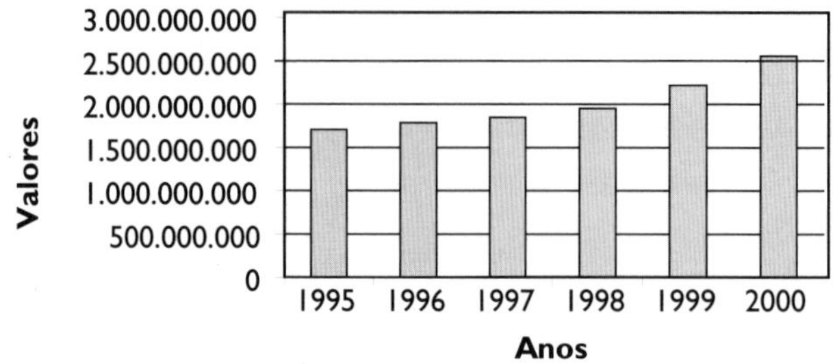

Fonte: PEEM / EBAPE / FGV

Gráfico 36
Calçados

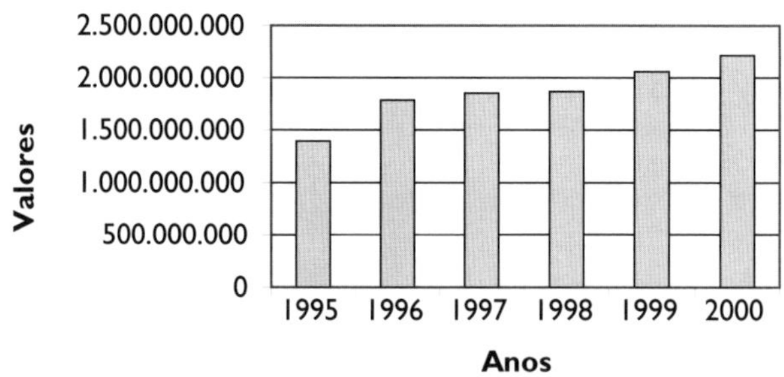

Fonte: PEEM / EBAPE / FGV

Gráfico 37
Couros e Peles

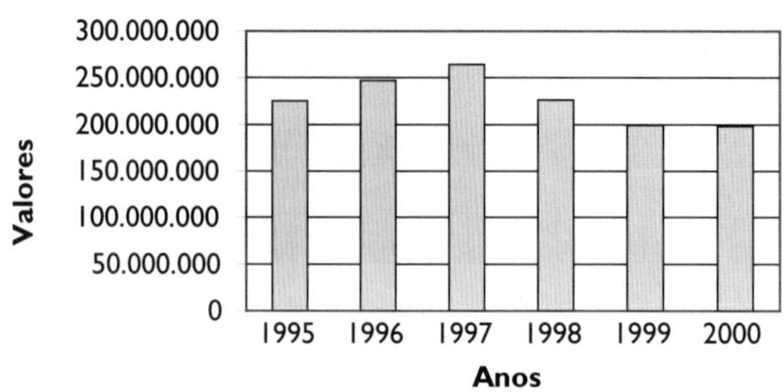

Fonte: PEEM / EBAPE / FGV

Gráfico 38
Artigos Esportivos

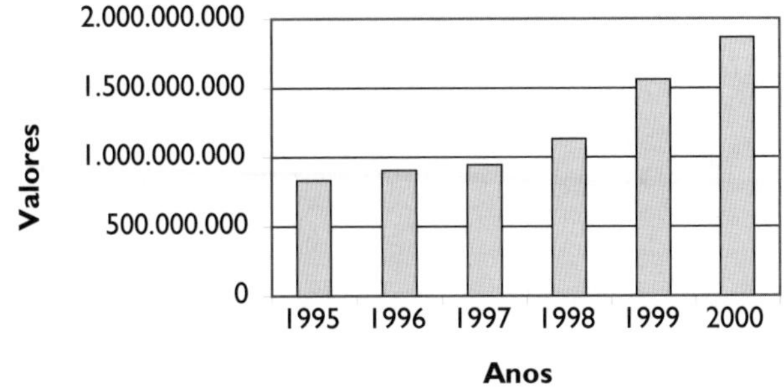

Fonte: PEEM / EBAPE / FGV

Valor do Produto da Indústria de Artigos Esportivos

Gráfico 39
Instrumentos Esportivos

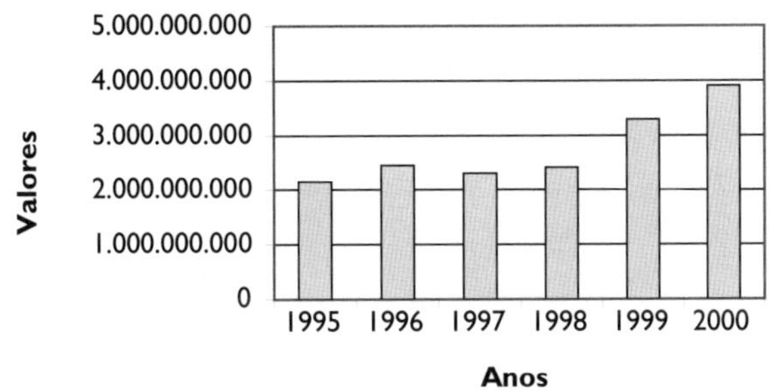

Fonte: PEEM / EBAPE / FGV

Gráfico 40
Equipamentos Importados

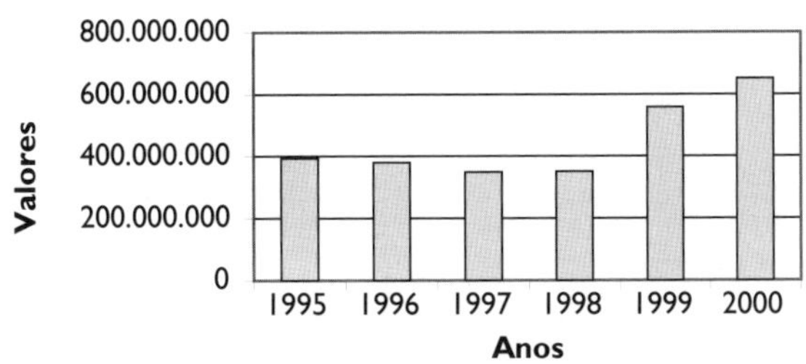

Fonte: PEEM / EBAPE / FGV

Gráfico 41
Outros

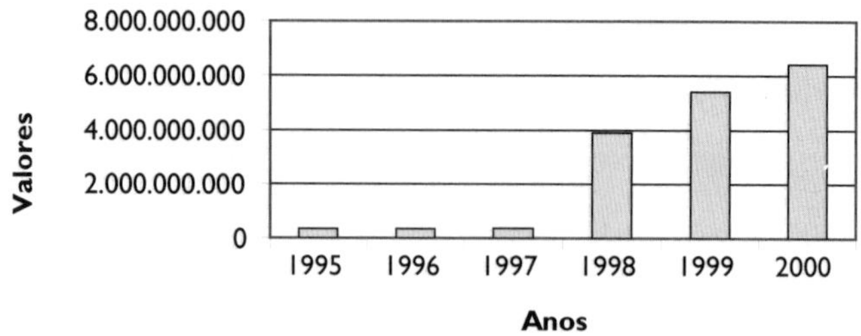

Fonte: PEEM / EBAPE / FGV

Valor dos Serviços Gerados pelas Firmas Especializadas em Esportes ou Afins

Gráfico 42
Marcas, Patentes, Direitos Autorais

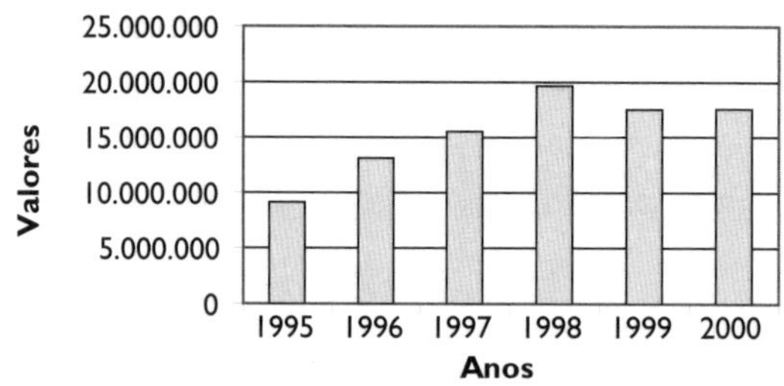

Fonte: PEEM / EBAPE / FGV

Gráfico 43
Publicidade, Propaganda e Marketing

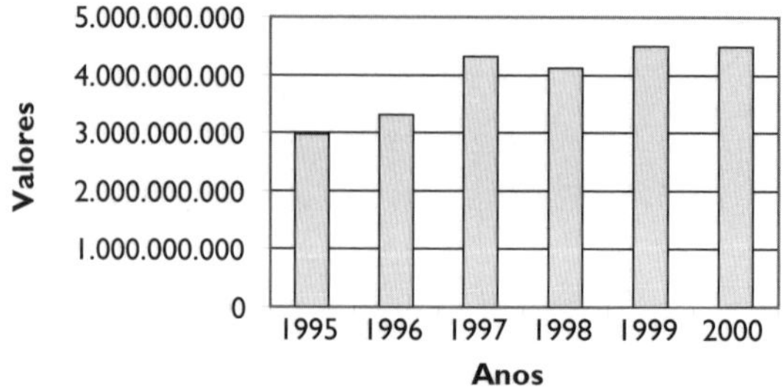

Fonte: PEEM / EBAPE / FGV

Gráfico 44
Prática de Atividades Esportivas em Clubes, Academias e Afins

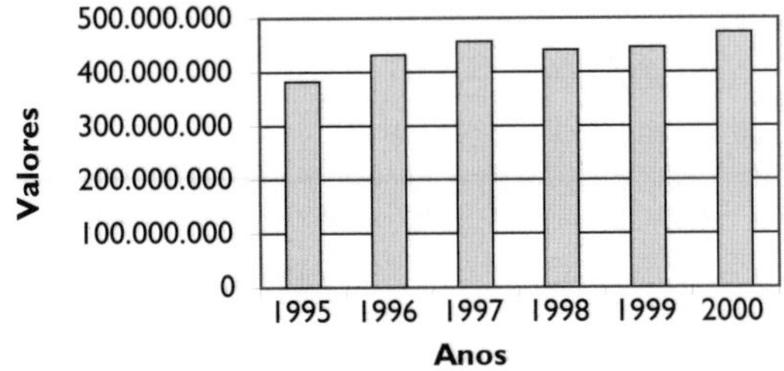

Fonte: PEEM / EBAPE / FGV

Valor dos Serviços Gerados pelas Firmas Especializadas em Esportes ou Afins

Gráfico 45
Arrecadações em Estádios, Quadras, Clubes e Afins em Eventos

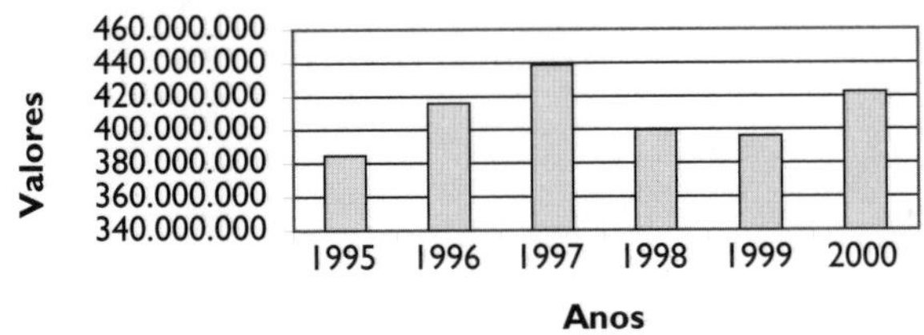

Fonte: PEEM / EBAPE / FGV

Gráfico 46
Meios de Comunicação Esportiva – Televisão, Rádio e Jornalismo

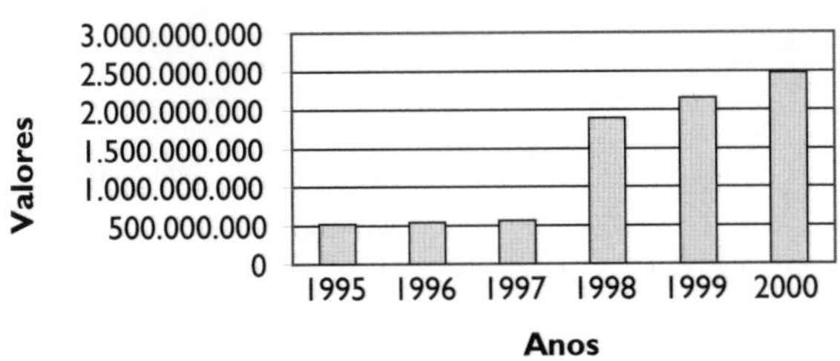

Fonte: PEEM / EBAPE / FGV

Gráfico 47
Outros

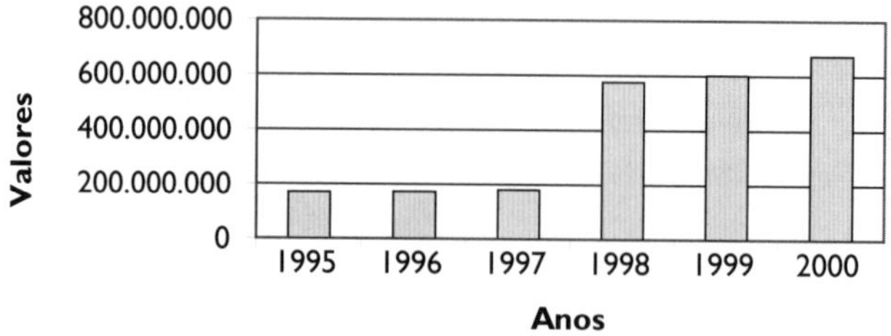

Fonte: PEEM / EBAPE / FGV

Gráfico 48
Transporte Intra-urbano

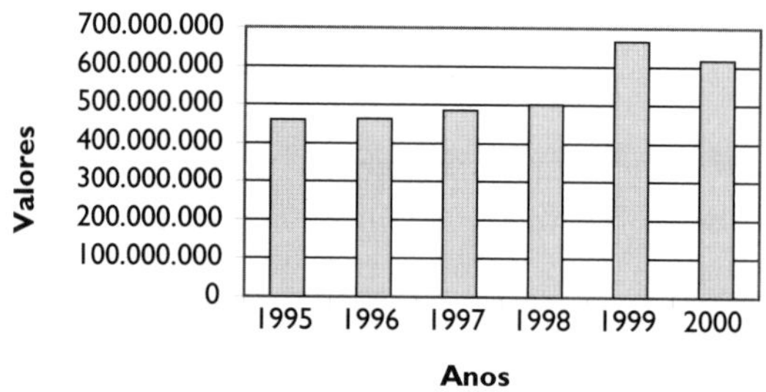

Fonte: PEEM / EBAPE / FGV

Gráfico 49
Transporte Intermunicipal

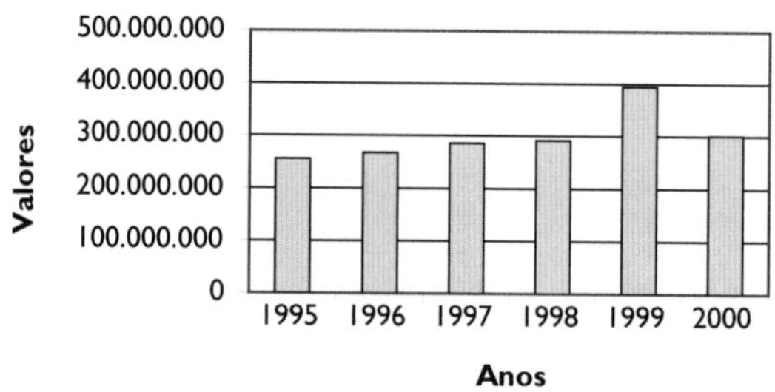

Fonte: PEEM / EBAPE / FGV

Gráfico 50
Transporte Internacional

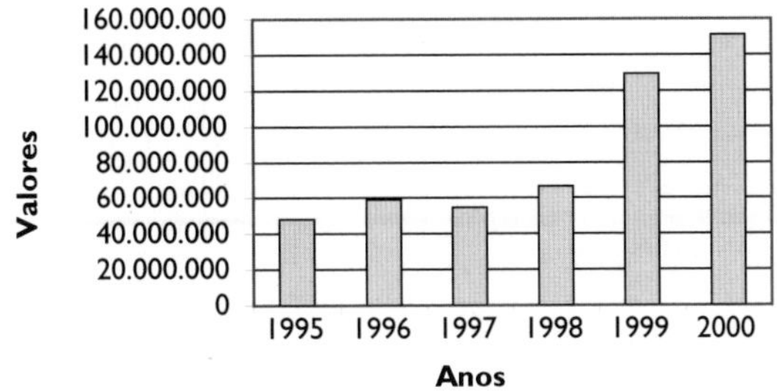

Fonte: PEEM / EBAPE / FGV

Valor Indireto dos Serviços Gerados pelo Esporte
Efeito Multiplicador

Gráfico 55
Hospedagens Domésticas

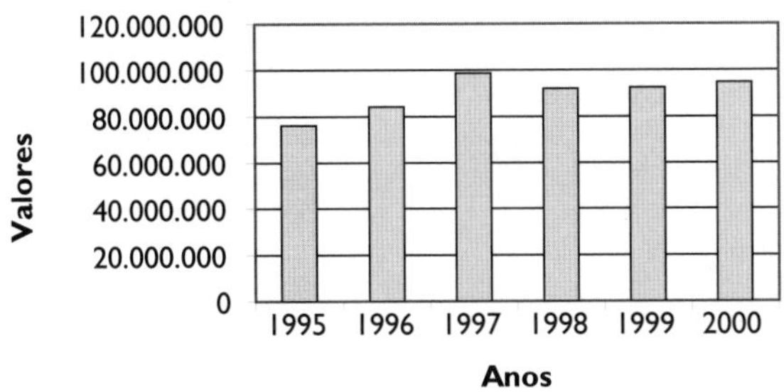

Fonte: PEEM / EBAPE / FGV

Gráfico 56
Hospedagens Internacionais

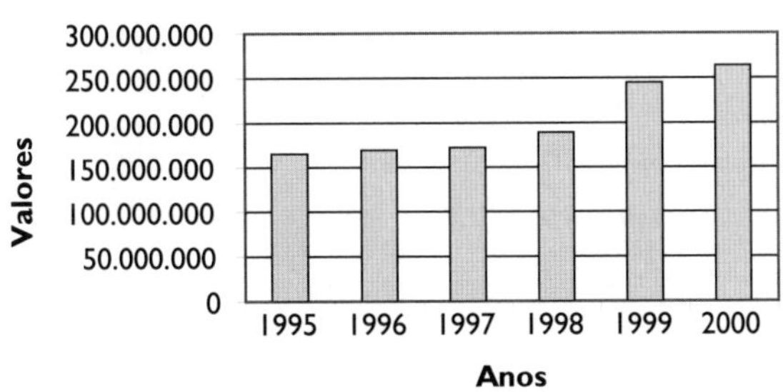

Fonte: PEEM / EBAPE / FGV

Gráfico 57
Alimentação Doméstica

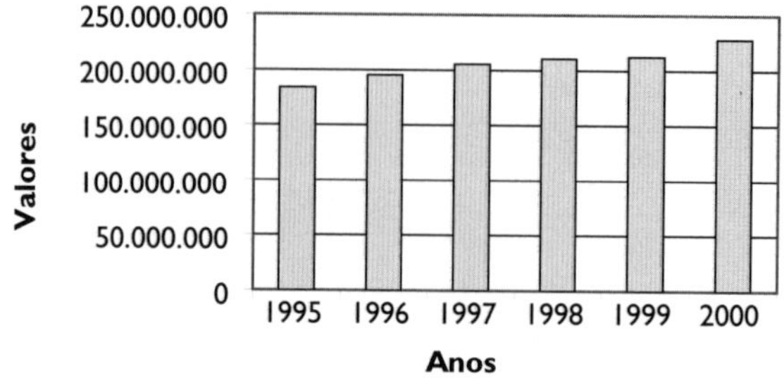

Fonte: PEEM / EBAPE / FGV

Gráfico 58
Alimentação Internacional

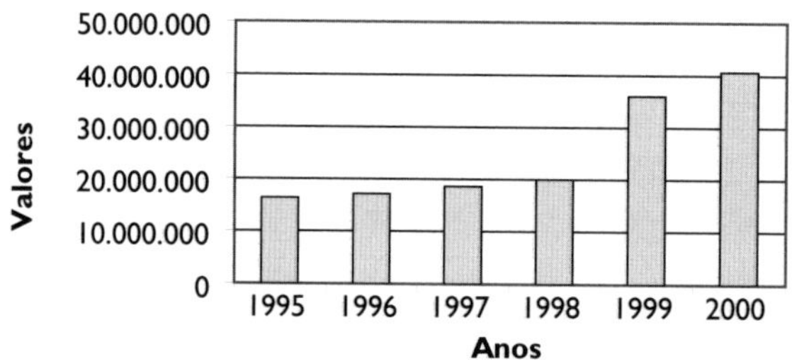

Fonte: PEEM / EBAPE / FGV

Valor do Esporte na Educação

Gráfico 59
Imputação do Esporte no 1º Grau

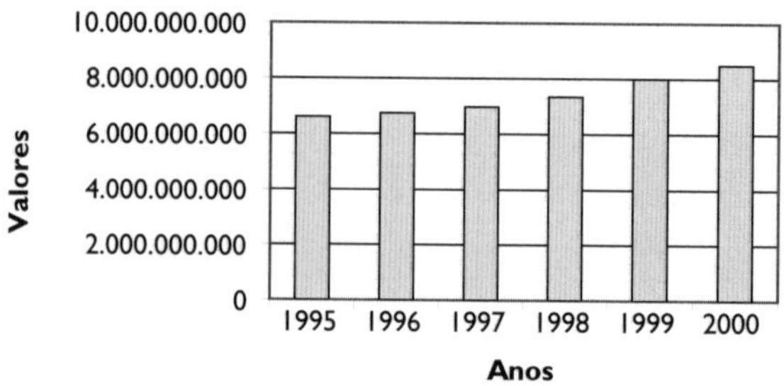

Fonte: PEEM / EBAPE / FGV

Gráfico 60
Imputação do Esporte no 2º Grau

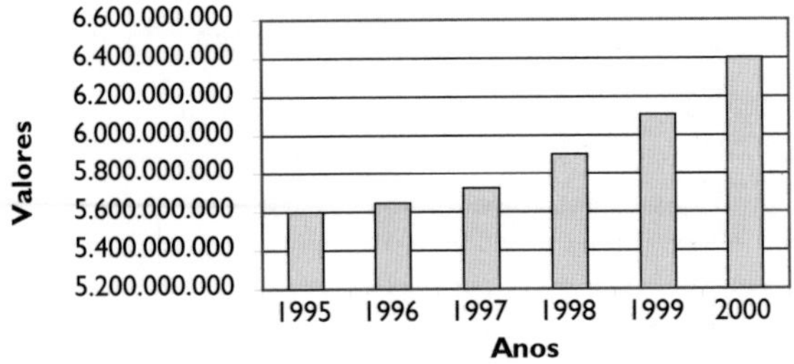

Fonte: PEEM / EBAPE / FGV

Gráfico 61
Imputação do Esporte no Ensino

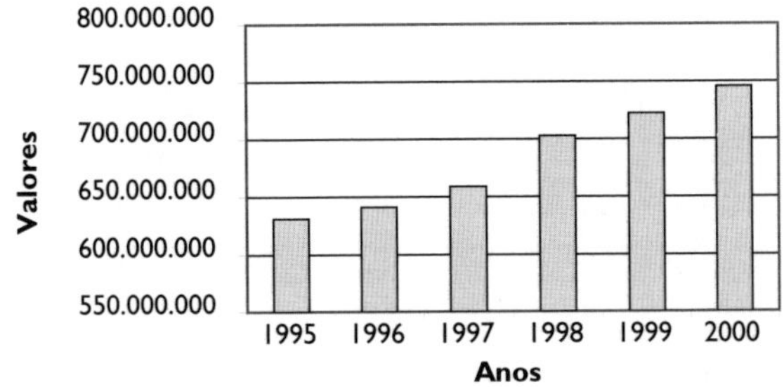

Fonte: PEEM / EBAPE / FGV

Gráfico 62
Imputação do Esporte nas Empresas e Instituições

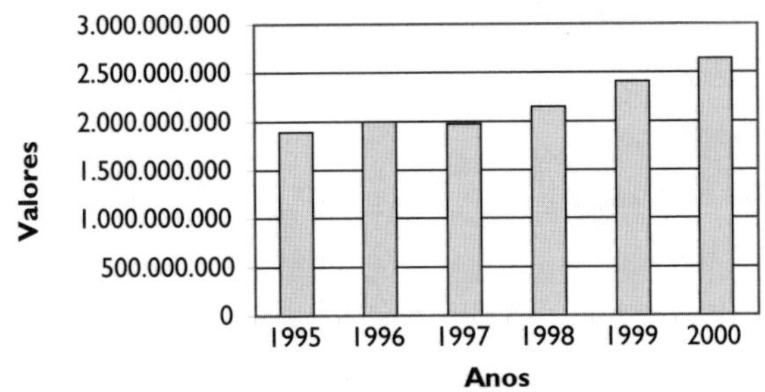

Fonte: PEEM / EBAPE / FGV

Alíquota Média dos Impostos

Gráfico 63
Alíquota Média dos Impostos no Brasil (Carga Fiscal)

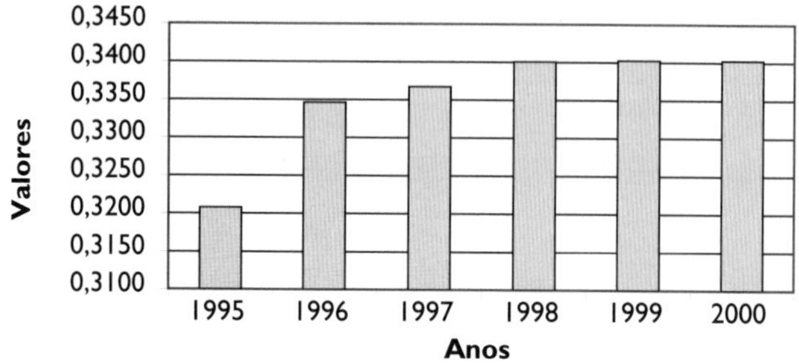

Fonte: PEEM / EBAPE / FGV

Gráfico 64
Alíquota Média dos Impostos nos Esportes

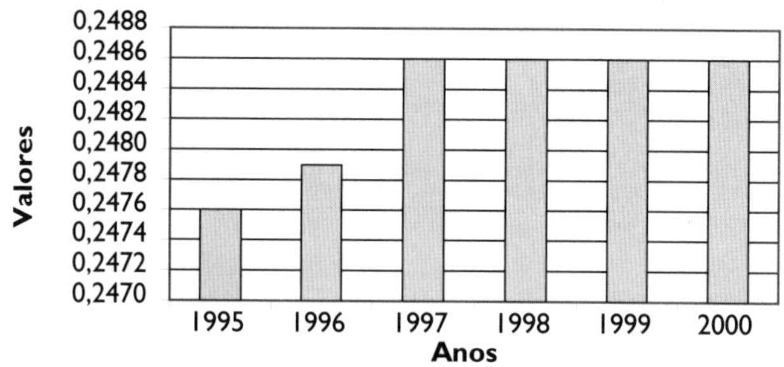

Fonte: PEEM / EBAPE / FGV

Gráfico 65
Alíquota Média dos Impostos no Voleibol

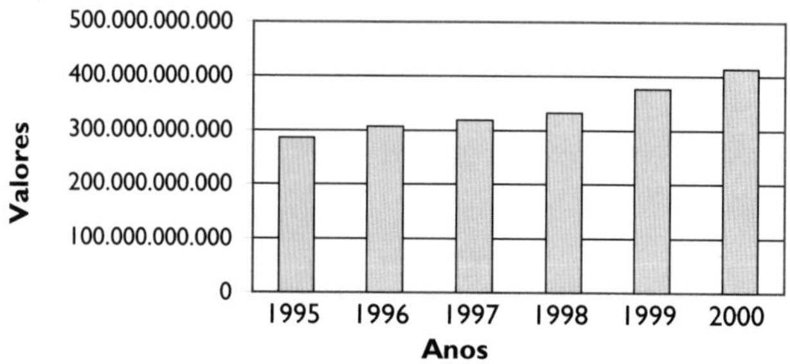

Fonte: PEEM / EBAPE / FGV

Arrecadação Total de Impostos

Gráfico 66
Arrecadação Total de Imposto no Brasil

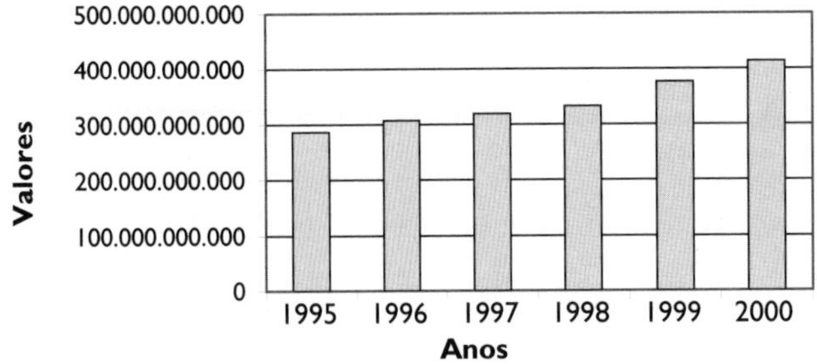

Fonte: PEEM / EBAPE / FGV

Gráfico 67
Arrecadação Total de Impostos nos Esportes

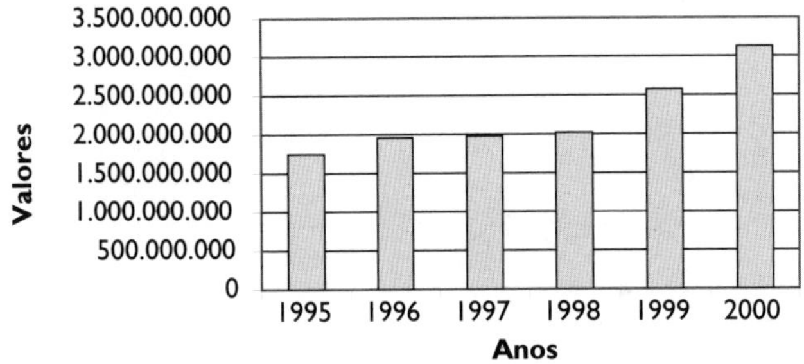

Fonte: PEEM / EBAPE / FGV

Gráfico 68
Arrecadação Total de Impostos no Voleibol

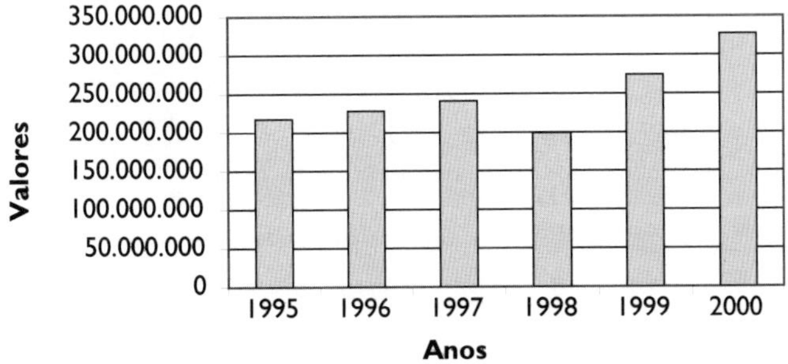

Fonte: PEEM / EBAPE / FGV

Número Total de Empregados no Esporte

Gráfico 69
Número Total de Empregados no Brasil (PEA)

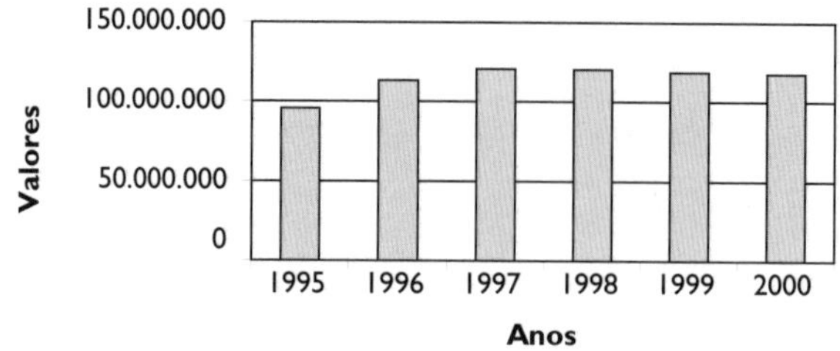

Fonte: PEEM / EBAPE / FGV

Gráfico 70
Número Total de Empregados nos Esportes

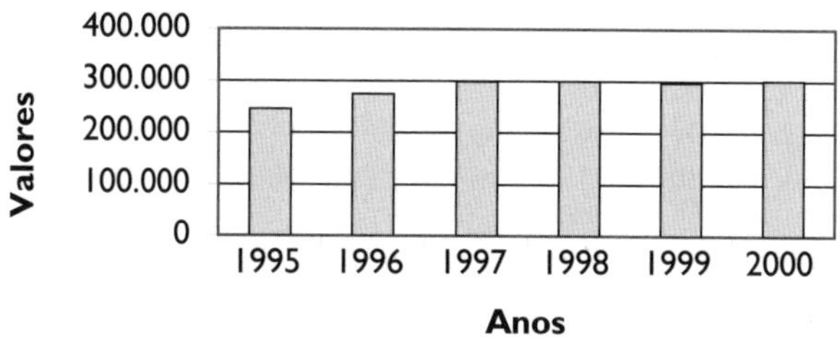

Fonte: PEEM / EBAPE / FGV

Gráfico 71
Número de Empregados no Voleibol – Estimativa (NEV)

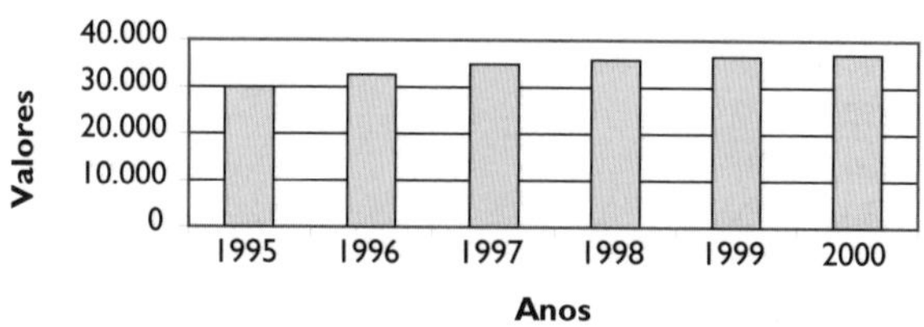

Fonte: PEEM / EBAPE / FGV

Gráfico 72

População, PNB, PIB, Renda *per capta* e Estimativa por Amostragem Empresarial e Imputação do PIB do Esporte

A economia oficial sub-avalia o valor verdadeiro do PIB, idêntico à renda. Pelo valor do PIB paralelo, projetado em estudos específicos, somado ao PIB oficial (de fato registrado), pode-se chegar a uma aproximação mais correta do real tamanho da produção de um setor. Neste levantamento, usamos os dados do PIB do Esporte da FGV calculados para o ano base de 1995, adicionando o PIB paralelo estimado do setor. A multiplicação do coeficiente de participação do PIB paralelo sobre a economia oficial, que multiplique esta, é que fornece o valor da Cripto – Economia (*underground*).
A soma do PIB oficial com o PIB paralelo fornece o PIB total bruto do esporte.

Ano	Pop. Total	PNB = Renda	PIB do Esporte	PIB do Esporte 2	Renda *Per Capita*	PIB Total Bruto do Esporte
			Critério da Renda	Critério Cesta de Consumo		
1990	143.685.275	571.959	18.875	7.927	3.981	26.802
1991	146.917.459	654.376	21.594	9.070	4.454	30.664
1992	150.149.643	670.565	22.129	9.294	4.466	31.423
1993	153.452.935	685.934	22.636	9.507	4.470	32.143
1994	155.608.189	762.095	25.149	10.563	4.898	35.712
1995	158.617.189	820.406	27.073	9.530	5.172	36.603
1996	161.685.773	847.162	27.956	9.841	5.240	37.797
1997	164.757.803	903.218	29.806	10.492	5.482	40.298
1998	166.628.134	977.554	32.259	11.355	5.867	43.615
1999	168.519.696	1.106.210	42.036	14.797	6.564	56.833
2000	170.432.732	1.215.699	47.412	16.689	7.133	64.101

Em R$ 1,00	Em R$ milhão

Fontes: IBGE – Anuários de 1991 até 1999, Censo de 2000 e Contagem da População; Bacen; Relatórios Anuais do Banco Central do Brasil, de 1989 a 2000; PEEM/EBAPE/FVG.

Gráfico 73
PIB

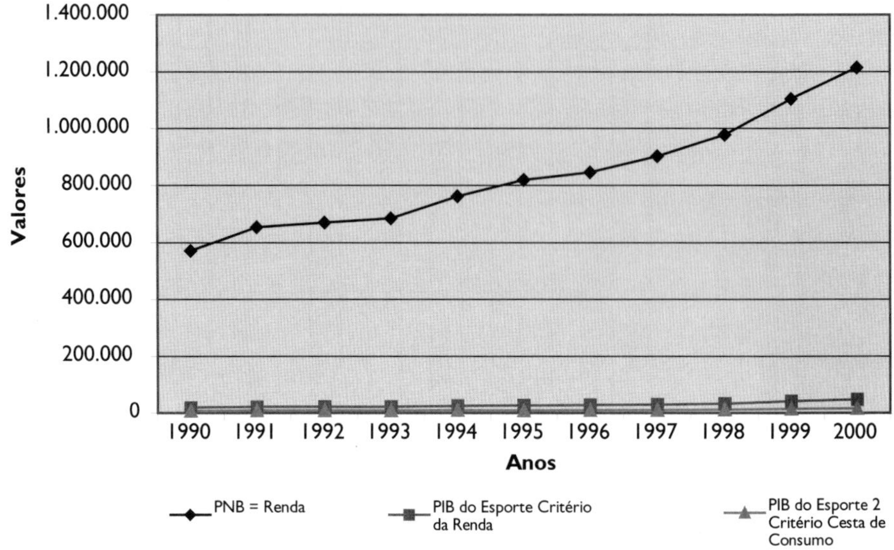

Fontes: IBGE – Anuários de 1991 até 1999, Censo de 2000 e Contagem da População; Bacen; Relatórios Anuais do Banco Central do Brasil, de 1989 a 2000; PEEM/EBAPE/FVG.

Gráfico 74
PIB dos Esportes

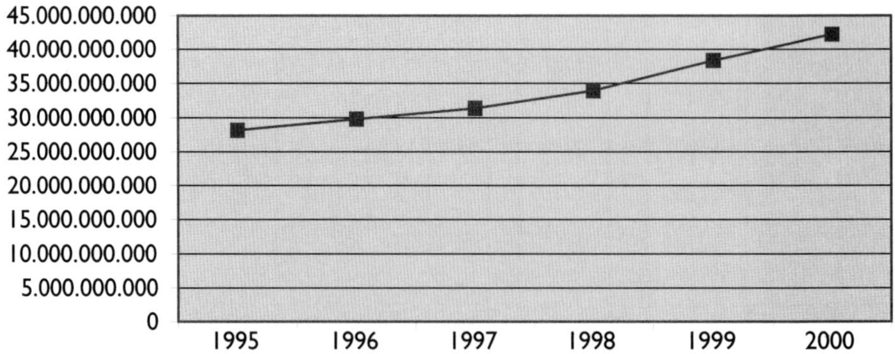

Fontes: IBGE – Anuários de 1991 até 1999, Censo de 2000 e Contagem da População; Bacen; Relatórios Anuais do Banco Central do Brasil, de 1989 a 2000; PEEM/EBAPE/FVG.

Gráfico 75
PIB Total Bruto dos Esportes

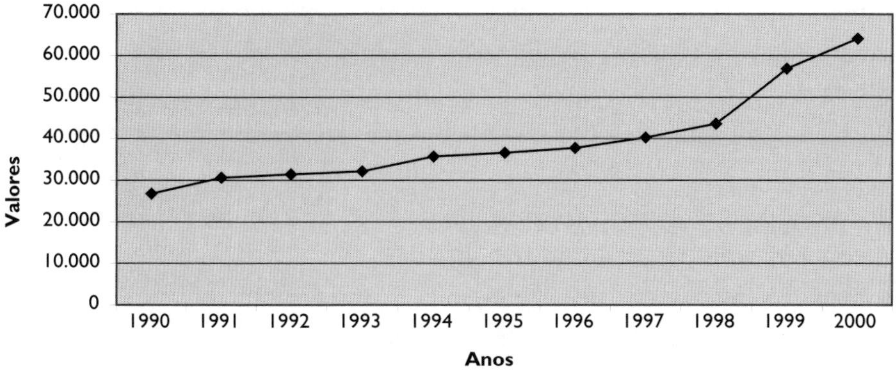

Fontes: IBGE Anuários de 1991 até 1999, Censo de 2000 e Contagem da População; Bacen; Relatórios Anuais do Banco Central do Brasil, de 1989 a 2000; PEEM/EBAPE/FVG.

Gráfico 76
PIB do Esporte 1

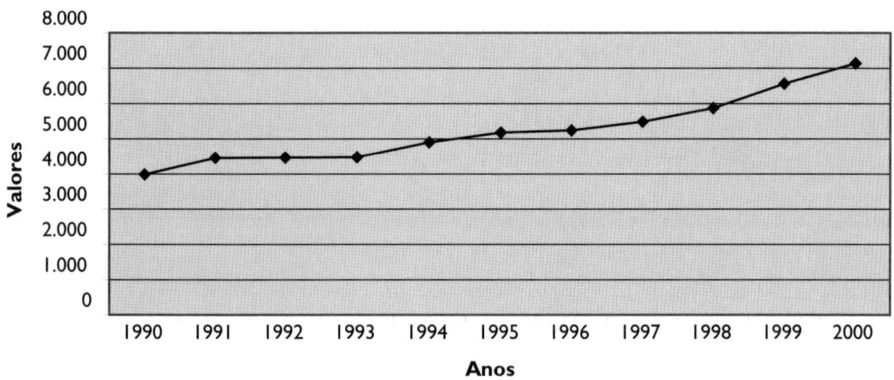

Fontes: IBGE – Anuários de 1991 até 1999, Censo de 2000 e Contagem da População; Bacen; Relatórios Anuais do Banco Central do Brasil, de 1989 a 2000; PEEM/EBAPE/FVG.

"É certo que o dia 9 de agosto ficará marcado na história das Olimpíadas. Naquele início de tarde de um ensolarado domingo de verão europeu, milhões de telespectadores em todo o mundo puderam assistir a uma verdadeira façanha. Tendo perdido apenas três *sets* nos oitos jogos que disputou, uma seleção acabava de conquistar, da forma mais convincente possível, a medalha de ouro no voleibol masculino. O importante ginásio Palau Sant Jordi, em Barcelona, se rendeu ao espetáculo proporcionado por uma equipe jovem, vibrante, unida e repleta de qualidades técnicas. A concretização de um árduo trabalho pelo sacrifício de dezenas de profissionais. A realização de um sonho, cuja materialização estava inicialmente programada para 1996, nos Jogos Olímpicos de Atlanta.

O impacto causado pela primeira medalha de ouro conquistada coletivamente pelo Brasil extrapolou o que alguém um dia pudesse imaginar. O êxtase coletivo foi, na verdade, a soma de expectativas que cada um de nós, brasileiros, depositou na seleção masculina de voleibol. Mais do que isso, a glória coroou com dignidade e patriotismo as esperanças de toda uma nação."[28]

Carlos Arthur Nuzman, presidente da CBV em 1996.

CAPÍTULO 4

Uma Visão Atual sobre a Evolução do Esporte em Termos de Produção – PIB, Renda *per capita* e Impostos

De acordo com o IBGE (Instituto Brasileiro de Geografia e Estatística), o PIB (Produto Interno Bruto) brasileiro cresceu de US$ 645 bilhões em 2001 para US$ 2.118,7 em 2010 (ver Quadro 62). A taxa de crescimento médio anual do PIB em dólares durante esta primeira década do terceiro milênio foi de 10,95%, e a taxa real anual registrou 4% por ano.

Este crescimento econômico mostra a redução e o ritmo lento da evolução da economia brasileira durante o período que de 2001 a 2010. Em vez de grandes e vigorosos crescimentos econômicos como, por exemplo, o que aconteceu de 1946 a 1978, numa taxa anual de 7,6%, a economia retraiu-se e apresentou um desempenho tímido, até mesmo medíocre.

Em média, o PIB *per capita* em dólares chegou a US$ 4.812,00, equivalente a R$ 11.215,00, menos do que dois salários mínimos por mês para um empregado, considerando o salário mínimo de 2010 no valor de R$ 540,00.

Em dezembro de 2002, em virtude das eleições políticas e das incertezas em relação ao comportamento do partido dos trabalhadores (PT), no que tange à sua possibilidade de assumir ou não a presidência do país, a taxa de câmbio US$/R$ chegou a 3,79. Entretanto, quando assumiu a presidência, Luis Inácio Lula da Silva e o PT mostraram-se bastante ortodoxos em suas medidas macroeconômicas, combatendo a inflação através de políticas monetárias e fiscais duras e efetivas, e não interferindo na propriedade da riqueza econômica. Portanto, a taxa de câmbio iniciou e manteve a partir daí um longo caminho de redução, atingindo uma cotação de R$/US$ 1,75 em dezembro de 2010.

Em oito anos, de 2002 a 2010, o real supervalorizou. E as rigorosas medidas fiscais e monetárias criaram uma taxa de inflação controlada, bastante moderada, que em média foi mantida em níveis de aproximadamente 7,20% ao ano, o que representou um grande e relevante progresso para o Brasil, se considerarmos suas experiências hiperinflacionárias no início dos anos 90, quando a inflação atingiu níveis de 1.300% a 3.200% por ano.

As autoridades brasileiras permitiram a expansão do crédito durante a década de 2000-2009, especialmente do crédito oferecido aos consumidores. Isso gerou um clima econômico crescentemente favorável, com a expansão dos bens de consumo e o estímulo do setor industrial, mas não permitiu uma alta alavancagem financeira dos bancos e limitou o crédito residencial, evitando assim riscos financeiros e de mercado.

Considerando os fatos expostos, a economia brasileira, ainda que lentamente, cresceu de forma moderada e aprendeu mais uma vez a funcionar sob circunstâncias mais calmas. Sua configuração interna sentiu a adoção de regras macroeconômicas mais claras: a priorização dos mercados locais de classe média baixa (as classes D e E expandiram-se fortemente) e a geração de enormes economias de escala em favor de grupos econômicos empresariais gigantes, orientados para maximizar exportações.

No ano de 2002, em dezembro, o Brasil tomou um empréstimo de US$ 30 bilhões do FMI (Fundo Monetário Internacional). Utilizou US$ 17 bilhões, e o presidente Lula não gostou de sentir-se comprometido a manter relações com uma instituição que, historicamente, sempre fez intervenções e forneceu suas próprias soluções para o país durante décadas, com resultados demasiado tímidos. Em 2004, o país pagou sua dívida externa ao FMI e começou uma longa e duradoura política comercial externa que o tornou o proprietário da quinta maior reserva financeira internacional do mundo. Em dezembro de 2010, essas reservas atingiram aproximadamente US$ 367 bilhões, e o real passou a ser visto como uma moeda bastante segura.

A moeda brasileira estava mais forte até mesmo do que todas as outras moedas que foram atingidas pela crise de 2008. Quando a economia norte-americana desacelerou, trazendo consigo grande parte das economias do mundo, inclusive da Europa e do Japão, em razão da crise do *subprime*, o Brasil também sentiu esses efeitos, mas bem menos do que outros países.

Esta evolução política e econômica do Brasil – cuja democracia está devidamente estabelecida e amadurecida, uma vez que o processo de democratização começou em 1985, o que representa 25 anos de estabilidade até chegarmos ao ano de 2010 – ofereceu à Nação uma nova tendência: a entrada de fluxos de capital externo no valor de, em média, US$ 37 bilhões durante esta década. Com o dólar, o euro e o iene enfraquecidos, o Brasil abriu suas relações com a saudável economia da China, e teve um desempenho agressivo no que tange às exportações.

Isso significa que, de maneira geral e no curto prazo, a economia brasileira voltou a ser saudável e estável até certo ponto. Ainda há muitos outros desafios a serem vencidos a fim de organizar a sociedade, especialmente a reestruturação do Estado e dos estados e municípios, com suas políticas públicas, a melhoria dos padrões educacionais e o combate à violência e às enormes diferenças de distribuição de renda entre a população.

Em virtude da ideologia do partido dos trabalhadores, pode-se praticamente descartar a possibilidade de que o governo irá criar reformas do Estado ou reduzir a governança pública. E o Brasil necessita, efetivamente, de um setor público forte, para dar suporte às classes mais pobres. Enquanto isso, é quase evidente que medidas pró-sociais e pró-comunitárias estão sendo finalmente implementadas, as quais realmente contribuem para combater a diferença abissal entre ricos e pobres no Brasil.

Se considerarmos estes fatos, torna-se fácil entender porque o PIB total e o PIB *per capita* em dólares aumentaram tanto e tão rápido no Brasil nos últimos cinco anos. Em 2006, o PIB total em dólares atingiu US$ 1 trilhão. Em 2010, o PIB excedeu US$ 2,1 trilhões, ou seja, mais do que dobrou. Para maiores detalhes, veja os quadros 62, 63, 64 e 65. Os gráficos também demonstram a evolução de diversas variáveis macroeconômicas e microeconômicas relevantes – torna-se bastante claro e evidente que o setor de esportes é vigorosamente dinâmico e proativo – ver os gráficos 75 a 85.

Isto significa que os efeitos da variação da taxa de câmbio e monetária são notórios e podem distorcer qualquer análise. É aconselhável e até mais prudente pesquisar a evolução dos dados em reais, mesmo que haja um efeito inflacionário de aproximadamente 7,2% na década, conforme anteriormente observado.

Qualquer mudança significativa do dólar, do euro e do real provavelmente modificaria os valores das variáveis macro que são analisadas. Entretanto, em virtude da atual tendência da economia brasileira e dos enormes problemas de ordem fiscal, monetária, de disponibilidade de empregos e de competitividade dos países desenvolvidos, é difícil acreditar em mudanças negativas. Isso explica porque o PIB *per capita* em dólares atingiu US$ 10.032,60 no ano de 2010, um valor típico que caracteriza uma economia emergente e ativa.

Contudo, valores médios não representam a realidade do povo brasileiro. Os contrastes e distorções são enormes. De acordo com o Banco Mundial, o Brasil possuía, em 2009, a quinta pior distribuição de renda do mundo, considerando os países e padrões ocidentais. Os 10% mais ricos detinham 46,2% da renda local, enquanto que os 10% mais pobres estavam condenados a viver com um pouco mais que 1,2%.

Este contraste sugere que ser a sétima economia do mundo em termos de PIB não demonstra o que o país efetivamente é em termos sociais e econômicos, se considerarmos as famílias e sua qualidade de vida. Se o IDH (Índice de Desenvolvimento Humano) for considerado, o Brasil cai para posições espantosas, como por exemplo, 62ª, e sua evolução em direção aos países desenvolvidos – mesmo que problemáticos – é bastante lenta. Outros índices corroboram esta falta de bem-estar substancial e qualitativo no Brasil, tais como o *Doing Business*, emitido pelo Banco Mundial, no qual posições de tratamento e ação no sistema empresarial inserem o país entre a 120ª e a 140ª posição, entre 178 nações.

Há uma diferença entre os efeitos de curto prazo e os efeitos estruturais de longo prazo na sociedade e na economia.

Bem-estar e alto padrão de qualidade de vida acontecem, sim, no Brasil, porém especificamente para a população bastante rica – aqueles que detêm mais de 10% da renda nacional por ano e vivem como norte-americanos ricos, com expectativa de vida de 80 anos ou mais e desfrutando dos benefícios da tecnologia avançada compartilhada no mundo inteiro. Esta é, todavia, uma realidade bem distante para mais de 25% da população, que mora nas favelas, em condições miseráveis, população esta que se expande em número, com número também crescente de dificuldades. Enquanto isso, algumas autoridades locais tentam modificar a opinião pública e escamotear a situação, pintando as precárias casas de madeira, construindo elevadores para subir o morro e batizando estes lugares como ex-favelas. É neste *milieu* cultural que o esporte deve ser entendido no Brasil.

Por um lado, é uma fonte de diversão, lazer e *status* para os brasileiros ricos. Serve para mostrar que o indivíduo é capaz de participar, promover e sustentar atividades esportivas e gerenciar clubes. Conquista-se respeito, e ações lúcidas realizadas significam que o custo de vida destes praticantes e gerentes é relativamente baixo e está sob controle. Por outro lado, para aquele que está na base da estrutura social, o esporte significa uma verdadeira esperança. Esperança de ter uma chance de jogar em um time profissional de futebol, basquete, tênis ou outra atividade esportiva valorizada, que seja bem paga e possibilite aumento de renda. Se for bem-sucedido, um menino ou menina muito pobre, proveniente de uma favela, é capaz de saltar da renda inexistente para milhões de reais por ano, num período de tempo bastante curto. Assim, ele ajuda a si mesmo, a sua família e ao *status quo* da sociedade midiática, que irá divulgar este sonho que se tornou realidade como um exemplo a ser seguido por dezenas de milhões de outros meninos e meninas, como se o mesmo pudesse acontecer para todos.

Os esportes são essenciais para o Brasil. A cultura local, o clima, os dias ensolarados, uma enorme extensão de terras e praias – recursos naturais e a atitude coletiva de compartilhar a vida em conjunto – transformam os esportes em uma atividade existencial e social vital. Quanto mais o tempo passa, com a promoção de políticas de saúde pública e da mídia, que demonstram os efeitos positivos da prática de esporte para todos e em todas as idades, mais brasileiros praticam esportes e os adotam como uma de suas atividades favoritas.

Isso pode explicar parcialmente porque os esportes cresceram numa taxa média anual de 5,37% na última década de 2001 a 2010. É um crescimento maior do que o crescimento médio anual de 4% do PIB, o que torna a indústria do esporte uma das mais dinâmicas no Brasil. A indústria dos esportes mobiliza ao seu redor um enorme e múltiplo conjunto de setores e sub-setores, como mostram os Quadros 64, 65 e 66.

A diferença de 1,37% por ano entre o PIB do setor de esportes e o PIB nacional pode ser lida também como um diferencial de 34,25% entre eles. O suporte dinâmico oferecido pelos esportes para a economia é evidente. Além disso, os dados indicam que o dinamismo do setor de esportes está longe de diminuir seu ritmo. A taxa de crescimento médio do PIB em dólares e em reais a preços correntes foi, respectivamente, de 9,89% e 9,08% por ano. Este é um valor alto tanto em termos locais quanto internacionais, lembrando discretamente o recente "milagre chinês" econômico.

No ano 2000, o PIB total dos esportes atingiu US$ 12,708 milhões de dólares, uma soma significativa quaisquer que sejam os padrões considerados, e 1,97% do PIB total. Em 2008, o PIB total dos esportes cresceu até US$ 32,614 milhões ou 1,99% do PIB brasileiro total. Em 2009, mesmo com os fortes impactos e efeitos da crise do *subprime* no mundo inteiro, o PIB dos esportes cresceu e não arrefeceu. Chegou a US$ 33,171 milhões de dólares, ajudando a economia a manter seu ritmo e finalmente conquistando e representando mais de 2,10% do PIB total.

Em razão da crise das indústrias bancária, automobilística, de máquinas e equipamentos, o setor de esportes contribuiu contrabalançando a recessão e o desemprego. E em 2010 seu crescimento foi ainda mais intenso, numa taxa anual de 8,94%, elevando sua participação no PIB a 2,14%. O PIB dos esportes registrou US$ 45,35 bilhões de dólares, um recorde em termos locais e um total significativo entre as 10 maiores economias do mundo. O Brasil ficou em oitavo lugar em 2010, e a tendência é a de que conquiste a sétima posição em 2011, superando a Espanha.

Estes dados demonstram o perfil inquestionavelmente ascendente de longo prazo de participação do PIB total dos esportes (PIB TE) ao longo da última década. Em 2001, a taxa de participação da produção dos esportes no PIB total foi de 1,98%. Este valor se repetiu em 2007, após alguns anos de comportamento contracionista, gerado pelas políticas anti-inflacionárias usadas e aplicadas pelo governo federal. Uma vez efetivamente estabilizada, do ano 2005 em diante, a taxa de participação dos esportes na economia aumentou continuamente, com ganhos marginais de praticamente 0,01% ao ano. Até mesmo em 2008, o ano da crise, a indústria do esporte conquistou espaço. Em 2009, seu crescimento foi pequeno em comparação com outros anos (1,69%), mas mesmo assim foi bem melhor do que a evolução negativa do setor secundário, de menos 9,75. A taxa de participação acelerou até 2,10 e em 2010, o vigor do setor de esportes é reconfirmado, chegando a um recorde de 2,14%.

Os Quadros 61 e 62 oferecem um painel básico da evolução da economia brasileira entre os anos 2000 e 2010. São mostrados os dados do PIB total do país e por setores. Também se mostra para efeitos de comparabilidade o PIB Total do Esporte (PIB TE), que cresce mais rapidamente que o PIB total e ao longo dos anos vai arrebanhando para si um volume crescente.

Os números sugerem que o anúncio e a confirmação de investimentos para a Copa do Mundo de 2014 e para os Jogos Olímpicos de 2016 motivaram empresários, governos e consumidores a investirem e consumirem ainda mais no setor de esportes.

Mesmo passando por períodos duros e difíceis, tais como a severa crise de 2008-2009, que ainda não havia sido resolvida em 2011 nos países desenvolvidos, o PIB do setor de esportes brasileiro mostrou taxas positivas de crescimento durante todos os anos da década de 2001-2010, sem exceções. Até mesmo nos piores momentos dos turbulentos anos de 2008 e 2009, o PIB dos esportes desacelerou para 6,39% e 1,69%, respectivamente. Tais números estão longe de indicar uma recessão; apontam, sim, para um ajuste de curto prazo no sentido do restabelecimento e da recuperação de energias, o que em 2010 se concretizou com um crescimento soberbo de 8,94%.

Quando consideramos o crescimento nominal, a taxa de inflação é incluída e atua como um "combustível" adicional para elevar taxas. Isso se torna evidente se analisarmos a taxa nominal de crescimento do PIB TE em reais. Em 2009, ela chegou a 14,77% e em 2010, a 18,98% (ver Gráficos 83 e 84).

Sugerimos consultar as projeções do PIB anual dos esportes no Brasil para o período de 2000 a 2010. O Quadro 66 apresenta dados estatísticos relevantes do setor de esportes, transformados em valores médios, desvios-padrão, coeficientes de variação e taxas de crescimento médio para a década.

Os dados são considerados a partir do ano de 2001 e, finalmente, até o ano de 2010. Entre os dados mais relevantes apresentados pelos Quadros 61 e 62, encontram-se os seguintes:

1. A taxa de investimento no Brasil permanece relativamente baixa, com média de 16,80%. Se considerarmos que, para alcançar um crescimento mais vigoroso, em torno de 6% ao ano (nas últimas décadas este crescimento foi de apenas 4%), é necessário ter uma taxa de FBCF/PIB de 25%, ou 8,2% mais investimentos, há uma falta de capitalização severa e visível no setor real. Entre os principais fatores que explicam a pequena taxa de investimento real estão provavelmente os seguintes: carga fiscal demasiadamente pesada sobre o setor empresarial; taxas de juros reais muito altas e empréstimos caros, com linhas de empréstimos e financiamento limitadas para as indústrias, que constituem um entrave para o crescimento; a alta carga fiscal é absorvida por um sistema bilionário de despesas com salários do setor público e um limitado setor público operacional; e a memória inflacionária dos agentes econômicos não esquece que as contas de poupança foram sequestradas no passado e as medidas compensatórias não têm sido justas com os investidores mesmo nos dias de hoje.
2. O maior e mais ativo setor é o de serviços, ao qual pertence o setor dos esportes. O setor de serviços equivale em média a 65,30% do PIB total.
3. A participação média líquida dos impostos nos produtos é de 16,50%. A partir do ano 2005, os impostos cresceram de 16% até 19,1% em 2010. Isso demonstra a natureza gananciosa das ações governamentais federais, que sufocam a eficiência e a capacidade de investimento das economias competitivas e liberais, as quais, em outras circunstâncias, promoveriam e criariam mais empregos, mais riqueza e padrões de vida mais altos para os brasileiros. Essa carga fiscal continuamente crescente não contribui para a eficiência da economia. Ela é, na verdade, um dos fatores determinantes mencionados no item 1.

Os Quadros 63, 64, 65 e 66 mostram a evolução do PIB do setor esporte e de cada um de seus principais subsetores entre os anos 2000 e 2010.

Quadro 61

Contas Nacionais do Brasil

	2000	2001	2002	2003	2004	2005	2006	2007	2008	2009 *	2010 *
PIB Total em milhões de dólares ao câmbio médio	644.984	553.771	504.359	553.603	663.783	882.439	1.088.767	1.366.544	1.636.022	1.577.264	2.118.733
PIB a preços correntes (em milhões de reais)	1.179.482	1.302.136	1.477.822	1.699.948	1.941.498	2.147.239	2.369.484	2.661.344	2.889.719	3.143.775	3.674.964
Variação anual real do PIB em %	4,3	1,3	2,7	1,1	5,7	3,2	4,0	6,1	5,1	-0,2	7,5
Deflator Implícito do Produto PIB em %	6,2	9,0	10,6	13,7	8,0	7,2	6,1	5,9	8,3	4,7	6,4
PIB *per capita* em dólar ao câmbio médio	3.765,7	3.186,1	2.860,7	3.097,2	3.665,2	4.812,0	5.867,3	7.282,7	8.628,2	8.237,2	10.032,6
PIB *per capita* a preços correntes em reais	6.886,0	7.492,0	8.382,0	9.511,0	10.720,0	11.709,0	12.769,0	14.183,0	15.989,8	16.634,0	19,016,42
Variação real anual do PIB *per capita*	4,3	1,3	2,7	1,1	5,7	3,2	4,0	6,1	5,1	-0,2	7,5
Taxa de Investimento – FBCF / PIB	16,8	17,0	16,4	15,3	16,1	15,9	16,4	17,4	19,0	18,1	18,4
Participação da agricultura no PIB em %	5,6	6,0	6,6	7,4	6,9	5,7	5,5	5,6	6,7	6,8	6,5
Participação da indústria no PIB em %	27,7	26,9	27,1	27,8	30,1	29,3	28,8	27,8	28,0	28,7	28,9
Participação dos serviços no PIB em %	66,7	67,1	66,3	64,8	63,0	65,0	65,8	66,6	65,3	64,5	64,6
Impostos líquidos sobre produtos em %	15,4	16,4	16,1	15,6	16,5	16,0	17,2	18,3	18,6	18,9	19,1

Fontes: IBGE com base na Nova Metodologia do Sistema de Contas Nacionais e referência no ano 2000 e Programa de Estudo dos Estados e Municípios – PEEM da Fundação Getúlio Vargas.

* Dados preliminares, sujeitos a confirmação.

Quadro 62

Estimativa e Projeção Anual do PIB Total do Esporte (PIB TE), no Brasil, em Reais e Dólares para o Período de 2000 a 2010

	2000	2001	2002	2003	2004	2005	2006	2007	2008	2009	2010
PIB Total em milhões de dólares ao câmbio médio	644.984	553.771	504.359	553.603	663.783	882.439	1.088.767	1.366.544	1.636.022	1.577.264	2.118.733
PIB a preços correntes (em milhões de Reais)	1.179.482	1.302.136	1.477.822	1.699.948	1.941.498	2.147.239	2.369.484	2.661.344	2.889.719	3.143.775	3.674.964
Taxa de participação do Esporte sobre o PIB em %	1,97	1,98	1,96	1,94	1,95	1,96	1,97	1,98	1,99	2,10	2,14
Taxa de variação anual do PIB do Esporte em %	5,64	2,51	4,01	2,73	7,23	4,46	5,37	7,59	6,39	1,69	8,94
PIB Total do Esporte = PIB TE											
PIB TE em milhões de dólares ao câmbio médio	12.708	10.971	9.880	10.764	12.968	17.305	21.436	26.997	32.614	33.171	45.352
PIB TE em milhões de reais a preços correntes	23.238	25.798	28.950	33.053	37.929	42.107	46.651	52.578	57.606	66.116	78.664
Taxa de variação nominal do PIB TE em dólares	-4,55	-13,66	-9,94	8,94	20,47	33,44	23,87	25,95	20,80	1,71	36,72
Taxa de variação nominal do PIB TE em reais	9,45	11,02	12,22	14,17	14,75	11,02	10,79	12,70	9,56	14,77	18,98

Fontes: IBGE com base na Nova Metodologia do Sistema de Contas Nacionais e referência no ano 2000 e Programa de Estudo dos Estados e Municípios – PEEM e NECE – Núcleo de Estudos das Contas dos Esportes, da Fundação Getúlio Vargas.

* Dados preliminares, sujeitos a confirmação.

Em R$ 1,00	2000	2001	2002	2003	2004	2005	2006	2007	2008	2009	2010
PIB TE em milhões de reais a preços correntes	23.238.255.799	############	28.950.484.540	33.052.720.070	37.929.329.559	42.107.453.630	46.650.809.017	52.577.544.559	############	66.115.607.308	78.663.585.966

Quadro 63
PIB do Setor Esporte no Brasil

Geração e Formação do Produto — **Em R$ 1,00**

Código			2000	2001	2002	2003	2004	2005	2006	2007	2008	2009	2010
	I	**Valor do Produto da Indústria de Artigos Esportivos**	**11.759.974.968**	**13.803.175.001**	**14.757.017.046**	**17.507.301.966**	**21.326.213.111**	**24.113.806.004**	**27.054.903.435**	**30.275.300.554**	**34.372.223.740**	**39.371.088.451**	**46.998.739.389**
	I.1	Roupas (Vestuário e indumentária)	2.667.751.766	2.742.346.669	3.193.238.445	3.979.547.496	4.771.509.659	5.520.287.171	6.129.916.305	7.066.421.989	7.765.317.972	8.588.417.389	10.600.232.863
	I.2	Calçados	2.514.379.278	2.383.751.950	2.695.290.111	3.087.124.055	3.540.323.621	2.994.682.102	3.356.525.709	3.756.560.404	4.185.898.109	4.694.340.350	5.627.986.258
	I.3	Produtos Sintéticos	219.740.947	249.726.395	281.138.155	331.320.466	399.926.851	472.614.060	531.819.223	587.631.875	645.846.335	769.953.933	978.968.327
	I.4	Artigos esportivos (Bolsas, mochilas, afins)	1.623.540.741	2.106.795.575	2.764.192.264	2.971.439.534	3.419.533.878	3.935.168.922	4.459.304.183	4.672.566.385	5.671.401.133	6.609.643.378	7.908.836.933
	I.5	Instrumentos esportivos	3.612.154.481	4.357.054.835	4.096.493.562	4.637.627.153	5.322.622.817	5.993.389.677	6.771.598.183	7.527.337.775	8.218.563.683	9.923.952.657	11.012.902.035
	I.6	Equipamentos importados	614.768.057	703.361.614	1.047.630.895	963.665.275	1.136.969.583	1.268.364.929	1.518.530.484	1.816.606.742	2.118.814.246	2.628.095.390	2.882.312.453
	I.7	Outros (Alimentos, Bebidas, Vitaminas, Videos, etc.)	507.639.698	1.260.137.963	679.033.615	1.536.577.988	2.735.326.702	3.929.299.143	4.287.209.349	4.848.175.384	5.766.382.263	6.156.685.353	7.987.500.519
	II	**Valor dos Serviços Gerados por Firmas Especializadas em Esportes e afins**	**8.476.090.255**	**9.258.267.722**	**11.167.921.630**	**12.439.184.804**	**13.174.964.911**	**14.170.704.209**	**15.326.801.412**	**17.349.496.092**	**18.493.214.202**	**21.401.159.276**	**25.393.077.531**
	II.1	Marcas, Patentes, Direitos Autorais	18.637.081	19.348.636	25.592.228	28.937.656	378.534.709	510.005.478	613.458.139	651.961.553	639.429.002	809.783.958	944.828.331
	II.2	Publicidade, Propaganda, Distribuição e Marketing	4.477.082.362	4.397.171.007	5.469.076.565	5.688.868.915	6.284.889.908	6.595.711.537	7.361.497.663	8.349.839.851	8.647.326.751	10.578.497.169	12.384.794.975
	II.3	Prática de atividades esportivas em Clubes, Academias e afins	465.229.881	509.617.273	642.990.262	845.158.052	935.147.620	939.476.241	1.036.114.468	1.174.319.458	1.331.567.692	1.617.121.639	1.833.648.189
	II.4	Arrecadações em estádios, quadras, clubes e afins em eventos	438.273.504	460.368.545	553.649.066	513.672.323	479.995.666	528.238.006	596.243.990	680.568.995	748.880.813	845.486.386	959.695.749
	II.5	Remuneração formal do complexo de esportistas	2.356.359.138	2.928.093.575	3.416.157.176	3.914.169.216	3.540.513.268	3.995.365.738	4.413.264.500	4.979.256.460	5.478.472.154	5.655.595.165	6.884.322.389
	II,6	Meios de Comunicação Esportiva – Televisão; Radio; Jornalismo	663.833.310	728.127.868	864.635.171	1.046.581.328	963.404.971	997.104.502	1.192.394.678	1.403.136.932	1.638.896.857	1.836.691.571	2.350.782.603
	II,7	Outros	56.674.978	215.540.818	195.821.162	401.797.314	592.478.770	604.802.707	113.827.974	110.412.844	8.640.932	57.983.388	35.005.296
	III	**Valor Indireto dos Serviços Gerados pelo Esporte – Efeito Multiplicador**	**3.001.174.260**	**2.735.590.126**	**3.025.424.066**	**3.106.757.370**	**3.428.322.104**	**3.823.373.633**	**4.268.870.916**	**4.952.667.996**	**4.739.177.015**	**5.342.848.507**	**6.272.099.433**
	III.1	Transporte Intra - urbano	892.349.023	663.013.259	736.674.030	782.159.568	758.207.298	907.584.056	933.016.180	990.560.939	1.016.173.657	1.157.023.128	1.354.940.936
	III.2	Transporte intermunicipal	437.924.931	342.083.884	350.300.863	385.526.927	340.089.541	328.943.428	355.245.911	407.213.083	429.460.104	477.024.107	550.487.775
	III.3	Transporte internacional	144.077.186	163.663.662	196.527.469	209.719.509	244.443.150	252.139.432	272.440.725	308.998.229	338.378.915	379.768.048	401.451.745
	III.4	Hospedagens domésticas	103.410.238	106.288.507	130.624.586	147.117.657	252.230.042	282.768.394	308.361.848	354.609.249	352.688.299	452.495.216	530.585.887
	III.5	Hospedagens internacionais	266.356.888	284.350.134	186.730.625	165.197.495	211.152.578	205.294.890	239.528.579	283.918.741	313.435.423	327.629.280	381.966.774
	III.6	Alimentação doméstica	229.036.249	246.475.824	282.423.557	326.858.349	359.570.044	362.608.337	377.871.553	290.017.736	327.664.159	390.875.470	473.751.446
	III.7	Alimentação internacional	41.550.001	48.371.590	48.173.606	38.341.155	63.114.404	46.318.199	47.630.476	52.735.277	56.338.880	65.454.451	68.830.638
	III.8	Atendimento médico - hospitalar	197.525.174	163.096.102	193.968.246	181.128.906	222.645.165	252.392.077	285.614.913	316.043.620	338.148.490	396.296.950	482.443.773
	III.9	Manutenção de equipamentos	241.910.243	263.657.413	299.087.456	345.235.661	390.672.094	524.237.798	622.974.904	938.193.705	578.366.413	697.784.120	790.883.693
	III.10	Manutenção da infraestrutura poliesportiva	440.271.994	448.888.354	505.377.028	495.724.696	555.854.325	656.034.128	820.494.429	998.710.459	902.113.349	983.800.237	1.219.285.582
	III.11	Outros	6.762.332	5.701.398	95.536.599	29.747.448	30.343.464	5.052.894	5.691.399	11.666.957	86.409.325	14.697.500	17.471.182
PIB TE		TOTAL	**23.238.255.799**	**25.798.181.275**	**28.950.484.540**	**33.052.720.070**	**37.929.329.559**	**42.107.453.630**	**46.650.809.017**	**52.577.544.559**	**57.606.216.410**	**66.115.607.308**	**78.663.585.966**

* Dados e projeções preliminares.

Fonte: Anuário Estatístico do IBGE, anos 1995/2006: Site IBGE.

Perfil dos Municípios Brasileiros – Pesquisa de informações Básicas Municipais – Esporte 2003 – Ministério do Esporte; IBGE – Diretoria de Pesquisas, Coordenação de População e indicadores Sociais; Ministério do Planejamento, Orçamento e Gestão, 2006.

Núcleo de Estudos e Contas do Esporte – FGV – Fundação Getúlio Vargas.

IBCI – Institutional Business Consultoria Internacional – Pesquisa Amostral das Empresas Geradoras de Produtos e Serviços Esportivos, anos 1999, 2002 e 2005.

Quadro 64

Taxas de Variação do Produto Interno Bruto do Esporte por Setor e Subsetor no Período de 1996 a 2010.

Geração e Formação do Produto | Proxy | Em R$ 1,00 | Percentual

	Código	Proxy	1996	1997	1998	1999	2000	2001	2002	2003	2004	2005	2006	2007	2008	2009 *	2010 *
PIB esportivo	**I**	**Valor do Produto da Indústria de Artigos Esportivos**	**12,14**	**0,45**	**2,46**	**27,33**	**13,60**	**17,37**	**6,91**	**18,64**	**21,81**	**13,07**	**12,20**	**11,90**	**13,53**	**14,54**	**19,37**
	I.1	Roupas (Vestuário e indumentária)	4,89	3,35	5,64	13,85	20,14	2,80	16,44	24,62	19,90	15,69	11,04	15,28	9,89	10,60	23,42
	I.2	Calçados	27,82	3,77	0,69	10,22	22,35	-5,20	13,07	14,54	14,68	-15,41	12,08	11,92	11,43	12,15	19,89
	I.3	Produtos Sintéticos	9,76	7,05	-14,43	-11,92	10,22	13,65	12,58	17,85	20,71	18,18	12,53	10,49	9,91	19,22	27,15
	I.4	Artigos esportivos (Bolsas, mochilas, afins)	8,56	4,69	19,81	37,65	3,98	29,77	31,20	7,50	15,08	15,08	13,32	4,78	21,38	16,54	19,66
	I.5	Instrumentos esportivos	13,96	-5,64	4,63	36,11	9,68	20,62	-5,98	13,21	14,77	12,60	12,98	11,16	9,18	20,75	10,97
	I.6	Equipamentos importados	-3,31	-8,30	0,43	59,44	10,13	14,41	48,95	-8,01	17,98	11,56	19,72	19,63	16,64	24,04	9,67
	I.7	Outros (Alimentos, Bebidas, Vitaminas, Videos, etc.)	0,76	5,37	-49,29	151,31	9,36	148,23	-46,11	126,29	78,01	43,65	9,11	13,08	18,94	6,77	29,74
	II	**Valor dos Serviços Gerados por Firmas Especializadas em Esportes e af**	**10,02**	**22,44**	**25,61**	**8,82**	**3,82**	**9,23**	**20,63**	**11,38**	**5,92**	**7,56**	**8,16**	**13,20**	**6,59**	**15,72**	**18,65**
	II.1	Marcas, Patentes, Direitos Autorais	43,34	18,69	26,74	-10,73	6,14	3,82	32,27	13,07	1208,10	34,73	20,28	6,28	-1,92	26,64	16,68
	II.2	Publicidade, Propaganda e Marketing	11,21	30,72	-4,58	9,18	-0,53	-1,78	24,38	4,02	10,48	4,95	11,61	13,43	3,56	22,33	17,08
	II.3	Prática de atividades esportivas em Clubes, Academias e afins	12,98	5,74	-3,48	1,18	4,47	9,54	26,17	31,44	10,65	0,46	10,29	13,34	13,39	21,44	13,39
	II.4	Arrecadações em estádios, quadras, clubes e afins em eventos	8,18	5,46	-8,95	-0,86	10,62	5,04	20,26	-7,22	-6,56	10,05	12,87	14,14	10,04	12,90	13,51
	II.5	Remuneração formal do complexo de esportistas	ND	ND	ND	13,69	9,59	24,26	16,67	14,58	-9,55	12,85	10,46	12,82	10,03	3,23	21,73
	II,6	Meios de Comunicação Esportiva - Televisão; Radio; Jornalismo	4,47	4,09	2,57	4,56	10,29	9,69	18,75	21,04	-7,95	3,50	19,59	17,67	16,80	12,07	27,99
	II,7	Outros	1,76	4,11	-70,59	-2,64	9,81	280,31	-9,15	105,19	47,46	2,08	-81,18	-3,00	-92,17	571,03	-39,63
	III	**Valor Indireto dos Serviços Gerados pelo Esporte - Efeito Multiplicador**	**4,84**	**5,74**	**3,85**	**20,49**	**13,45**	**-8,85**	**10,59**	**2,69**	**10,35**	**11,52**	**11,65**	**16,02**	**-4,31**	**12,74**	**17,39**
	III.1	Transporte Intra - urbano	0,66	4,86	3,28	32,70	34,06	-25,70	11,11	6,17	-3,06	19,70	2,80	6,17	2,59	13,86	17,11
	III.2	Transporte intermunicipal	4,70	6,95	2,05	35,74	10,67	-21,89	2,40	10,06	-11,79	-3,28	8,00	14,63	5,46	11,08	15,40
	III.3	Transporte internacional	22,69	-7,38	21,45	94,70	11,47	13,59	20,08	6,71	16,56	3,15	8,05	13,42	9,51	12,23	5,71
	III.4	Hospedagens domésticas	10,64	17,14	-6,71	0,52	11,77	2,78	22,90	12,63	71,45	12,11	9,05	15,00	-0,54	28,30	17,26
	III.5	Hospedagens internacionais	2,49	1,55	9,82	29,25	8,87	6,76	-34,33	-11,53	27,82	-2,77	16,68	18,53	10,40	4,53	16,59
	III.6	Alimentação doméstica	6,02	5,26	2,46	0,93	7,88	7,61	14,58	15,73	10,01	0,84	4,21	-23,25	12,98	19,29	21,20
	III.7	Alimentação internacional	5,04	8,76	7,09	80,60	15,22	16,42	-0,41	-20,41	64,61	-26,61	2,83	10,72	6,83	16,18	5,16
	III.8	Atendimento médico - hospitalar	-0,49	4,97	6,17	10,44	45,65	-17,43	18,93	-6,62	22,92	13,36	13,16	10,65	6,99	17,20	21,74
	III.9	Manutenção de equipamentos	12,67	4,98	1,58	2,47	10,13	8,99	13,44	15,43	13,16	34,19	18,83	50,60	-38,35	20,65	13,34
	III.10	Manutenção da infraestrutura poliesportiva	4,68	4,66	7,14	6,39	10,31	1,96	12,58	-1,91	12,13	18,02	25,07	21,72	-9,67	9,06	23,94
	III.11	Outros	5,54	18,52	-3,67	2,44	-94,11	-15,69	1575,67	-68,86	2,00	-83,35	12,64	104,99	640,63	-82,99	18,87
PIB EI		TOTAL	**10,39**	**8,43**	**11,27**	**18,70**	**9,81**	**11,02**	**12,22**	**14,17**	**14,75**	**11,02**	**10,79**	**12,70**	**9,56**	**14,77**	**18,98**

* Dados e projeções preliminares.

Fontes: Anuário Estatístico do IBGE, anos 1995/2008, Site do IBGE.

Perfil dos Municípios Brasileiros – Pesquisa de Informações Básicas Municipais – Esporte 2003 – Ministério do Esporte, IBGE – Diretoria de Pesquisas, Coordenação de População e Indicadores Sociais; Ministério do Planejamento, Orçamento e Gestão; 2006 Núcleo de Estudos e Contas do Esporte – FGV – Fundação Getúlio Vargas.

IBCI – Institutional Business Consultoria Internacional – Pesquisa Amostral das Empresas Geradoras de Produtos e Serviços Esportivos, anos 1999, 2002 e 2005.

Quadro 65

Taxa de Participação Percentual por Setor e Subsetor Esportivo em Relação ao PIB dos Esportes, sem Consideração dos Valores Imputados

Código			1996	1997	1998	1999	2000	2001	2002	2003	2004	2005	2006	2007	2008	2009	2010
	I	**Valor do Produto da Indústria de Artigos Esportivos**	**52,63**	**53,46**	**49,53**	**45,60**	**50,61**	**53,50**	**50,97**	**52,97**	**56,23**	**57,27**	**57,99**	**57,58**	**59,67**	**59,55**	**59,75**
	I.1	Roupas (Vestuário e indumentária)	12,72	12,09	11,52	10,94	11,48	10,63	11,03	12,04	12,58	13,11	13,14	13,44	13,48	12,99	13,48
	I.2	Calçados	10,43	12,08	11,56	10,46	10,82	9,24	9,31	9,34	9,33	7,11	7,20	7,14	7,27	7,10	7,15
	I.3	Produtos Sintéticos	1,68	1,67	1,65	1,27	0,95	0,97	0,97	1,00	1,05	1,12	1,14	1,12	1,12	1,16	1,24
	I.4	Artigos esportivos (Bolsas, mochilas, afins)	6,22	6,12	5,91	6,36	6,99	8,17	9,55	8,99	9,02	9,35	9,56	8,89	9,85	10,00	10,05
	I.5	Instrumentos esportivos	16,07	16,59	14,43	13,57	15,54	16,89	14,15	14,03	14,03	14,23	14,52	14,32	14,27	15,01	14,00
	I.6	Equipamentos importados	2,94	2,57	2,18	1,96	2,65	2,73	3,62	2,92	3,00	3,01	3,26	3,46	3,68	3,98	3,66
	I.7	Outros (Alimentos, Bebidas, Vitaminas, Videos, etc.)	2,56	2,34	2,27	1,04	2,18	4,88	2,35	4,65	7,21	9,33	9,19	9,22	10,01	9,31	10,15
	II	**Valor dos Serviços Gerados por Firmas Especializadas em Esportes e afins**	**33,13**	**33,01**	**37,28**	**42,08**	**36,47**	**35,89**	**38,58**	**37,63**	**34,74**	**33,65**	**32,85**	**33,00**	**32,10**	**32,37**	**32,28**
	II.1	Marcas, Patentes, Direitos Autorais	0,07	0,09	0,10	0,11	0,08	0,08	0,09	0,09	1,00	1,21	1,32	1,24	1,11	1,22	1,20
	II.2	Publicidade, Propaganda e Marketing	22,20	22,37	26,97	23,12	19,27	17,04	18,89	17,21	16,57	15,66	15,78	15,88	15,01	16,00	15,74
	II.3	Prática de atividades esportivas em Clubes, Academias e afins	2,85	2,92	2,85	2,47	2,00	1,98	2,22	2,56	2,47	2,23	2,22	2,23	2,31	2,45	2,33
	II.4	Arrecadações em estádios, quadras, clubes e afins em eventos	2,87	2,82	2,74	2,24	1,89	1,78	1,91	1,55	1,27	1,25	1,28	1,29	1,30	1,28	1,22
	II.5	Remuneração formal do complexo de esportistas	N.D.	N.D.	N.D.	10,61	10,14	11,35	11,80	11,84	9,33	9,49	9,46	9,47	9,51	8,55	8,75
	II,6	Meios de Comunicação Esportiva - Televisão; Radio; Jornalismo	3,86	3,65	3,50	3,23	2,86	2,82	2,99	3,17	2,54	2,37	2,56	2,67	2,85	2,78	2,99
	II,7	Outros	1,27	1,17	1,13	0,30	0,24	0,84	0,68	1,22	1,56	1,44	0,24	0,21	0,02	0,09	0,04
	III	**Valor Indireto dos Serviços Gerados pelo Esporte - Efeito Multiplicador**	**14,25**	**13,53**	**13,20**	**12,32**	**12,91**	**10,60**	**10,45**	**9,40**	**9,04**	**9,08**	**9,15**	**9,42**	**8,23**	**8,08**	**7,97**
	III.1	Transporte Intra - urbano	3,44	3,13	3,03	2,81	3,84	2,57	2,54	2,37	2,00	2,16	2,00	1,88	1,76	1,75	1,72
	III.2	Transporte intermunicipal	1,91	1,81	1,78	1,64	1,88	1,33	1,21	1,17	0,90	0,78	0,76	0,77	0,75	0,72	0,70
	III.3	Transporte internacional	0,36	0,40	0,34	0,37	0,62	0,63	0,68	0,63	0,64	0,60	0,58	0,59	0,59	0,57	0,51
	III.4	Hospedagens domésticas	0,57	0,57	0,62	0,52	0,45	0,41	0,45	0,45	0,67	0,67	0,66	0,67	0,61	0,68	0,67
	III.5	Hospedagens internacionais	1,24	1,15	1,08	1,06	1,15	1,10	0,65	0,50	0,56	0,49	0,51	0,54	0,54	0,50	0,49
	III.6	Alimentação doméstica	1,37	1,32	1,28	1,18	0,99	0,96	0,98	0,99	0,95	0,86	0,81	0,55	0,57	0,59	0,60
	III.7	Alimentação internacional	0,12	0,12	0,12	0,11	0,18	0,19	0,17	0,12	0,17	0,11	0,10	0,10	0,10	0,10	0,09
	III.8	Atendimento médico - hospitalar	0,83	0,75	0,72	0,69	0,85	0,63	0,67	0,55	0,59	0,60	0,61	0,60	0,59	0,60	0,61
	III.9	Manutenção de equipamentos	1,33	1,36	1,32	1,20	1,04	1,02	1,03	1,04	1,03	1,25	1,34	1,78	1,00	1,06	1,01
	III.10	Manutenção da infraestrutura poliesportiva	2,39	2,26	2,19	2,10	1,89	1,74	1,75	1,50	1,47	1,56	1,76	1,90	1,57	1,49	1,55
	III.11	Outros	0,69	0,66	0,73	0,63	0,03	0,02	0,33	0,09	0,08	0,01	0,01	0,02	0,15	0,02	0,02
PIB TE		TOTAL	100,00	100,00	100,00	100,00	100,00	100,00	100,00	100,00	100,00	100,00	100,00	100,00	100,00	100,00	100,00

Série estatística revisada e estimada a partir do ano 2000.

* Dado e projeções preliminares.

Fontes: Anuário Estatístico do IBGE, anos 1994/2008. Site do IBGE.

Perfil dos Municípios Brasileiros – Pesquisa de Informações Básicas Municipais – Esporte 2003 – Ministério do Esporte; IBGE – Diretoria de Pesquisas, Coordenação de População e indicadores Sociais; Ministério do Planejamento. Orçamento e Gestão; 2006.

Núcleo de Estudos e Contas do Esporte – FVG – Fundação Getúlio Vargas.

IBCI – Institutional Business Consultoria Internacional – Pesquisa Amostras das Empresas Geradoras de Produtos e Serviços Esportivos, anos 1999, 2002 e 2005.

Quadro 66
Resultados Estatísticos do PIB do Setor Esporte no Brasil por Subsetor e Principais Áreas Econômicas no de Período 2001 a 2010

Código				Média em Reais	Desvio-padrão	Coeficiente de Variação	Taxa Média de Crescimento
PIB espor	I	**Valor do Produto da Indústria de Artigos Esportivos**		**7.066.421.988,73**	**1.987.064.009,43**	**3,56**	**9,17**
	I.1		Roupas (Vestuário e indumentária)	3.756.560.403,65	899.889.219,05	4,17	11,10
	I.2		Calçados	587.631.875,21	196.077.561,86	3,00	3,13
	I.3		Produtos Sintéticos	4.672.566.384,96	1.588.126.076,51	2,94	11,31
	I.4		Artigos esportivos (Bolsas, mochilas, afins)	7.527.337.775,35	2.063.094.644,69	3,65	10,66
	I.5		Instrumentos esportivos	1.816.606.742,06	667.819.604,53	2,72	4,33
	I.6		Equipamentos importados	4.848.175.383,79	1.711.946.119,50	2,83	11,97
	I.7		Outros (Alimentos, Bebidas, Vitaminas, Videos, etc.)	17.349.496.091,55	4.318.839.095,73	4,02	18,23
	II	**Valor dos Serviços Gerados por Firmas Especializadas em Esportes e afins**		**639.429.002,15**	**185.830.056,31**	**3,44**	**5,71**
	II.1		Marcas, Patentes, Direitos Autorais	8.349.839.851,42	2.206.608.938,92	3,78	47,22
	II.2		Publicidade, Propaganda e Marketing	1.174.319.457,73	348.123.440,16	3,37	6,15
	II.3		Prática de atividades esportivas em Clubes, Academias e afins	680.568.994,53	172.971.483,65	3,93	10,02
	II.4		Arrecadações em estádios, quadras, clubes e afins em eventos	4.979.256.460,13	1.132.334.415,89	4,40	0,82
	II.5		Remuneração formal do complexo de esportistas	1.403.136.931,65	499.891.806,72	2,81	3,06
	II,6		Meios de Comunicação Esportiva – Televisão, Radio e Jornalismo	110.412.843,57	263.058.906,16	0,42	8,34
	II,7		Outros	4.739.177.014,70	959.243.080,69	4,94	n.a.
	III	**Valor Indireto dos Serviços Gerados pelo Esporte – Efeito Multiplicador**		**990.560.939,49**	**191.706.691,94**	**5,17**	**2,60**
	III.1		Transporte Intra-urbano	407.213.082,61	80.645.785,50	5,05	0,43
	III.2		Transporte intermunicipal	308.998.229,37	61.893.229,29	4,99	-4,83
	III.3		Transporte internacional	352.688.299,35	98.281.949,32	3,59	3,81
	III.4		Hospedagens domésticas	283.918.740,62	65.519.194,56	4,33	14,85
	III.5		Hospedagens internacionais	362.608.336,94	57.164.491,74	6,34	-10,14
	III.6		Alimentação doméstica	56.338.879,65	8.841.686,00	6,37	-0,81
	III.7		Alimentação internacional	316.043.620,34	88.858.652,73	3,56	-8,25
	III.8		Atendimento médico-hospitalar	622.974.903,61	179.865.316,83	3,46	6,95
	III.9		Manutenção de equipamentos	902.113.348,98	223.294.320,17	4,04	7,18
	III.10		Manutenção da infraestrutura poliesportiva	14.697.499,50	28.603.730,01	0,51	5,55
	III.11		Outros	52.577.544.559,01	14.270.683.941,19	3,68	7,52
PIB EI		TOTAL		**44.379.131.323,81**	**16.956.561.039,72**	**2,62**	**7,44**

* Dados e projeções preliminares.

Fontes: Anuário Estatístico do IBGE, anos 1995/2008; Site do IBGE.

Perfil dos Municípios Brasileiros – Pesquisa de Informações Básicas Municipais – Esporte 2003 – Ministério do Esporte; IBGE – Diretoria de Pesquisas, Coordenação de População e Indicadores Sociais; Ministério do Planejamento, Orçamento e Gestão; 2006

Núcleo de Estudos e Contas do Esporte – FGV – Fundação Getúlio Vargas

IBCI – Institutional Business Consultoria Internacional – Pesquisa Amostral das Empresas Geradoras de Produtos e Serviços Esportivos, anos 1999, 2002 e 2005

Gráfico 75
Taxa de Participação no Valor da Produção por Setor e Subsetor – 1996/2010, em Relação ao PIB

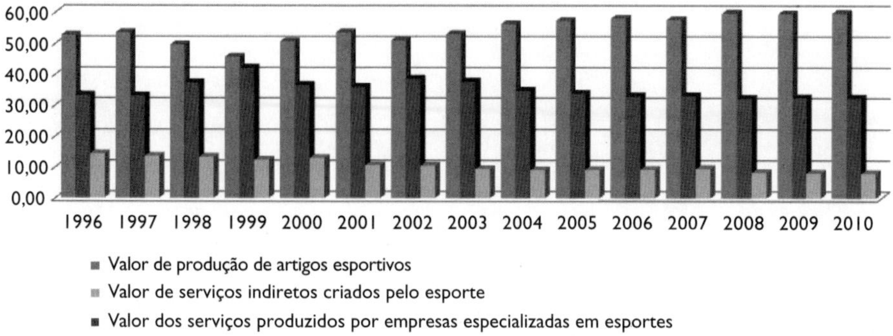

Gráfico 76
PIB Total em Milhões de Dólares à Taxa de Câmbio Média

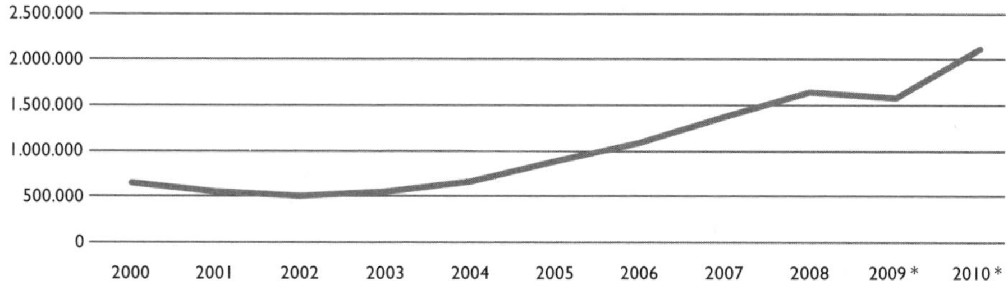

Gráfico 77
Taxa Real de Crescimento Anual do PIB em %

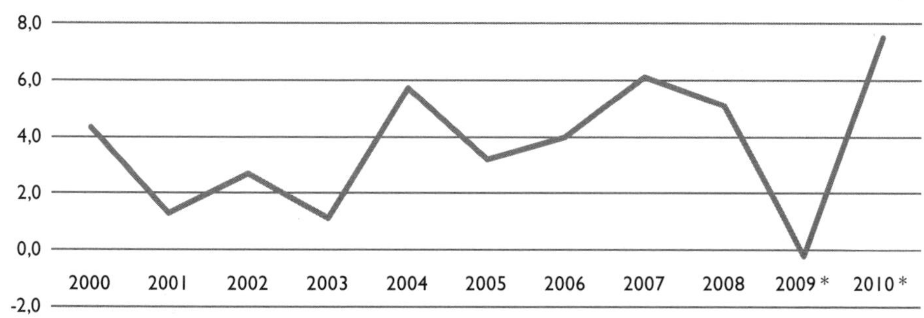

Gráfico 78

Per capita em Dólares à Taxa de Câmbio Média

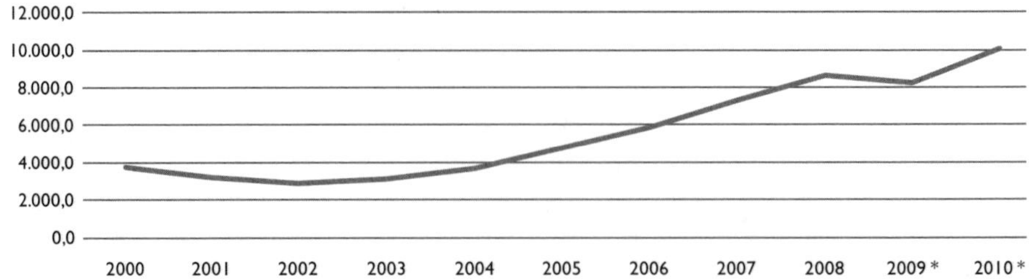

Gráfico 79

Taxa de Investimento FBCF/PIB

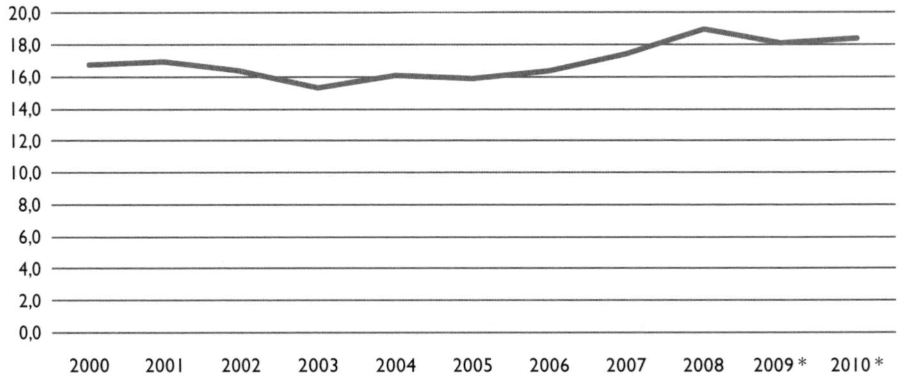

Gráfico 80

Taxa de Participação da Carga Fiscal Federal em %

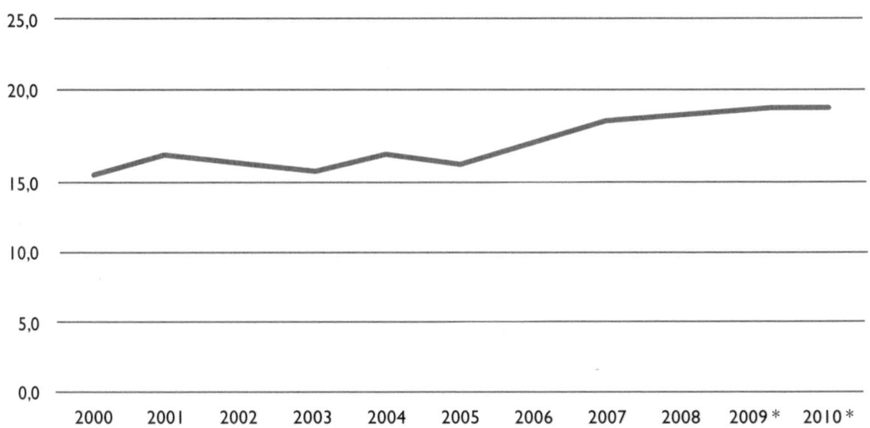

Gráfico 81
PIB Total em Milhões de Dólares à Taxa de Câmbio Média

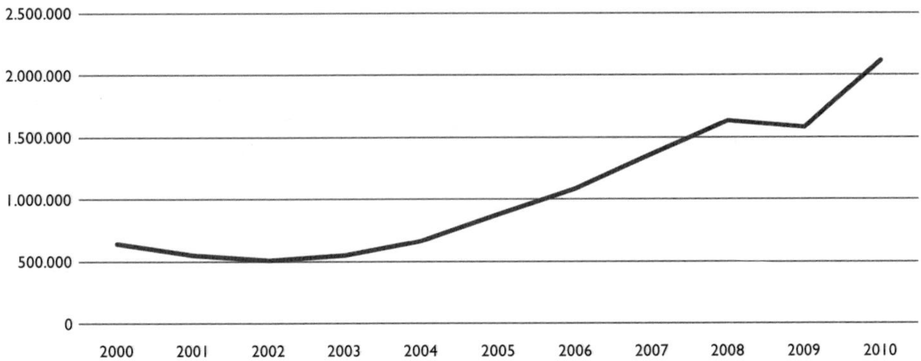

Gráfico 82
Taxa de Participação do PIB do Esporte sobre o PIB Total em %

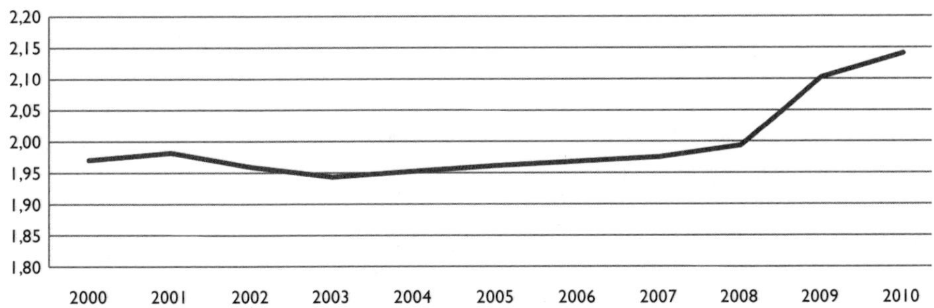

Gráfico 83
Taxa Anual de Crescimento do PIB do Setor Esporte em %

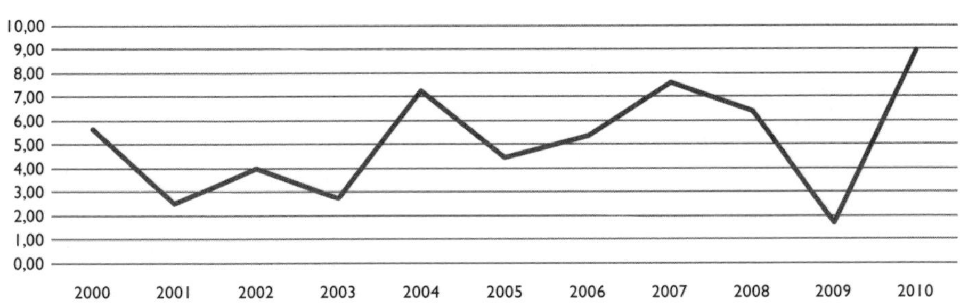

Gráfico 84
Taxa Nominal do PIB TE em Reais

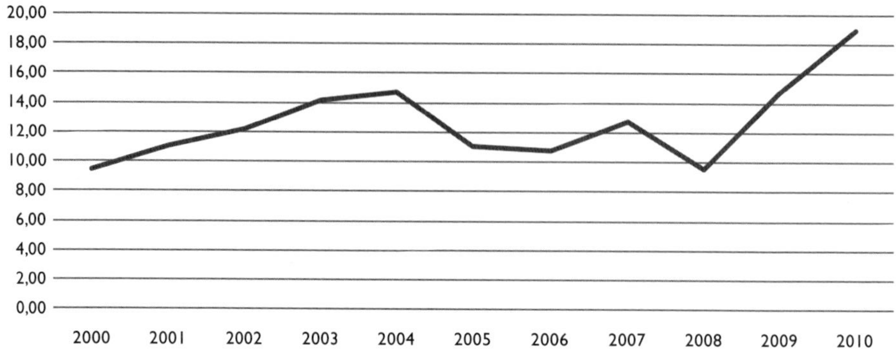

Gráfico 85
PIB TE em Milhões de Reais a Preços Correntes

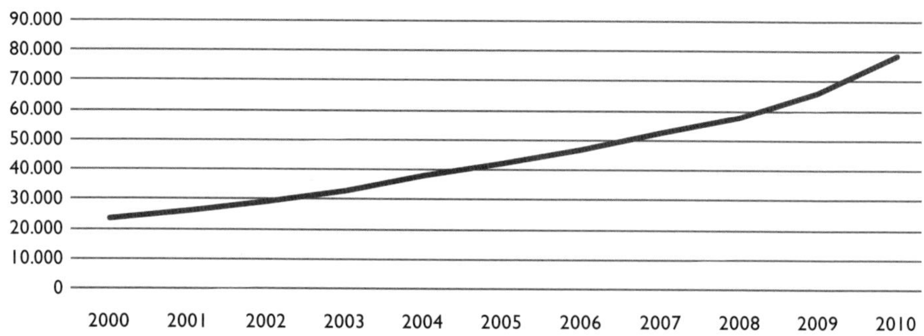

CAPÍTULO 5

Evoluções dos Esportes no Período de 2003 a 2010

A primeira década deste terceiro milênio foi auspiciosa em termos de ações e resultados públicos e privados a favor do esporte brasileiro.

Uma nova filosofia passou a permear e a dominar o ambiente público e empresarial esportivo, na qual a ação integrada a favor do Esporte e o interesse manifesto em produzir grandes eventos no país, tais como os Jogos Pan-Americanos, as Olimpíadas e a Copa do Mundo de Futebol, se firmaram como demonstração de proatividade e reforço da busca da profissionalização esportiva.

Saudável, essa filosofia fez com que o empresariado privado abrisse numerosas portas e relações no exterior, conseguindo obter o apoio e beneplácito essencial do Estado. Este, no nível federal, munido de um governo privatizante e bem mais liberal entre 1994 e 2002, sedimentou mediante o Plano Real o caminho mais firme da estabilidade macroeconômica, com o acerto da redução acentuada da inflação, as políticas de competitividade e aumento das exportações para gerar futuramente grandes reservas internacionais e a retomada do crescimento do produto interno bruto. De 2003 a 2010, um governo populista e trabalhista, detentor de importante percepção solidária e justificado por fazer assistencialismo ante uma enorme desigualdade de renda e de oportunidades de evolução social, reforçou o resgate das políticas públicas a favor das populações anteriormente abandonadas e firmou também o esporte como uma opção de educação, cidadania e ascensão profissional-pessoal, com um tom de lazer e formatador de renda.

A explícita mensagem de se prestigiar em nível federal o esporte fortaleceu e motivou as iniciativas em marcha e existentes de apoiá-lo nos níveis estadual e municipal. Ao se criar um Ministério do Esporte, com foco exclusivo nesta atividade, o objetivo de gerar maior produção e produtividade esportiva tornou-se claro. E com esta medida, surgiu um orçamento, com valores crescentes, logo com a clareza de destino de verbas públicas para programas, serviços, infraestrutura, manutenção, gestão e eventos esportivos.

Debutante enquanto ministério, o do Esporte foi aquinhoado e abençoado a partir de meados da década passada com verbas crescentes. Lidando com um assunto que é do interesse das massas, tornou-se um ministério cada vez mais poderoso e visível, pelos eventos que atrairia ao Brasil, reforçando-se a este a imagem de país dinâmico, operoso e viável ante a crise mundial. Com numerosas obras por fazer e benfeitorias múltiplas vinculadas a redes de transportes, hotelaria e habitação, telecomunicações e turismo, entre outras, a ação do Ministério foi cada vez mais vinculada ao PAC (Programa de Aceleração do Crescimento). Em especial, por meio de verbas e investimentos apontados de construção e reforma de estádios e campos esportivos para receber os megaeventos mundiais.

Além de centro de ambição política e esportiva, o Ministério tornou-se uma fonte importante de geração de negócios, movimentando renda, receitas e contratos.

Entenda-se que isso é relevante como guinada de política esportiva, posto que consolide de vez a política de parceria público-privada (PPP) desde o início do milênio. Contudo, esta política será sadia e favorável ao país se certas precondições forem atendidas, entre elas a rotatividade de poder no Ministério, sem partidarismos que o monopolizem, agindo-se em prol da efetiva democratização de oportunidades; o controle financeiro e operacional completo dos contratos realizados, especialmente com empreiteiras e ONGs, com abertura integral de dados e demonstração de inequívoca transparência no trato das contas públicas; a consolidação de um sistema de controladoria e de auditoria de projetos que demonstre as fontes e os usos com seus resultados esperados e efetivos, por projeto; e a integração das ações educacionais, de saúde e cultura, para fornecer os benefícios da transversalidade das ações setoriais público-privadas.

Os grandes eventos internacionais a serem realizados no Brasil, por sua vez, na segunda década do terceiro milênio, não possuem a presunção de mudarem a face do país ou gerarem uma retomada inexorável e firme de seu PIB. Com uma participação de 1,7% no PIB que aponta para os 2,0% até o fim da década, seu papel é o de ser um importante setor sadio e a mais, na geração de um reforço participativo em prol do crescimento e da revigoração do PIB. Contudo, o setor esportivo prescinde do papel de ser uma "locomotiva", como se diria na terminologia estruturalista e nas concepções de Prebisch – Singer – Furtado – Conceição e Lessa.

Dotado de extraordinário índice de participação midiático, o esporte aparece todo dia nos meios de informação. Está ao alcance do povo e é objeto de discussão popular diário. Por esta razão, possui uma capacidade única de penetrar nas mentes e famílias, servindo de meio de inserção de mensagens e ações público-privadas. Disso a sociedade pode se aproveitar para cobrar mediante o esporte, justificando-se junto a ele e para melhorar a qualidade de vida em geral, a infraestrutura esportiva; a disponibilidade de estradas e vias automobilísticas; aeroportos; portos; ferrovias; hotéis; redes de restaurantes e bares; serviços urbanos em geral e comunicações, entre outros.

Desta forma, embora não seja o esporte, e apenas ele, aquele que usufruirá de numerosas obras e investimentos contidos no PAC e nos programas estaduais e municipais de expansão, ele serve como um ideário para se alcançarem demandas socialmente justificáveis, num horizonte de tempo bem claro. Isso permite que a sociedade faça as suas cobranças, através dos poderes estabelecidos, como o do legislativo, com a essencial e dinâmica percepção do jornalismo moderno brasileiro, que faz com crescente brio seu papel de agente por excelência da informação, ao que apõe o de cobrador social, na busca da transparência das ações, políticas e aplicação da verba pública.

Uma vez que nossos estudos e projeções relacionados ao primeiro livro que versou sobre o assunto, intitulado *O Esporte como Indústria*, foram publicados no ano 2002, considerou-se como uma referência básica iniciar as análises que seguem para o período mais recente a partir do ano 2003. Isso permite que se faça uma análise do esporte e de sua evolução para o período de 2003 a 2010, que abrange por coincidência os anos de presidência de Luis Inácio Lula da Silva.

As linhas que seguem considerarão os fatos e eventos mais relevantes na área esportiva de um ponto de vista técnico.

Até o ano 2003, o setor esportivo era guiado e orientado pelo Ministério do Turismo e Esporte. Isso significa que duas áreas distintas de interesse público eram mantidas sob a mesma estrutura, compartilhando do mesmo orçamento, contudo buscando e atendendo prioridades diferentes e diversas. Essas prioridades não eram necessariamente complementares.

Sob essa tipologia administrativa, sucedia potencial e efetivamente a falta de foco sobre uma ou ambas as áreas afeitas ao Ministério. E o aprofundamento de gestão podia afeiçoar-se mais a uma ou outra área, o que na certa afetaria o esporte. Dessa forma, numerosas áreas esportivas seguiam seu caminho, à força dos interesses de classe e das tradições adquiridas. Após longos anos de inflação e taxas de juros recordes mundiais, os clubes, as associações, os grêmios e outras comunidades esportivas padeciam de males financeiros e administrativos crônicos, que diminuíam suas chances de expansão e aquisição de sóbrio equilíbrio nas contas.

Na área futebolística, autêntica paixão nacional e religião das multidões, a gestão dos estádios tendeu a melhorar, e a qualificação dos jogos recebeu reforços. Inúmeros jogadores talentosos, contudo, continuaram a emigrar, partindo, sobretudo para os campos europeus, onde embelezaram jogos e torneios. A maioria dos clubes sofria (e em grande parte continua a sofrer) terríveis situações de endividamento, iliquidez e perdas econômico-financeiras. Adicionando-se as dívidas fiscais, especialmente as trabalhistas do FGTS (Fundo de Garantia por Tempo de Serviço), que se relacionam à Previdência, efetivamente, a maioria dos times de futebol estava na bancarrota.

Diversos clubes apresentavam dívidas de mais de US$ 200 milhões ou que eram próximas desse valor no ano de 2010, numa demonstração de que sua situação não estava resolvida. Tornava-se, como permanece sendo, necessária a renegociação de passivos e a adoção de projetos estruturantes em clubes, para a obtenção de perdões fiscais, o parcelamento de dívidas, a inclusão de débitos no REFIS e o redimensionamento das capacidades de recebimento e pagamento. E em paralelo, mostrava-se clara a necessidade de profissionalização dos gestores esportivos, assim como a auditoria e a responsabilização de suas administrações, para assegurarem-se as boas práticas e técnicas de administração responsável das organizações esportivas.

Durante os anos 1970 e até 2002 pelo menos, algumas torcidas acomodavam em suas fileiras diversos arruaceiros, pseudo-torcedores que, violentos, invadiam os estádios e campos de futebol, provocavam gente e brigavam em terríveis batalhas, matavam pacíficos torcedores-espectadores e destruíam facilidades e estruturas esportivas. Com as indefinições, contradições e reconhecidas lentidões da Justiça (Justiça lenta e morosa é por certo Injustiça!), o temor tomou conta dos estádios, tornando-os esvaziados.

Esses fatos sugeriam claramente a tímida intervenção das autoridades no mundo dos esportes antes de 2003. Até porque com a dubiedade proporcionada por um Ministério que dividia a sua atenção em turismo e esportes, que não necessariamente se correlacionam enquanto atividades, a gestão ficava "solta".

Em janeiro de 2003 o presidente Luis Inácio Lula da Silva separa as atividades esportivas das turísticas e cria o Ministério do Esporte (ME). Sob o ME e numa economia estabilizante, diversas medidas de ordem e valor maior são tomadas, alterando consideravelmente o perfil das atividades esportivas e sua administração no Brasil. Entre elas, é valioso enfatizar as seguintes:

- Em janeiro de 2003, Agnelo Queiroz é indicado Ministro do Esporte. Constitui-se uma autoridade em nível ministerial para comandar a pasta, que passa a dispor de metas e verbas próprias. Isso exigiria a criação de um orçamento público unificado, claro e transparente, o que é fundamental para moralizar e dar credibilidade à causa pública esportiva.

- Em 15 de maio de 2003, o presidente Lula sanciona a Lei nº 10.672/2003, conhecida como a Lei de Moralização do Futebol, que altera a anterior Lei Pelé, de número 9.615/1998.
- No mesmo dia 15 de maio de 2003, o Presidente sanciona a Lei nº 10.671/2003, que cria o Estatuto do Torcedor. Importante e bem-vinda expõe o correspondente a um código de conduta e de ação dos torcedores e espectadores e de suas torcidas nos estádios brasileiros, também para coibir os comportamentos antissociais de tempos antanhos.
- Em 18 de julho de 2003, é criado o Comitê de Administração das Ações Governamentais para os jogos Pan-Americanos. Ele é coordenado pelo Ministério do Esporte, com a participação de outros 11 ministérios. Pode-se perceber que pela primeira vez na história são consideradas conjuntamente na área das políticas públicas esportivas as forças vetoriais da transversalidade e da integração dos assuntos correlatos. Essa ação ministerial conjunta oferece uma grande e maior capacidade de mobilização, para a qualificação e produção dos jogos pan e olímpicos, assim como a produção de esporte para toda a população. Esse processo oferece um potencial de mobilização maior. Simultaneamente, os recursos federais investidos em jogos, eventos e infraestrutura hão de ser aprovados pelo Congresso, no âmbito do poder Legislativo, uma vez desenvolvidas e detalhadas as propostas de projetos. E a seguir passam a fazer parte do Plano Plurianual (PPA), assim como são acomodados no PAC.
- O IBGE (Instituto Brasileiro de Geografia e Estatística) desenvolve a pedido do Ministério do Esporte a pesquisa intitulada Informação Básica Municipal, acerca da infraestrutura esportiva. Descobre uma enorme ausência e déficit de infraestrutura esportiva nos municípios, especialmente nas macrorregiões Nordeste e Norte, as mais pobres do país.

Menos da metade das cidades brasileiras possuía contratos ou parcerias relacionadas a esportes. Das escolas municipais, 88% não possuíam instalações esportivas. As facilidades esportivas eram extremamente raras, considerados os 5.565 municípios existentes: 7,4% tinham alguma instalação esportiva; 1,6% tinham complexos aquáticos; 1,1% detinham kartódromos; 0,2% autódromos; e 0,03% mantinham hipódromos ou parecidos.

- Grande desafio e talvez o maior de todos eles fosse o de desenvolver efetivamente a política esportiva nacional focada como um mecanismo que assegurasse a promoção e o desenvolvimento social. O objetivo mais relevante a especificar entre 2003 e 2004 residiu e permanece sendo o de se democratizar o livre acesso aos esportes. Isso, para transformá-lo em bem público, de oferta universal, capaz de promover e otimizar o bem-estar de todos e a sensação agradável de bem viver. O que significava e significa a assunção de um compromisso na direção da inclusão social, com a garantia de se promover e produzir a prática de esportes em todos os colégios e também em geral, a favor de toda a sociedade. Dois programas foram criados neste sentido e direção – Segundo Tempo e Esporte e Lazer da Cidade (Pelc).
- O Programa Segundo Tempo cresceu e erigiu-se como um dos mais relevantes programas esportivos sociais do mundo. Foi instituído em 24 de novembro de 2003 pela Portaria interministerial ME/MEC nº 3.497. Contribuiu para que mais crianças, adolescentes, jovens, pessoas expostas a elevados riscos sociais e residentes de áreas socialmente vulneráveis tivessem maior acesso à prática e ao lazer esportivo.

Vale lembrar que, conforme o IPEA (Instituto de Pesquisas Econômicas e Aplicadas), pelo menos 16,5 milhões de brasileiros estavam abaixo da linha da pobreza, ou seja, recebendo até ¼ do salário mínimo em 2007. E conforme dados do IBGE de 2007, ganhavam até dois salários mínimos 47% dos trabalhadores que possuíam carteira registrada. Por certo, com remuneração tão exígua, a capacidade de praticar esportes em facilidades privadas, que são pagas, é ínfima, levando a população sem renda e de baixa renda à sedentarização forçada (Ver referências a IPEA e IBGE, estudos especiais e Anuário).

Isso corresponde a uma forma de desqualificação do bem viver e impedia a universalização de fato e de júri do Esporte. Quem estava inserido no sistema econômico podia privar de suas benesses e extraía para si a mais valia do poder de classe econômica apaniguada. Quem à revelia e por herança de gerações na história estoica do Brasil fora privado do direito democrático de fazer uso das estruturas ofertantes de atividades esportivas populares, continuava limitado à participação e ao usufruto das práticas esportivas, o que passou a ser mais adequadamente ajustado.

De 2003 a 2010, a acreditar-se nas estatísticas, 3.852.345 cidadãos aproveitaram o esporte educacional, em face dos convênios assinados pelo Ministério. No ano de 2010, o Programa Segundo Tempo era considerado um referencial, servindo também como instrumento de exemplificação do que e como promover o esporte na forma brasileira de ser e no exterior – *benchmark* – no processo de globalização que se vive e para disseminação de experiências bem-sucedidas.

- No primeiro semestre de 2004, o Pelc (Programa de Esporte e Lazer para a Cidade) foi deslanchado. Sua função é a de oferecer esportes e lazer a populações que sofrem vulnerabilidades econômicas e sociais. Sobretudo aqueles que vivem em condições não salutares, não higiênicas, complexas e em regime de efetivo abandono por parte do Estado ao longo de séculos e décadas, em favelas e áreas miseráveis de cidades e vilas, são o alvo do programa.

A divulgação específica de programa para esta parte esquecida da população é meritória e por certo é digna de nota. Isso não significa que governos anteriores não tenham despejado verbas e criado esforços para incluir em seus programas esta parte da população. O que torna o Pelc diferenciado no governo trabalhista é a ênfase em querer divulgar energicamente a vontade de atender a parte mais marginalizada, alienada, miserabilizada e sofrida da população.

O aporte que a democracia brasileira trouxe com vibração e força a partir de 1985, entre outros, no processo de alteração de grupos e lideranças de poder (mas nem sempre, posto que haja aqueles que se aferram ao poder e querem monopolizá-lo para si *ad aeternum*), foi a necessidade premente de que o Estado vertesse a sua atenção às populações mais desassistidas.

O assistencialismo pode ser criticado sob vários aspectos, entre eles o da dependência que cria nos beneficiados; da produtividade socioeconômica que gera no tempo (difícil de mensurar) e do aumento da pressão nas contas públicas, é verdade. Mas as situações econômico-sociais às quais o Brasil chegou, com suas enormes desigualdades e diferenças, não poderiam ser corrigidas sem que se assumisse uma política social de longo prazo, inspirada no investimento em capital humano e em especial dos mais desassistidos. O peso sócio-cultural-fiscal da assistência e da ajuda é gigantesco, ante tanto tempo e volume de desassistência e desinteresse das elites em criar uma montante a vertente formadora de resgate da cidadania dos mais miseráveis e pobres.

E isso somente se consegue com intensa educação desde a infância, entre elas a educação esportiva e nas cidades, neste Brasil urbanizado dos anos 2010. Por certo, se os menos aquinhoados não conseguem, pelo ato de estar até entorpecidos e conformados em sua miséria, ajudar a si mesmos e aos seus pares, então cabe por certo tempo e por pessoa ao Estado o nobre papel de agente de reinserção social.

Complicada, complexa, polêmica, contudo, esta questão transcende a do esporte obviamente, contudo precisa permanecer na Agenda Brasil de magnificação da cidadania. O Pelc abre mais uma janela de oportunidades neste sentido e por esta razão conscientiza e contribui a favor de todos os brasileiros: os que possuem mais hão de admitir a necessidade premente da repartição de benefícios via a ação democratizante do Estado; os que possuem menos em seu despertar e aproveitamento hão de saber obter o máximo no tempo mais palatável aos estreitos ombros dos contribuintes, para sem pesarem mais, se adentrarem nos ganhos da moderna civilização e seus benefícios reais.

O Pelc ativa as populações vulneráveis, que se submetem ainda aos ditames do tráfico e da ilegalidade, da bandidagem em áreas urbanas carentes de forças policiais isentas e éticas, do abandono e da desesperança. E corresponde em seu aspecto visual e participativo à divulgação do bem onde ele mais precisa ser implantado.

No ano de 2003, o Pelc contou com R$ 24 milhões. Em 2010, as verbas a ele destinadas montaram a R$ 207,8 milhões, o equivalente a US$ 109,4 milhões, considerada uma taxa de câmbio de R$ 1,90 por dólar. Esses valores mostram a dotação orçamentária esportiva em franca expansão no período analisado e a majoração de efeitos multiplicadores de renda no esporte.

Neste sentido, o Pelc apresenta dados que merecem atenção analítica adicional, a saber e entre outros:

- qualificaram-se e capacitaram-se para o Programa 9.246 coordenadores, professores e agentes formadores e gestores esportivos;
- 292 convênios e 1.968 núcleos foram visitados entre 2008 e 2010, para acompanhamento pedagógico e administrativo de convênios;
- 18.074 pessoas foram beneficiadas entre 2003 e 2010 com o uso de instalações esportivas militares por comunidades carentes, o que é uma forma inteligente de integração social em tempos de paz e progresso; e
- ligou-se ao Pronasci – Programa Nacional de Segurança Pública com Cidadania (destinado a jovens de 15 a 24 anos) e Vida Saudável (para adultos acima de 45 anos e membros da terceira idade). Demonstra-se nesta a intersetorialidade como parte da matriz conceitual do programa, o que é mais uma comprovação de inserção do esporte e do lazer como temática transversal de políticas promotoras de desenvolvimento social.

- O Programa Pintando a Liberdade visa à promoção da ressocialização daqueles que são internos do sistema penitenciário, com a meta de profissionalizá-los com o ofício de confeccionadores de artigos esportivos.

Este programa é merecedor da mais elevada atenção e apoio. É por demais difícil e complicada a reinserção na sociedade de indivíduos que possuem o currículo manchado por experiências criminosas. Mesmo que tenham pagado nas prisões por suas penas, é grande o temor de sua reincidência; a dificuldade de lhes encontrar um trabalho digno e estável e que ofereça renda apropriada. A discriminação é infelizmente uma realidade e talvez uma solução seja oferecer terapias ocupacionais aos penitenciários.

As estatísticas indicaram aglomeração e superpopulação prisional em 38% das penitenciárias brasileiras (Ministério da Justiça) no ano de 2010. Mais de 265.000 indivíduos se apertavam em diversas unidades cuja segurança e salubridades são frequentemente postas em dúvida. E um interno custa sete vezes mais que uma criança que se mantenha no ensino básico. Logo, é importante que surjam políticas de reintegração e promoção social através de produções e serviços esportivos nas unidades penitenciárias brasileiras.

Trinta e cinco fábricas de material esportivo foram instaladas, com a criação de 3.000 novos empregos – ainda um número ínfimo diante das verdadeiras necessidades do setor e das pressões sociais – em comunidades pobres e de elevado risco sociais.

De fato, grande parte da população julgada prisional vive fora das penitenciárias, o que gera maior inquietação e insegurança na comunidade. O problema é de ordem estrutural e de longo prazo, passando por questões delicadas afeitas à educação carente ou inexistente de numerosos condenados; à falta de educação que tenha profissionalizado as pessoas e dado uma forma de inserção profissional; à crônica falta de empregos com crescimento medíocre do PIB nos últimos 30 anos; à adoção de tecnologias imitativas e passivas, capital-intensivas e mão de obra poupadoras; e à rigidez legal-burocrática que impede o aprendizado no sistema S de muitos daqueles que precisam, mas não tem as bases mínimas para atender pré-requisitos que os ponham em turmas básicas que sejam, entre outros.

A população penitenciária produz bolas de voleibol, futebol, futsal, basquetebol, handebol, com guizo para os visualmente deficientes, camisetas, calções, bonés, bandeiras e outros bens, para o Brasil e o exterior. Isso é digno de incentivo e como a mão de obra é disponível, dado o seu custo de tempo baixo e suas alternativas de produção limitadas, faz sentido ocupar as unidades e obter alguma renda penitenciária e a favor dos produtores. Também faria mais sentido que boa parte das rendas fosse revertida às vítimas dos detratores da Lei.

- O Programa Pintando a Liberdade não se constitui numa inovação do período de 2003 a 2010, posto que pertencesse ao Ministério da Justiça desde o ano de 1997. Em 2004, ele foi transferido ao Ministério do Esporte. E sua meta corresponde à de promover a reintegração social de prisioneiros do sistema penitenciário por meio da produção de materiais esportivos.

  Contava-se em 2010 com 73 estabelecimentos de produção de material esportivo. Arregimentaram-se 13.273 detentos, qualificados e treinados, na confecção de artigos, entre 2003 a 2010.

  Embora na média anual isso signifique que apenas 4,95% da população carcerária teve alguma participação na geração de utilidades esportivas, trata-se de uma atitude e ação de Estado muito importante. A terapia ocupacional acalma os detentos; orienta para a produção construtiva; forma para a saída da prisão em condições de se assumir um emprego e ter uma ocupação; legitima e reforça a reinserção social, entre outras.

  Entre 2003 e 2010, produziram-se 2.987.270 artigos esportivos nas entidades conveniadas ao Pintando a Liberdade, ao valor de R$ 45 milhões.

- Organizou-se em 2004 a I Conferência Nacional do Esporte, através do Ministério do Esporte. Ela definiu as bases da política esportiva nacional, dando e enfatizando prioridade ao desenvolvimento do ser humano. O foco é valorizar pessoas em sua integridade. Com este encontro cria-se a Carta de Brasília, que acentua a importância do esporte e incentiva a sua prática generalizada, universal.

- Em 9 de julho de 2004, o presidente Luis Inácio Lula da Silva sanciona a Lei nº 10.981/2004, que provê o Programa de Assistência aos Atletas, a ser administrado pelo Ministério do Esporte, com vistas a assegurar-se apoio financeiro a atletas de alto desempenho, para que sejam capazes de dedicar-se integralmente a treinamentos e competições.

Esta medida faltava e se fazia necessária na razão direta em que resultados em torneios, competições e campeonatos estão direta e positivamente correlacionados com verbas públicas que aumentam a renda *per capita* de atletas talentosos e com potencial de obterem vitórias.

Com a aproximação dos Jogos Olímpicos de 2016, a necessidade de fortalecer a qualidade e a quantidade de atletas tornou-se premente. Obviamente, um investimento dessa natureza somente surte os efeitos desejados quando o programa é mantido por gerações e décadas, criando-se uma massa crítica significativa de atletas, treinadores, *coaches*, professores e profissionais da área que dão suporte intertemporal à formação de gerações cada vez mais qualificadas.

Pode-se temer que ante as Olimpíadas, esses recursos sejam poucos e tenham vindo tarde demais para os propósitos de alavancar o Brasil a mais pódios. Certamente, eles acontecerão, em maior número que no passado, tal como indicaram os resultados do Pan-Americano de 2011, quando o Brasil classificou-se em 3° lugar no quadro geral, apenas atrás dos Estados Unidos e de Cuba.

Contudo, verbas para a assistência de atletas e, sobretudo o pessoal do *Back office* e do *backup*, (suporte gerencial/administrativo e times reservas) também são essenciais. Inexiste um grande atleta ou time que não tenha por trás, como apoio, suporte, agente desafiador e motivador, um grupo de bons treinadores, fisioterapeutas, psicólogos (que podem ser os pais, mães, namorados, irmãos, amigos próximos e afins) e outras pessoas.

Desse modo, a Bolsa Atleta é imprescindível e necessitará crescer mais nos próximos anos, para mobilizar mais gente para o esporte.

- Em 2005, a União procurou montar um modelo administrativo mais centralizado com vistas aos Jogos Pan-Americanos do Rio de Janeiro. O governo federal criou o Comitê Executivo de Administração das Ações Governamentais para os Jogos do Rio de Janeiro (SEPAN). Através do SEPAN, mediante um clima de trabalho construtivo e participativo, o Ministério do Esporte coordenou as atividades federais relacionadas ao Comitê Olímpico Brasileiro (COB), à municipalidade do Rio de Janeiro, ao governo do Estado e ao setor privado.

  Durante um longo período de tempo este tipo de ação integrada era impensável, dadas as diferenças ideológicas e políticas que mantinham em estruturas separadas os diversos grupos de interesses. Uma convergência sadia iniciou-se daí em diante, em ambiente mais cooperativo.
- Em 2006, realiza-se a II Conferência Nacional do Esporte em Brasília, que propõe medidas estratégicas e estruturais adicionais para o reforço do Sistema Nacional de Esporte e Lazer. A Lei de Incentivo ao Esporte de nº 11.438/2006 é assinada pelo presidente Luis Inácio Lula da Silva. Concede e permite que doadores e patrocinadores de projetos esportivos consigam obter deduções, logo conferindo, certo alívio na cobrança do Imposto de Renda.

  Sumamente tardia, necessária e oportuna, a medida vinha sendo solicitada havia três décadas pelos empresários e estes autores (In: *O Esporte como Indústria*, 1995, 1ª edição). Merece consideração que o Brasil é classificado em 2010 como um dos cinco países ocidentais a cobrar a mais alta carga fiscal do mundo, sendo esta 38,4% do PIB segundo o IBGE. Ademais, quando se adiciona na análise o retorno recebido pelo contribuinte de impostos federais, estaduais e municipais, percebe-se o disparate: o país possui índices de violência dos mais altos; uma infraestrutura viária caída e aos pedaços, na qual morreram 33.572 brasileiros entre 2001 e 2010; e um índice de desenvolvimento educacional que o aloca na 134ª posição entre 188 países (Ver Anuário do IBGE; e *Doing Business in Brazil – World Bank*, 2010).

Sendo um bom começo, esta dedução é necessária, contudo insuficiente para dar o "grande salto" a favor das atividades esportivas, tão fundamentais para o desenvolvimento das pessoas através dos esportes.

Para haver coerência nesta medida, seria de se esperar que nos próximos anos as autoridades fiscais reduzissem *pari passu* os impostos e a carga fiscal geral do setor esportivo, para patamares assimiláveis, próximos de 12%. Isso habilitaria as empresas brasileiras a investir no Brasil e a buscar parcerias empresariais qualificadas no exterior, com crescente capacitação de preços, tecnologia e autofinanciamento.

- Em 2007, o Secretário Executivo do Ministério Orlando Silva é efetuado como Ministro do Esporte. Ficaria no cargo até 2011, quando diante de uma enxurrada de acusações acerca da duvidosa versação de verbas em ONGs e outras entidades esportivas, ele cai.

O episódio marca uma situação complexa, pela qual um membro do mesmo partido político do ex-ministro assume, e, por mais qualificado e melhor líder que seja, inspira a demonstração de partidarização, politização e divisão de ministérios para reinar-se no país. Pragmática em seus resultados, esta decisão solicita que se sobreponha o controle, a auditoria e o rigoroso acompanhamento das contas e orçamentos ministeriais, com detalhamento das liberações de recursos a ONGs, conveniadas e fornecedores em geral, para aquisição e consolidação da tão desejada credibilidade em gestão.

Sendo um Ministério relativamente novo, caberia a ele dar o melhor dos exemplos na gestão e tramitação da verba pública. Isso inclui a implantação de um sistema integrado de auditoria e de controladoria de processos e resultados, com vistas a eliminar-se qualquer viés de conduta gerencial por ventura capaz de surgir e garantir-se a probidade administrativa pública.

A existência de irregularidades apontadas pela imprensa põe em evidência a necessidade de se agir por completo com transparência no setor público e em específica observação, no Ministério do Esporte. As contas públicas precisam ser abertas, informadas, explicadas e divulgadas. E os vícios longevos das práticas escusas, duvidosas e nocivas à comunidade hão de ser eliminados com defesa firme da ética na promoção das atividades públicas esportivas (entre muitas outras). A antecipação dos problemas é uma via natural a ser observada.

Ademais, perpetuar-se no poder não é democrático. A repartição de poderes há de sinalizar troca de cadeiras e troca de partidos. Caso contrário, as suspeitas sobre os métodos de gestão e seus principais atores continuarão.

Saltar de uma função para outra, no mesmo ministério ou repartição, após a instalação do reino das dúvidas de práticas de gestão, haveria de ser uma prática banida, até porque gera dúvidas tanto do grande público, do eleitor e contribuinte, nos seus direitos de cobrar, quanto inter-pares do dia a dia no trabalho. O Brasil possui milhões de empresas e de empregos, logo oferece milhões de chances para que as pessoas se estabeleçam noutras funções, cargos e responsabilidades. Isto faz parte do processo democrático. E democracia significa e implica obrigatoriamente em renovação.

- Em 2007, assina-se a matriz de responsabilidades dos Jogos Pan-Americanos. Ela define as obrigações dos governos em níveis federal, estadual e municipal; do COB (Comitê Olímpico Brasileiro) e do CPB, para a conclusão desses jogos. Os recursos financeiros viriam em sua maioria do governo federal, que desembolsaria 52,3% de todos os capitais movimentados para o evento.

  Dada a imprevisibilidade de certos gastos, existe um alto potencial de suceder volatilidade orçamentária, logo, descontrole orçamentário, que obriga o contribuinte a pagar mais impostos, gera mais caixa nas empreiteiras e lubrifica potencialmente partidos políticos, de sorte que auditorias, controles e ações punitivas da desordem executiva e contábil se fazem vitais. Altera-se a relação custo/benefício original.
- No ano 2007, o Brasil reforça o seu crescente prestígio no cenário esportivo mundial, fruto de longas décadas de lutas de numerosas gerações, e ganha o direito de hospedar os Jogos Militares Mundiais (JMM) de 2011, organizados pelo Conselho Internacional de Esportes Militares.

Realizados na cidade do Rio de Janeiro, os JMM não afetaram nem prejudicaram as atividades e rotinas de vida diária da urbe grande. Serviram de preparativo adicional aos jogos e campeonatos que viriam mais à frente, num processo que vem crescendo.

Quarta maior competição esportiva do mundo movimentou mais de 12.350 atletas estrangeiros e brasileiros, ao longo de um mês de intensa programação. O público espectador superou 276.000 pessoas durante os dias da competição, numa demonstração inequívoca de interesse e apreciação pelo esporte, por parte dos brasileiros. Ademais, o evento transcorreu pacificamente, ordenadamente, de modo muito bem-sucedido;

- Estudo realizado pela FIPE–USP, Faculdade e Instituto de Pesquisas Econômicas da Universidade de São Paulo, mostra que os Jogos Pan-Americanos de 2007 movimentaram R$ 10,28 bilhões na economia brasileira, o que corresponde a um valor aproximado de US$ 2,725 bilhões. Este valor foi 2,8 vezes maior que os R$ 3,57 bilhões investidos nos Jogos Pan-Americanos e significa que estes apresentam um multiplicador de produto-renda de praticamente 3. Move-se a cada R$ 1,00 empenhado na atividade esportiva a economia como um todo a R$ 2,8, o que é bastante significativo.

  Ademais, o empate de capitais em esportes é um criador significativo de empregos: ao longo de 15 meses geraram-se em média 178.000 empregos diretos e indiretos.
- Em 2007, a realidade da economia brasileira aparece, com energias de emergência e autossustentabilidade crescentes. Aliam-se a baixa inflação a taxas de crescimento do PIB que sinalizam alta superior à média registrada na América Latina (CEPAL) e as reservas internacionais geram um país que se torna jovem credor ante o mundo. Progressivamente, o Brasil é transformado em país que recebe *upgrades* pelas agências de risco, numa demonstração de confiança em seu futuro e presente.

  No processo de mudanças incorrido pela Nova Economia no mundo, o Brasil tende a apresentar um equilíbrio estável de curto prazo, buscando arranjos estabilizadores de longo prazo, em face de grandes constrições estruturais históricas.

Dada a grande crise do *subprime* de 2008, em que os Estados Unidos afundam com evidências de falta de credibilidade de seu mercado bancário, e a Europa mergulha numa crise que mostra tremenda volatilidade e graves problemas fiscais, o Brasil se torna país atraente para negócios por exclusão. Quanto mais problemáticas ficam as economia desenvolvidas e centrais, mais atraentes se tornam as economias periféricas aos olhos dos investidores.

A lentidão das reformas internas, o investimento público minguado, a burocracia estatal, o clima de atração de novos negócios recheado de armadilhas e a justiça parcialmente inoperante no Brasil são mais do que compensados pelo equilíbrio parcial de curto prazo, pela promessa de respeito à propriedade, pelas pressões geradas pela demanda reprimida em face de baixos investimentos acontecendo por décadas e pela dimensão da crise europeia.

No lugar de tornar-se um porto seguro, o Brasil se torna um porto menos inseguro. E isso atrai capitais. Inclusive para os esportes. Donde, explica-se a lógica dos megaeventos esportivos vindos ao país. Os Estados Unidos, o Japão e a Europa poderão precisar de mais de uma década para resolver seus graves problemas econômicos, financeiros, fiscais, de credibilidade e de gestão dos interesses de classes. Na falta de resolução firme para seus problemas, os países mais ricos se desgastarão e lentamente "definharão em termos relativos", de tal forma que por necessidade de encontrarem um espaço relativamente menos inseguro, remeter-se-ão deles capitais e forças empresariais a países emergentes, industrializados tardiamente, tal como é o caso do Brasil, da China e da Índia.

Em que pese a sobrevalorização cambial, o investimento estrangeiro ingressa mais forte a partir de 2007. E penetra no setor esportivo também. Mediante este, pelos laços e inter-relações setoriais, gera efeito multiplicador sobre a economia.

Entre 2007 e 2014, é de se esperar que mais arranjos produtivos e parcerias público-privadas nacionais e internacionais sejam gerados. E como o esporte surge como uma ala de oportunidades a mais, com imagem simpática e dinâmica, os investimentos aumentam o tamanho do setor e melhoram sua perspectiva futura de curto e médio prazo (até 2016).

A crônica não fala do que acontecerá após 2016, quando os campeonatos futebolísticos e as olimpíadas tiverem acabado no Brasil e, em especial, no Rio de Janeiro. Como serão ocupados os 50.000 quartos de hotéis, previstos para receber turistas-espectadores por um mês se tanto em duas ocasiões, de 2017 em diante? Como serão mantidas as estruturas imobiliárias do parque olímpico e o centro de natação, como o Maria Lenk, que serviu nos jogos do Pan e sofreu um vazio de utilização? Estas e muitas outras são perguntas que precisam urgentemente de respostas.

- A FIFA – Federação Internacional de Futebol e Associação das mais importantes do mundo – anuncia o Brasil como sede da Copa do Mundo de 2014.
- Em 2008 é criado o Timemania pela CEF (Caixa Econômica Federal), uma nova loteria. O seu objetivo é o de ajudar os clubes de futebol a pagar suas imensas dívidas fiscais. Ele também visa contribuir para pagar programas do ME, do FPN (Fundo Penitenciário Nacional), do COB (Comitê Olímpico Brasileiro) e do CPB (Comitê Paraolímpico Brasileiro).

Em menos de 12 meses de implantação, as receitas brutas do Timemania haviam alcançado R$ 112 milhões, o equivalente a US$ 46 milhões, uma ajuda satisfatória para os clubes endividados e uma capitalização a mais para o esfomeado erário público. Resta, a saber, se este esforço dos torcedores-contribuintes-apostadores será compensado. A eliminação, redução e renegociação de passivos pode reduzir o grau de iliquidez, inadimplência e empobrecimento dos clubes. Contudo, sem uma boa gestão profissional e um acompanhamento pormenorizado da aplicação das verbas por clube os esforços podem ir por água abaixo.

A CEF recebe o que lhe é devido em termos de FGTS pelos clubes. Os funcionários dos clubes recebem uma lufada de esperança, ao verem uma revitalização financeira. Contudo, quem assegura a qualidade dos contratos presentes e futuros e a correta relação com os fornecedores, os clientes e o erário?

A medida isoladamente é insuficiente para resolver o cerne da questão: como partir de um sistema de gestão clubístico amador, pautado em formação de verdadeiras capitanias e feudos hereditários em ações de amigos, para um sistema autossustentável e competente, rotativo, de gestão em clubes?

- Em 2009, o Comitê Olímpico Internacional anuncia a cidade do Rio de Janeiro como a sede dos Jogos Olímpicos da Primavera e dos Jogos Paraolímpicos. Isso confirma a intenção do governo federal de acrescentar alto valor adicionado ao setor esportivo, considerando-o um valioso instrumento e mecanismo de inserção social doméstico e internacional.

É da ordem do dia gerar boa imagem e visibilidade ao Brasil. Estabilizado e com câmbio mais forte, o país se atreve a aparecer mais e melhor no exterior. A meta também é quebrar mais ainda um longo período de relativo isolacionismo, que o país marcou solidamente entre 1930 e 1980 com a política substitutiva de importações e a ditadura militar de 1964 a 1985.

Para o Estado e o Município do Rio de Janeiro, esta escolha é primordial. Corresponde a um ponto de inflexão entre uma longa fase de queda e decadência socioeconômica – sobretudo originada em 1961 com a criação de Brasília como capital e sem medidas compensatórias de espécie alguma cumpridas para segurar o PIB e o emprego, mormente em sua dimensão pública – e a retomada gradual de 2007 em diante, também turbinada pelas promissoras descobertas do pré-sal petrolífero nas costas marítimas fluminenses.

O Esporte introduzido em sua vertente internacionalizante contribuirá positivamente a favor do Rio de Janeiro. Mas não resolverá suas mazelas históricas, estruturais, políticas e, sobretudo, sociais.

O Rio de Janeiro e o Brasil em geral deverão mostrar que são capazes de administrar três megaeventos em menos de dois anos, mediante a eliminação real de gargalos, constrições e um aumento de sua oferta de infraestrutura em suas múltiplas dimensões.

O Estado e a capital do Rio de Janeiro sofreram profundamente com uma crise de longo prazo, que reduziu a sua vitalidade e criou uma enorme onda de violência e de incerteza. Em meados dos anos 2000 e 2005, uma nova geração de políticos, mais afeitos à solução dos desafios locais, começou a imprimir políticas e soluções de cunho municipalista e estadual, em vez de se preocupar com políticas nacionais.

Esta era e corresponde a uma mudança esperada essencial, com vistas à otimização e melhoria da situação local. O Rio de Janeiro precisava e continuará necessitando pensar primeiro em si e resolver seus próprios problemas – convivem a agricultura nula; a indústria esfacelada apenas mirada sobre o complexo petrolífero como dominante e retomadas setoriais promissoras; os serviços hipertrofiados; o desemprego alarmante; o empresariado empobrecido; os problemas e climas jurídicos sufocantes fazendo o paraíso da advocacia; a disparada da favelização e da violência urbana; o fortalecimento do narcotráfico e das milícias e sua inserção na malha social; e a desagregação de variadas estruturas públicas federais, herança de uma capital no passado, são apenas alguns poucos, entre 1964 e 2005.

Ser indicado como sede dos Jogos Olímpicos significa a abertura de um conjunto de investimentos focados em agentes econômicos de suporte ao esporte. É um elo a mais que se cria. Gera-se uma chance de modernização adicional, para desenvolver e alavancar a economia. E como mega, grandes eventos exigem excelente planejamento, preparação, infraestrutura e oferta de bens e serviços, eles são usados para tudo, inclusive para se dizer que serão a redenção da economia (o que está obviamente bem longe da verdade dos fatos e das possibilidades).

Certamente, os grandes eventos são um excelente motivo e argumento para resgatar as encantadoras disponibilidades esportivas e turísticas do Rio de Janeiro e do Brasil. E podem ajudar a reinserir a cidade e suas periferias no glamouroso circuito internacional do turismo esportivo e do lazer.

Contudo, não se iluda o leitor: os Estados Unidos, o Japão e a Europa, que juntos representavam 87% do PIB e 91% do turismo mundial (IATA, 2010), possuem formidáveis localidades turísticas à sua própria disposição em seus próprios territórios ou nas ex-colônias. Dominam eles por completo as companhias aéreas e navais, assim como as redes hoteleiras e as agências de turismo. Logo, atrair em ambiente de competição acirrada turistas sob regime econômico de crise que se assevera de longo prazo e até esvazia as rotas consagradas da Grécia, da Espanha e da Itália, será sumamente complexo e exigirá políticas de fortalecimento e beneficiamento dos agentes que se constituem nos membros da cadeia integral de turismo, lazer, esporte, cultura e transportes, entre outros.

Carece a literatura atual por completo de propostas de planejamento, ações e literatura a respeito, com ótica para os anos 2012 a 2032, pelo menos.

- As 12 cidades sede da Copa do Mundo assinam juntas a primeira Matriz de responsabilidades do campeonato mundial da FIFA. Nesta quadratura, um ambiente de pensamento positivo e de esperança comedida se introduz no país. Isso, haja vista o fato de que aproximadamente mais US$ 14 bilhões virão em investimentos para viabilizar o megaevento futebolístico, que inclui expansão das facilidades esportivas; investimentos em transportes; infraestrutura urbana e mobilidade citadina; construções variadas e reformas; capacitação de mão de obra; criação de empregos permanentes e, sobretudo, temporários; formação de elos com o turismo nas cidades e nos maiores pontos atrativos do país, como as cataratas do Iguaçu, a Amazônia e o Pantanal; e investimento em capital humano para a recepção turística, entre outros.

A FIFA se arroga o direito de fazer exigências para escolher e aceitar cidades para sediarem a Copa do Mundo. Isso parece bom, posto que alguém "de fora" faz uma série de grandes desafios que a rigor visam beneficiar a população por longo tempo. Entre essas exigências, que são geradoras de oportunidades de negócios e mobilizam a economia, incluem-se: a disponibilidade de infraestrutura adequada

– estádios, arenas, transporte, hotelaria, segurança pública, telecomunicações, higiene e saneamento, sistema de saúde, energia limpa e autossustentável, entre outros. A capacitação logística com uma infraestrutura urbana integrada é uma área-chave a ser obtida, e feita gera produção certa de mais riqueza e renda ao país.

Isso exige um sistema de planejamento integrado de políticas públicas em seus três níveis e de políticas privadas domésticas e internacionais, envolvido para a ação e a entrega de todos os meios em tempo hábil e real. As empresas passam a se preparar com planos específicos para a assunção das oportunidades. E precisam investir, com o que mobilizam a economia.

A taxa de investimento do país, que corresponde à formação bruta de capital fixo, que divida o PIB, montou a 19,1% em 2008; 17,2 em 2009 e 17,1% em 2010 (estimativas do SCN – Sistema de Contas Nacionais – IBGE). Além de ser "baixa", foi descendente no triênio. Ademais, o investimento bruto do governo federal montou a 2,7%, 2,4% e 2,6% do PIB no mesmo período, em evidência de que se gasta em custeio e minimiza-se o investimento, que desenvolve e propulsiona a economia. Este valor exclui as inversões das empresas estatais produtivas, focadas em seus setores, como petróleo ou energia elétrica.

Logo, o valor em dólares dos investimentos agregados nacionais correspondeu a US$ 345,34 bilhões em 2008; US$ 274,86 bilhões em 2009; e US$ 357,21 bilhões em 2010. Nos mesmos anos, os investimentos federais públicos montaram a US$ 44,58 bilhões; US$ 38,35 bilhões e US$ 54,31 bilhões.

Desse modo, relacionando-se os investimentos prometidos pela Copa do Mundo com o valor do investimento agregado de 2010, para se dispor de uma referência do peso do aporte de negócios pelo futebol para um evento mundial, tem-se que 14/357,21 corresponde a 3,92%. Ou seja, o evento representa 3,92% dos investimentos nacionais ocorridos em 2010, um valor significativo, mas que por si só não possui a força de "mover montanhas", ou de ser determinante no desenvolvimento do país.

Ao se analisar, porém o mesmo valor em relação ao investimento público federal, 14/54,31 corresponde a 25,78%. Ou seja, é significativo o investimento plurianual oriundo do futebol na Copa do Mundo, quando apenas comparado a um ano, como 2010. Esta comparação é evidentemente crivada de críticas e não é das melhores.

Para se dispor de uma base de comparação, observe-se que a Alemanha sediou a Copa de 2006 e gerou 8 bilhões de euros a mais em seu PIB, como efeito multiplicador de renda, entre 2003 e 2010; gerou 50.000 novos empregos; atraiu 52.000 espectadores em média por jogo e os visitantes gastaram 800 milhões de euros em todos os dias de duração da Copa (Deloitte/IBRI, 2006).

- Em 12 de maio de 2010, o presidente Luis Inácio Lula da Silva acompanhado do Governador e do Prefeito do Rio de Janeiro, respectivamente, Sérgio Cabral Filho e Eduardo Paes, assinam o Protocolo de Intenções, que constitui a Autoridade Pública Olímpica (APO). Esta espécie de consórcio público federativo estadual municipal deveria desenvolver o Plano Estratégico de Negócios, além da forma de implementação e de informação relacionada à execução de todas as construções, instalações e estruturas públicas que se fazem necessárias para os Jogos Olímpicos de verão e as Paraolimpíadas de 2016.

Este protocolo reforça claramente a ação interativa entre os três níveis de governo e anuncia a construção e formação de equipe, que finalmente, após longas décadas de discórdias e desavenças sumamente custosas para o estado e o município, começaram a se dissipar. Por pelo menos quatro décadas, o Estado do Rio de Janeiro perfilou-se como opositor dos governos federais, em especial os militares e algo mais liberais. Talvez porque prezasse a fundamental liberdade democrática e o direito de oposição a poderes dúbios entre 1964 e 1985, manteve-se ideologicamente livre, à custa do corte drástico das verbas públicas que lhe deveriam ser destinadas, o que o empobreceu, fez decair e redundou, em grande parte, em sociedade de desempregados favelizados.

Sob a governança de Lula, Cabral e Paes, surgiu uma relação bem mais pragmática, próxima e frutífera com o governo federal. Isso se traduz no aporte de mais projetos ao estado e ao município, sobretudo para grandes projetos viários e a remodelação das favelas. Sucedem mais transferências financeiras e, com isto, reforça-se a retomada econômica, após longa derrocada da indústria, com exceção sobretudo da petrolífera.

- Em 2010, também aconteceu a III Conferência Nacional do Esporte, que estabelece um Plano decenal. Seu *slogan* é assaz "ambicioso": dez pontos em dez anos para projetar o Brasil entre os dez mais.

  Sucede que em 2010 o país era a sétima economia mundial pelo conceito do PIB e nos Jogos Pan-Americanos de 2011 ficou em 3º lugar. O país nestes quesitos está bem melhor que no 10º lugar.

  Entre os objetivos, os seguintes merecem atenção:

  - institucionalização do esporte educacional;
  - modernização e valorização do futebol como uma identidade cultural; e
  - ampliação das modalidades esportivas que são praticadas no país, para diversificação das atividades esportivas.

- É sancionada em 27 de julho de 2010 a Lei nº 12.299/10 que modifica o estatuto do torcedor. Ele especifica e tipifica diversos crimes cometidos em estádios e suas redondezas e estabelece penalidades aos delinquentes, de um até seis anos de prisão.

  Entre as novas medidas do Estatuto figuram:

  - o registro e cadastro de todos os torcedores por clube;
  - a identificação de todas as torcidas e de seus líderes; e
  - o monitoramento eletrônico do público em todo espaço e arena esportiva que possua capacidade para acomodar mais de dez mil espectadores.

  As atitudes assumidas por *hooligans* no futebol são bem conhecidas ao redor do mundo. E as rotas da violência e da destruição que eles estabeleceram são um problema para a prática do esporte, assim como para a socialização e a geração de amizades por meio de atividades esportivas.

É bastante difícil ver eventos violentos em outras modalidades. O voleibol, o basquetebol, o tênis, a natação, a ginástica e muitas outras modalidades contam com torcedores que são considerados um modelo de educação, polidez e integração amistosa em grupos. Por certo, o futebol conta com damas e cavalheiros, mas os meliantes infiltrados nas torcidas criam a má fama, contra a classe.

Pensando e olhando mais à frente, esta medida é por certo necessária. Visa contribuir para pôr em ordem os clubes de torcedores e fãs, e incute uma relação de custo/benefício a todos quantos vão a estádios para incentivar seus times amados. Visa zelar pela participação pacífica das pessoas e famílias em arenas, estádios e facilidades esportivas, para que usufruam de lazer sem estresse.

Ademais, o mau torcedor, o falso torcedor, o bárbaro destruidor em estádios aterroriza, atemoriza e faz esvaziar os jogos e espetáculos. Ele é um ser antieconômico, que destrói a capacidade de arrecadação dos clubes e dos campeonatos. Logo, é inadmissível que se mantenham sem punição sujeitos que intimidam as massas pacíficas e geram prejuízos de caixa aos clubes e fornecedores do esporte em geral.

Adicionalmente, com o advento de tão importantes eventos internacionais entre 2012 e 2016 – e por certo acontecerão outros mais adiante –, o Brasil precisava prevenir problemas com torcedores locais e torcedores estrangeiros, assim como com turistas, respeitando-se seus direitos por segurança e diversão.

- Em 2010, o Senado aprova a Lei nº 5.186/2005, que moderniza a Lei Pelé. Seu benefício mais importante é a instituição do conceito de clubes que estão aptos a educar, ensinar e produzir atletas de futebol. Os clubes que demonstrarem que são capazes de revelar novos e jovens talentos através de suas escolas e cursos, com treinamentos, receberão apoio e serão protegidos.
- Ao longo das últimas oito décadas, o grau de conscientização popular sobre a importância do esporte tem sido crescente. Um esforço cada vez maior tem sido feito para a promoção do esporte enquanto forma saudável de bem viver e de preenchimento do

tempo de lazer, pelos governos e a iniciativa privada. Esse esforço recebe uma pressão amiga maior com os compromissos internacionais assumidos, como a Copa do Mundo de Futebol, os Jogos Olímpicos e os Jogos Paraolímpicos.

A Medida Provisória nº 502/10 institui o Plano Nacional de Alto Desempenho. Suas medidas buscam ganhos incrementais para o esporte, que gerem benefícios a todos os praticantes, espectadores e envolvidos com o ciclo de produção esportivo. Desta forma, torna-se meta transformar o Brasil numa potência esportiva.

Declarar isto e buscar resultados compatíveis com a dimensão populacional e a dignificação dos brasileiros através do esporte já era tempo. É preciso, contudo saber diferenciar entre gestão e programação de megaeventos como a Copa do Mundo e as Olimpíadas, que são raros, caros e possuem exigências, alem de gestão e programação esportiva para a população praticar e vivenciar atividades esportivas. As duas gestões e áreas se complementam e necessitam evoluir paralelamente.

Como sugestão de trabalho, propõe-se criar em nível federal-ministerial e de secretarias de esportes estaduais e municipais o Plano de Alto Desempenho na Gestão Esportiva – PADGE (que poderia irradiar-se para todas as áreas da governança e da política pública), com vistas a tratar pelo menos dos seguintes assuntos:

1. Garantir as responsabilidades, os desempenhos e a coordenação eficiente e eficaz entre os 3 níveis de governo.
2. Garantir os compromissos assumidos pela autoridade pública, em consonância com as parcerias público-privadas.
3. Garantir a produção, a manutenção, a ocupação contínua e ordenada de longo prazo de toda infraestrutura existente e gerada, sem gargalos nem estrangulamentos, zelando-se pela entrega ao público dos melhores bens e serviços com segurança.
4. Assegurar o cumprimento de eventos, com cronogramas seguidos à risca e a substituição dos fornecedores que estrangulam projetos e impõem na última hora taxas extras.

5. Facilitar, arrumar, definir com clareza e desopilar os processos jurídicos, legislativos e empresariais.
6. Resolver após equacionamento claro e integrado os desafios de esportes, saúde, assistência, segurança e educação.
7. Gerenciar por linha de ação os riscos, retornos, ameaças e oportunidades advindas dos projetos, organizando a sua evolução apara serem benéficos e lucrativos.
8. Garantir o cumprimento dos contratos assumidos pela iniciativa privada, dando-se-lhes as condições práticas e amigas de realização bem-sucedida. Caso isso não ocorra, aplicar as medidas corretivas, educativas e punitivas predefinidas.
9. Garantir e disseminar a completa abertura de relatórios de ação, trabalho e fontes e usos de recursos nos órgãos públicos envolvidos com os projetos esportivos, devidamente auditados externamente em sistema de rodízio de auditorias.
10. Montar e gerenciar ativamente um Plano de Destinação e Pleno Uso dos Ativos (PDPUA), criados e disponíveis após os eventos, com inserção completa na comunidade e localidade na qual estão inseridos.

- Entre 2003 e 2010, o Ministério do Esporte completa oito anos de ciclo produtivo com propósito único de gerar políticas esportivas, mediante investimentos acumulados de R$ 2,9 bilhões e 12.599 contratos. Parte dessa verba foi transferida aos municípios e possui a serventia de manter a infraestrutura esportiva e as atividades correlatas. Piscinas, ginásios, campos de futebol, quadras, centros de treinamento e laboratórios, entre outros, são construídos e mantidos, com a finalidade de atrair a juventude e os cidadãos em geral à pratica esportiva.

  As verbas investidas nas economias municipais mobilizam por seu efeito multiplicador mais renda e empregos, de tal forma que se estima uma renda adicional de R$ 8,12 bilhões criados no período de 2003 a 2010. Este conjunto de investimentos é necessário, contudo modesto em face das necessidades reais do setor e da população. De fato, urge assegurar-se um fluxo de investimentos de longo prazo a favor do setor esportivo de modo contínuo, regular e crescente.

5.1 Infraestrutura e Efeitos Multiplicadores dos Investimentos nos Jogos Olímpicos e Paraolímpicos

No ano de 2010, o orçamento do Ministério do Esporte alcançou R$ 1,5 bilhão, o equivalente a US$ 755 milhões. Deste valor, praticamente 2/3 foram investidos em infraestrutura, assim como na expansão e manutenção de facilidades existentes, ou o equivalente a US$ 502 milhões.

Estudos relacionados ao impacto econômico das Olimpíadas e das Paraolimpíadas de 2016 que foram solicitados pelo Ministério do Esporte ao IPEA e à USP demonstram que ambos, os investimentos públicos e privados, possuem um efeito de longo prazo que apresenta intensidade de duração (Disponível em: www.balancodegoverno.presidencia.gov.br).

Para cada dólar investido pelo setor público, o setor privado investiria 3,26 nas cadeias produtivas esportivas associadas aos jogos. O tempo de duração multiplicador destes investimentos ultrapassaria mais de 10 anos, isto é, mais que o período de 2017 a 2026.

Considerando-se o impacto gerado sobre a produção entre 2009 e 2016, o Valor Bruto de Produção (VBP) gerará R$ 49,2 bilhões, ou o equivalente a US$ 24,6 bilhões. Para o período de 2017 a 2027, de onze anos, o impacto será ainda maior, alcançando R$ 53 bilhões, ou US$ 26,5 bilhões. Esses valores aconteceriam estimando-se investimentos de US$ 14,4 bilhões à taxa de câmbio de R$ 2,00 por dólar.

Os cálculos e projeções demonstram que a produtividade dos investimentos é ampliada no longo prazo. Os ganhos de produtividade crescem a uma extensão maior porque existem elevadas complementaridades inter-setoriais; as economias de escala adquiridas com os investimentos concedem uma alocação de recursos mais racional e a formação de uma estrutura de custos descendente; e os trabalhadores são mais bem treinados também na base de seu sistema de treinamento estabelecido no próprio local de emprego, com o que se produz mais e com maior rapidez.

Cinquenta e cinco setores da economia entre 164 parecem ser mais sensíveis aos efeitos dos investimentos públicos e privados nos esportes. Entre eles, destacam-se os seguintes: construção civil (10,5%); serviços imobiliários e de aluguel (6,3%); serviços prestados a empresas (%,7%); petróleo e gás (5,1%); serviços de informação (5%) e serviços de transporte e correios (4,8%).

5.2 Exemplos Recentes de Investimentos Sociais no Setor Esportivo por Meios e Recursos Públicos Federais

A taxa de participação da carga fiscal federal em relação ao PIB foi de 22,4% entre 2001 e 2010.

Essa elevada taxa demonstra o grau de influência e o peso que as atividades federais possuem na atividade econômica da República. Mesmo considerando as transferências constitucionais a estados e municípios, o volume de carga fiscal mantido em mãos da União superou 16,8% no período. A centralização das verbas é grande, e o poder executivo é decisivo na determinação dos investimentos e gastos públicos. Isso também acontece de forma ainda mais marcante com o setor esportivo.

Dados os esforços que o governo federal tem demonstrado mediante seus programas no âmbito esportivo e do ME, é relevante apresentar alguns valores e fluxos de investimentos. Estes valores oferecem a visão dos montantes investidos em programas diversos; a evolução desses valores anualmente; a relevância crescente que se dá ao setor esportivo e a seu orçamento; e como as atividades esportivas tendem a ser prestigiadas e apoiadas.

Entre outros, escolheu-se o Programa de Inclusão Social através do Esporte, destinado à produção de materiais esportivos; o Programa Pintando a Liberdade e o auxílio financeiro disponível no Programa de Assistência – Ajuda Financeira que é dedicado a atletas, de tal forma que se mostram os valores monetários que eles supostamente receberam, conforme o Quadro 67, a seguir.

Quadro 67
Investimentos em Programas Sociais (Período 2003/2010)

Programa		Ano								
		2003	2004	2005	2006	2007	2008	2009	2010	
Pintando a Liberdade	número de itens	943.700	730.360	380.610	299.150	348.750	36.400	0	248.700	Produção de material esportivo
	R$	10.100.193	9.502.926	5.263.996	6.297.571	7.139.773	1.003.899	0	5.683.109	
	custo por item em R$	10,70	13,01	13,83	21,05	20,47	27,58	0,00	22,85	
Inclusão Social através do Esporte	número de itens		88.105	281.190	1.205.400	1.403.255	848.200	631.805	541.008	Produção contínua de material esportivo
	R$		1.771.733	4.345.495	11.915.185	12.812.089	10.395.060	12.873.801	21.640.322	
	custo por item em R$		20,11	15,45	9,88	9,13	12,26	20,38	40,00	

Fonte: Ministério do Esporte
Projeção e cálculo de custo por item gerado: PEEM e ASPRES/FGV.

CAPÍTULO 6

Conclusões Estratégicas

A evolução de longo prazo do esporte brasileiro tem sido positiva e muito bem-sucedida.

Isto se pode comprovar pelo número e pela quantidade de títulos que o Brasil ostenta nas mais diversas modalidades esportivas. A curva de conquista de medalhas olímpicas de verão possui um formato nitidamente exponencial e cresce.

Com a melhor compreensão acerca dos benefícios gerados à população pelo esporte no período de 1994 a 2010, a tomada de posição do estado federativo tende a definir melhor as políticas públicas esportivas, que embalam os investimentos públicos no esporte. Por sua vez, com crescente verba destinada ao esporte por conta também dos megaeventos que se sucederão, o empresariado privado reforça com programas e mais investimentos o setor.

No futebol, o Brasil é o único pentacampeão do mundo. No Voleibol, é o maior campeão mundial, olímpico e profissional dos anos 1990 a 2010. Os times feminino e masculino se tornaram referência mundial no esporte. No automobilismo, seus habilidosos pilotos são os campeões mais consistentes da fórmula 1. No iatismo e na vela, campeões mundiais também se revezam.

Onde quer que se olhe, brotam novos talentos nacionais, que se abrilhantam nos palcos e ginásios mundiais. Sobretudo por obstinação própria e muito sacrifício pessoal, brilham nossos atletas no surfe, no iatismo, na vela, na equitação e assim por diante. Acrescente-se que de 2003 aos nossos dias a Bolsa Atleta contribui para manter o atleta financeiramente e no esporte. Isso significa que ele treina mais e melhor, para dar mais e melhores resultados.

O destaque individual há de ser promovido, positivamente. Contudo, é fundamental que se continuem investindo recursos e meios significativos, que assegurem a estruturação competitiva e qualitativa dos esportes no longo prazo.

E parte desses recursos há de reverter para a modernização das ferramentas administrativas e de gestão dos esportes. O planejamento é fundamental para que se evitem erros e desvios. O ensino das boas práticas de gestão esportiva trabalharia no sentido de se racionalizarem os recursos, diminuindo-se custos. As sobras são resultados e se traduzem em mais capital para investir no esporte.

Este é um trabalho de política pública esportiva. Seu pilar básico de orientações é fornecido através do Estado, sendo importante e essencial a participação ativa e firme da iniciativa privada. Tanto para cooperar para atingir resultados, com velocidade e qualidade, quanto para que suceda um repasse de tecnologia, movido a inovação.

Numerosas políticas esportivas são atualmente de curto prazo. Sujeitam-se à discussão de calendários esportivos mensais, anuais e quiçá, quadrienais. Preocupam-se com a participação dos clubes e jogadores nos próximos jogos e eventos, com o faturamento de curto prazo, com a liberação de quadros talentosos ao exterior e assuntos afins. Eles são importantes. Mas não forjam o pavimento e o caminho do sucesso esportivo de longo prazo, que uma Política de Estratégia Esportiva de longo prazo pode de fato criar.

Neste sentido, a oportunidade brindada pela Copa do Mundo de Futebol de 2014, e as Olimpíadas e Paraolimpíadas de 2016, representa um marco para a gestão esportiva e econômica brasileira. Os megaprojetos obrigarão as administrações federais, estaduais, municipais e empresariais a se organizarem para décadas. E isso tende a forjar, reforçar e possibilitar a aquisição de mais qualificação, o espaço empresarial e administrativo público que lida com o esporte.

Os progressos são evidentes. As metodologias, os protocolos, os processos de atuação na indústria do esporte estão se sofisticando e melhorando. Mas ainda falta muito. Uma Política de Estratégia Esportiva superior, é necessária, associada à direção maior que se quer fazer com os praticantes do esporte em geral; com a infraestrutura que aumenta de quantidade e qualidade; e com as ligações entre o esporte, a educação, a saúde e a cultura entre outras. Seus atributos hão de contar com a abrangência, a modernidade, a clara visão do futuro desejado, e com uma rota maior de atividades a tomar para viabilizar os esportes no Brasil sob as óticas integradas sociais, econômicas, financeiras e individuais.

Neste sentido, as primeiras iniciativas de planos estratégicos empreendidos no esporte estão longe de configurar as reais necessidades do setor. A estratégia superior, a missão, a visão, os objetivos, as macrodiretrizes esportivas nacionais, os índices de desempenho estratégicos que hão de ser alcançados pelo esporte social, amador e profissional, os elos e as relações de fornecimento e produção esportiva e a regulação coerente com as estruturas de custos atuais e do futuro, numa perspectiva de cerca de 30 (trinta) anos, ausenta-se e é desconhecida.

De forma crescente, uma ou outra confederação, associação ou clube, faz e monta sua estratégia com sucesso. Contudo, como seria necessário, nem sempre lhe dá sequência nem a enquadra na organização.

No futebol montaram-se diversos planos de porte e de ordem aparentemente estratégica, e não se constatou uma nova cultura administrativa e gerencial para essa prática esportiva. Não se alteraram as características populistas da política e dos políticos que dominam esse esporte.

O esporte é de fato um assunto muito sério, porque se constitui de numerosas características transversais e interage com múltiplas áreas da atividade humana. Entre outros, ao lidar com o corpo e a mente, propicia a coordenação físico-psíquica do indivíduo e por efeito coletivo mobiliza a sociedade. Ao atuar com pessoas, gera uma vertente evidente de interação social e dignifica a relação humana num ambiente que promove a saúde.

Ao comparar e medir resultados oferece de forma agradável aos competidores as bases das relações do sucesso ou do insucesso, que se encontram de forma mais cruenta em outras atividades humanas, preparando gentilmente as gerações para os obstáculos e o mundo dos comportamentos e sensações diversos do dia a dia.

E isso significa que a Política de Estratégia Esportiva há de incorporar-se ao rol maior das políticas que ela gera e das quais também depende. A saber, sua correlação e integração se revitalizam por meio do melhor esforço de união com a política educacional; a política de arte e cultura; a política de integração regional; a política econômica; a política industrial; e a política de emprego, para destacar as mais evidentes.

Democracia consolidada que permanece se pondo à prova pela crescente participação da comunidade brasileira em suas instituições, que se renovam e estão melhorando, o Brasil necessitará fazer um esforço crescente para integrar suas políticas públicas e privadas. A sensação de desarticulação haverá de acabar e ser extinta, se algum dia se desejar de fato a ordem maior, o bem-estar maximizado e a estabilidade de fato da nação.

A carga fiscal alta aumenta o Custo Brasil. Este custo se traduz em mais despesas e contas a pagar para o brasileiro na pessoa física e para as empresas na pessoa jurídica. E no regime de crescimento relativamente lento atual e futuro de um país desprovido de mecanismos incentivadores de poupança endógena, dependente do capital externo num quadro mundial de crise, sobretudo ditado pelo agravamento da instabilidade no Mercado Comum Europeu, isto obriga as pessoas físicas e jurídicas a adotar medidas prudenciais. O que por sua vez implica em geração de menos consumo.

Não adianta a produtividade industrial e agrícola crescerem momentaneamente, pela incorporação de máquinas e equipamentos importados, compensando alguns custos para manterem-se margens de retorno, quando o capital sai do setor produtivo para entrar no gasto de estruturas públicas ineficientes e afeito à população menos ativa. E a tecnologia se associa à inovação, precisando ser ambas providas internamente, proativamente. Tecnologia estrangeira é importação de saber alheio, pagamento de *royalties*, aprendizado para manipulação de bens feitos alhures e comprovante de baixa educação local.

Tão somente deste ponto de vista, é evidente que faz necessário redefinir a estrutura de custos produtivos do Brasil e redimensionar o tamanho do Estado. Ademais, o que se arrecada precisa ter destino gerador de mais produto e emprego. É contraproducente subsidiar e fomentar o que não tem retorno justo e a futuro aportará mais gastos, que se tornam negócio dos aproveitadores e antissociais de plantão.

A comunidade há de ter condições de sustentar um Estado ativo e produtivo socioeconomicamente. E não uma estrutura que se destina a virar uma pagadoria seletiva de castas sociais variadas, apaniguadas sob a égide de grupos organizados a favor de um ou outro tipo de brasileiro, eventualmente (funcionário público, militar, aposentado, pensionista, ou no ângulo regionalista, nortista, nordestino e afins).

Em função destes fatores, é digna de nota a evolução exemplar do voleibol brasileiro. De forma discreta, pensada e muito dinâmica, esta modalidade de prática esportiva preocupou-se em desenhar seu futuro no início dos anos 1980. Fez seu exercício de planejamento estratégico. Centralizou atividades de longo prazo em sua confederação e deu liberdade de ação a suas unidades confederadas. Democratizou as decisões e priorizou o foco na dignificação e no treinamento do esportista e seu principal mentor, o espectador.

O vôlei mirou a produção de esporte e de fatos esportivos. Isso explica em boa parte o seu longo e crescente caminho de sucessos. Ademais, o vôlei sabe renovar-se e no rodízio de novas gerações de atletas e dirigentes; na assunção de novas técnicas gerenciais; na análise das técnicas estrangeiras, fazendo o seu *benchmark*. E criando mais eventos e encontros esportivos.

Incentivar os esportes é uma questão de bom senso. Os dados e as evidências anteriormente apresentadas, que se integram de forma sistematizada, lógica e uníssona, demonstram que os esportes são atualmente um dos setores mais capacitados a apoiarem o processo de desenvolvimento brasileiro.

O coeficiente de importação de artigos importados, para os esportes é baixo. Logo o coeficiente de nacionalização e de utilização de insumos nacionais é elevado. Isso evita a sangria cambial, apoia a formação das reservas internacionais e, sobretudo mantém a renda gerada no Brasil, no próprio país. Por essas razões, pode-se afirmar que o setor esporte é um dos que melhor se define como "genuinamente nacional".

Entre as maiores qualidades do esporte, está a facilidade com a qual emprega pessoas, especialmente as de renda baixa – o que é meritório e altamente atraente em épocas de expansão do produto e mais ainda em épocas de recessão. Incentivar o esporte, por essas razões e em função das variadas análises conclusivas que expusemos ao longo de toda esta pesquisa, é uma atitude cientificamente recomendável. Uma política justa e coerente com o engrandecimento nacional, e um meio de oferecer dignidade empregatícia ao brasileiro.

Referências Bibliográficas e Comentários

1. Anuário do IBGE; capítulos sobre Educação e Desportos; edições dos anos de 1992 a 1997.
2. Entenda-se como espaço esportivo aquele tipo de localidade no qual é possível praticar uma ou mais modalidades esportivas em condições tecnicamente recomendadas e aceitas pela Federação Brasileira de Desportos. Normalmente, escolas, universidades, clubes, agremiações, federações, associações, estádios, parques e localidades afins e similares enquadram-se nesta definição.
3. *State of the Union*. Edições dos anos de 1992 a 1997.
4. "Estatísticas do Voleibol", edição interna em fotocópia; da Confederação Brasileira de Voleibol, 1997.
5. "Futebol no Brasil", edição interna em fotocópia; da Confederação Brasileira de Futebol, 1997.
6. KOTLER, Philip. *Administração de Marketing* (Capítulo 9). São Paulo: Atlas, 1993.
7. SCHEWE, Charles & SMITH, Reuben. *Marketing*. (Capítulo 5). São Paulo: Makron Books, 1982.

8. Relatório Anual, 1997; Banco Mundial para a Reconstrução e o Desenvolvimento. São Paulo: Editora da Fundação Getúlio Vargas, 1997.
9. Lei nº 9.615, de 24 de março de 1998, que institui normas gerais sobre o desporto, in *Diário Oficial*; Imprensa Nacional; ano CXXXVI nº 57; República Federativa do Brasil; Brasília/DF; 25 de março de 1998.
10. Edição do Instituto de Pesquisas Datafolha, 1996.
11. Anuários do IBGE; seções de População por Faixa de Renda em Salários-mínimos, de População por Faixa de Idade, e População Economicamente Ativa; anos de 1985, 1992 e 1996.
12. In: Anuário SEADE – Estado de São Paulo e Municípios do Estado de São Paulo, 1997.
13. In: Anuário do Município do Rio de Janeiro; IPLAN – RIO – Instituto de Planejamento do Município do Rio de Janeiro, 1996.
14. Nesta aproximação, excluímos os extremos. Isto é, estádios e cenários gigantescos, nos quais se travam finais, como o Maracanãzinho, no Rio de Janeiro, foram desconsiderados. Somente utilizamos em nossos cálculos estruturas esportivas comuns, nas quais o voleibol é praticado durante a Superliga mais frequentemente.
15. Pesquisa sobre o voleibol no Brasil; Perfil da Amostra; Instituto de Pesquisa Datafolha, 1996.
16. DUARTE, Orlando. *Todos os Esportes do Mundo*. São Paulo: Makron Books, 1996.
17. Sistema de Contas Nacionais do Brasil, volumes 1 e 2 páginas 18 a 296; IBGE – Instituto Brasileiro de Geografia e Estatística; Diretoria de Pesquisas; Departamento de Contas Nacionais; Ministério do Planejamento e Orçamento; Rio de Janeiro, 1997.
18. KASZNAR, Istvan K. "Metodologia Intensa de Análise da Produção e Cálculo de Ciclos de Negócios". Documento Especial; RAP – *Revista de Administração Pública*; volume 31; nº 2; março-abril de 1997.
19. Anuário Estatístico do SEADE; Secretaria de Administração e Desenvolvimento do Estado de São Paulo, 1997.
20. Note-se que 21.450.000 m^2 equivalem a 2.145 hectares de terras destinadas a atividades esportivas nos municípios do Estado de São Paulo.

Esse valor subestima o valor verdadeiro das áreas esportivas, na medida em que registra as áreas formalmente destinadas à prática esportiva.

21. KASZNAR, Istvan K. "Análise do PIB e da Dívida por Estados da Federação"; Documento Especial; RAP – *Revista de Administração Pública*; volume 30; nº 6; novembro-dezembro de 1996. Dados fornecidos pelo Programa de Estudos dos Estados e Municípios – PEEM, da Fundação Getúlio Vargas.
22. Utilizamos os dados médios de avaliação do preço da construção pública no Estado de São Paulo, com foco especial sobre os preços praticados na região metropolitana da Grande São Paulo, constituída de 38 municípios, publicada pela EMBRAPLAN – Empresa Brasileira de Planejamento, para o período de janeiro de 1995 a dezembro de 1996.
23. Em sua edição original e primeira, este estudo foi encerrado a 25 de agosto de 1998, data temperada por sério clima de incerteza doméstica e internacional no campo econômico. Da edição original, mantiveram-se praticamente sem mudanças os Capítulos 1, 2, e 4, sendo que este virou o de número 3 nesta edição. Os atuais Capítulos 4 e 5 são novos, no sentido de que representam uma inovação de dados oferecidos ao leitor, assim como sucede com as suas respectivas análises. O capítulo conclusivo possui a mesma base do passado, com alterações tópicas.

Em 1998, era incontestável o meritório e bem-sucedido esforço do governo em controlar a inflação através de rigorosa política monetária. A inflação fora reduzida a patamares de país desenvolvido. A distribuição de renda melhorara ligeira e timidamente como consequência. Contudo, o câmbio estava excessivamente sobrevalorizado e se mantinha em patamar artificial e inconveniente para gerar-se uma estabilidade macroeconômica sustentável nos médio e curto prazo. Logo a seguir, adviria a crise cambial.

Do lado interno, a persistente elevação do déficit público suscitava dúvidas sobre a capacidade de se estabilizar a economia em longo prazo. Taxas de juros reais aumentaram o déficit e tendiam a levar o país a uma pesada recessão. Do lado externo, a taxa de câmbio sofria pesadas críticas, pois partiam numerosos empresários do princípio de que ela está sobrevalorizada. A prova seria o persistente déficit comercial externo, pois, por definição, exportador não exporta quando faz prejuízo. Ademais, a crise do Japão e da Rússia, ambos sem governos claros e fortes suscitavam dúvidas. Ademais, uma grave crise de confiança sobre o então presidente dos Estados Unidos, Bill Clinton, aventando--se a possibilidade de um *impeachment* passou a ser fator adicional de instabilidade.

24. Entenda-se como força de trabalho toda a população com interesse, condições e realização efetiva de atividade produtiva, independente de idade. Em 1997, calculava-se que havia 92 milhões de brasileiros incluídos nesta categoria.
25. SANTOS, Cida e CRETI, Nicolau Radamés. *A Força, a Garra e a Emoção do* Vôlei de *Ouro do Brasil.* São Paulo: Editora Globo, 1993.
26. BORSARI, José Roberto. *VOLIBOL: aprendizagem e treinamento.* Um desafio constante. São Paulo: Editora EPU, 1993
27. DURRWÄCHETER, Gerard. *Voleibol – Treinar Jogando.* São Paulo: Editora ao Livro Técnico, 1984.
28. MENDES, Cândido. *Marketing Esportivo ao Vivo* – Depoimentos – Centro Cultural, 2000.

Bibliografia

III Conferência Nacional do Esporte."Por um time chamado Brasil; 10 pontos em 10 anos para projetar o Brasil entre os 10 mais". Junho de 2010.

2016 Race; Games Bids.com: www.gamesbids.com

ANDREFF, Wladimir and Szymanski, Stefan. *Handbook on the Economics of Sport.*Vols.1, 2, 3; Edward Elgar; Cheltenham Publishing Limited: UK, 2006.

Balanço de Gestão – 2003 / 2010; Ministério do Esporte; Brasília; DF.

Balanço de Governo – 2003-2010; Complete Report of Luis Inácio Lula da Silva's Government; Vols.1 e 2; capítulo 7 – Esporte; p. 344-387. Presidência da República; Governo Federal; DF; Brasília, 2011.

Brasil – Bola da vez – Negócios e Investimentos a caminho dos megaeventos esportivos; Deloitte/IBRI; 2010.

Brazilian Volleyball Confederation – CBV; wikipedia.org/wiki/Confederacao_ Brasileira_de_Voleibol; 2009.

COMPASS – Compass European Network – Coordinated Monitoring of Participation in Sports, 2002.

COSTA, Marilia Maciel. *Esporte de alto desempenho: produção social da modernidade* – o caso do beach volley; Revista Sociedade e Estado; Brasília; v. 22; n. 1; p. 35-69; abril de 2007.

DACOSTA, Lamartine P., (Org.) e MIRAGAYA, Ana (Ed.) *Atlas dos Esportes no Brasil*. Shape Editora, 2005.

_____. *Tendências gerais dos esportes e das atividades físicas no Brasil*. Atlas dos Esportes, 2004.

_____. *Diagnóstico da Educação Física / Esporte no Brasil*; FNME – Fundação Nacional de Material Escolar, 1971

"Dossiê Esporte"; Ipsos Marplan Media Research; Ed. Gráfica Burti; TV Sports GLOBOSAT; 2007.

Economic Study of Latin America and the Caribean; Distributive Impact of Public Policies; CEPAL; United Nations; 2009-2010.

European Model of Sports; European Commission; General Direction; Consulting Document DG-X; www.sport-in-europeancounsel.

GRAÇA, Ary *et alii*; Por trás de um esporte campeão existe uma instituição campeã; Confederação Brasileira de Voleibol (CBV); 2010.

GRAÇA, Ary *Estratégia Institucional do Esporte no Brasil; Confederação Brasileira de Voleibol* (CBV). Menthor Textual, 2010.

_____. "Administrando o Voleibol como uma empresa" – Case Studies. *Revista Brasileira de Administração*; Rio de Janeiro; vol. 6; n. 39; p. 52-60; julho-agosto de 2003.

_____."Um salto que remete ao primeiro mundo". Revista *EXAME*; São Paulo, 16 março, 1994.

_____. *O retorno sobre o Investimento; Conjuntura Econômica da FGV – Fundação Getúlio Vargas*. São Paulo, Brasil. Vol. 54; nº 2. Fevereiro de 2000.

_____. Entrevista na Record; Record TV. São Paulo, 23 de julho de 2001.

GUTTMANN, Allen; *Games and Empires: modern sports and cultural imperialism*. New York: Columbia University Press, 1994.

IGLESIAS, Xavier e TARRAGÓ, Rafael. *Sports Models in Spain*; Instituto Nacional de Educación Física de Cataluña (INEFC). Universidad de Barcelona; Generalitat de Catalunya, 2010.

International Olympic Committee (IOC); Report of Evaluation: www.olympic.org

IPAQ Project – International Physical Activity Questionnaire, 2003.

KASZNAR, Istvan. *Análise Técnica de Estatísticas do Esporte: O perfil dos brasileiros quando eles praticam lazer*. Confederação Brasileira de Voleibol (CBV). Ed. Mentor Textual, 2010.

KASZNAR, Istvan e GRAÇA, Ary S. *Estratégia Empresarial: Confederação Brasileira de Voleibol (CBV), Modelo inovador e vitorioso*. São Paulo: MBooks do Brasil, 2006.

_____. *O Esporte como Indústria: solução para a criação de riqueza e emprego*. Rio de Janeiro: Confederação Brasileira de Voleibol; edições 1ª; 2ª e 3ª, respectivamente dos anos 1997, 1998 e 2002.

_____. *Estratégia Corporativa – Confederação Brasileira de Voleibol*. São Paulo: MBooks do Brasil, 2007.

KASZNAR, Istvan e BAYMA, Fátima. Saúde e Previdência; NESPAS – Núcleo de Estudos da Saúde, da Previdência e da Assistência Social da Fundação Getúlio Vargas – FGV. São Paulo: Makron Books, 2001.

_____. *Saúde e Previdência – Desafios para o terceiro milênio*. NESPAS – Núcleo de Estudos da Saúde, da Previdência e da Assistência Social – FGV, Pearson – Prentice Hall, 2003.

_____. *Saúde, Previdência e Assistência Social – Desafios e propostas para uma sociedade mais justa e moderna*. NESPAS – Núcleo de Estudos da Saúde, da Previdência e da Assistência Social – Fundação Getúlio Vargas – FGV. São Paulo: M.Books, 2005.

_____. *Saúde, Previdência e Assistência Social – Políticas Públicas Integradas, Desafios, Propostas Estratégicas*. NESPAS – Núcleo de Estudos da Saúde, da Previdência e da Assistência Social-Fundação Getúlio Vargas – FGV, Pearson – Prentice Hall, 2006.

_____. *Saúde, Previdência e Assistência Social – Desafios e Propostas Estratégicas*; NESPAS – Núcleo de Estudos da Saúde, da Previdência e da Assistência Social – Fundação Getúlio Vargas – FGV, 2010.

LEVER, Janet. *Soccer madness*. Chicago: The University of Chicago Press, 1983.

MARCHI Junior, Wanderley. “Drawing out” the Volleyball: from amateurism until the “spectacularization” of the modality in Brazil (1970-2000); Universidade Estadual de Campinas; Faculdade de educação física, 2001.

MASCARENHAS de Jesus, Gilmar. *Futebol, globalização e identidade cultural no Brasil*; UERJ – Universidade do Estado do Rio de Janeiro; Revista Digital: www.efdeportes.com. Buenos Aires, Argentina, ano 8, nº 57, fevereiro 2003.

NAPOLEÃO, Antonio Carlos. *Brasil de todas as copas*, 1930/2006; Casa Civil, Presidência da República; Ministério do Esporte; Brasília – DF.

NECE – Núcleo de Estudos das Contas do Esporte. Fundação Getúlio Vargas – FGV, Assessoria da Presidência: istvan.kasznar@fgv.br, 2010.

NESPAS – Núcleo de Estudos da Saúde, da Previdência e da Assistência Social – Fundação Getúlio Vargas – FGV, Assessoria da Presidência: istvan.kasznar@fgv.br e EBAPE –fbayma@fgv.br, 2010.

NORONHA, Silvia. *Gasto ou Investimento? A Copa do Mundo de 2014*; *Revista Rumos*; ABDE; março-abril, 2010.

Pereira, Jovino Alberto Oliveira. *Futebol, de um esporte amador a negócio de entretenimento e lazer em uma sociedade midiatizada*; NPGA – EA – UFBA – Universidade Federal da Bahia; Salvador; Bahia, 2003.

Olympic Games of 2016 will be transmitted by three networks: Globo, Record and Bandeirantes: www.esporte.uol.com.br.

PEEM – Programa de Estudos dos Estados e Municípios (States and Municipalities Study Program), Fundação Getúlio Vargas – FGV, Assessoria da Presidência: istvan.kasznar@fgv.br, 2010.

Lei Pelé; Lei nº 9.615; 24 de março de 1998; Pelé, Football *in the Net – The Football at the South of Brazil*: www.futebolnarede.com.br/espec/leipele.php

PNAD – Pesquisa Nacional de Amostra por Domicílio. IBGE, Rio de Janeiro, Brasil, 2009.

POF – Pesquisa de Orçamentos Familiares. IBGE, Rio de Janeiro, Brasil, 2009.

Perfil do Voleibol Nacional; Pesquisa CBV – Confederação Brasileira de Voleibol; GPP Instituto, outubro de 2004.

PRONI, Marcelo. *A metamorfose do futebol.* Instituto de Economia – Unicamp. Campinas, 2000.

"Rio de Janeiro eleita como cidade sede em 2016": www.olympic.org/en/content/olympic-games

"O perfil do Voleibol nacional". Pesquisa da Confederação Brasileira de Voleibol (CBV); GPP Instituto; outubro de 2004.

TUBINO, Manoel José Gomes. *Dimensões sociais dos esportes.* São Paulo: Cortez, 1992.

"Entendendo o Orçamento dos jogos Olímpicos". Governo Sergio Cabral, Rio 2016 – Candidate City: gabfazenda@fazenda.rj.gov.br, outubro de 2009.

WOLFERS, Justin. *The Business of Sports: Where's the Money?* www.stanford.edu/people/jwolfers, 2002.

World Bank's Annual Reports. USA: Washington, 1980-2010.

World Bank's Data Bank; Socio – Economic Data. USA: Washington, DC, 2009.

Websites importantes para os Esportes:

- Confederação Brasileira de Futebol (CBF): www.cbf.com.br
- Confederação Brasileira de Vôlei: www.voleibrasil.com.br
- IBCI (Institutional Business Consultoria Internacional): www.ibci.com.br
- Associação Brasileira de Academias: www.acadbrasil.com.br
- Associação Carioca de Futevôlei: www.futevolei.com.br
- Portal Fitness: www.fitness.esp.br
- Banco Nacional de Desenvolvimento Econômico e Social (BNDS): www.bndes.gov.br
- Banco Central do Brasil: www.bacen.gov.br
- Ministério Educação e Cultura: www.mec.gov.br
- Ministério dos Esportes: www.met.gov.br

Webs importantes para pesquisadores internacionais, com linguagem em inglês:

- BNDES (National Economic and Social Development Bank – Banco Nacional de Desenvolvimento Econômico e Social): www.bndes.gov.br
- Brazilian Academies Association (ABA): www.acadbrasil.com.br
- Brazilian Football Confederation (CBF): www.cbf.com.br

- Brazilian Volleyball Confederation (CBV): www.voleibrasil.org.br and www.cbv.com.br
- Central Bank of Brazil (Banco Central do Brasil): www.bacen.gov.br
- IBCI (Institutional Business International Consulting): www.ibci.com.br
- Carioca Futevolley Association: www.futevolei.com.br
- Ministry of Education and Culture: www.mec.gov.br
- Ministry of Sports: www.esporte.gov.br
- Portal Esporte from the Ministry of Sport – Second Time Program – Programa Segundo Tempo: portal.esporte.gov.br/snee/segundo tempo;
- Portal Esporte from the Ministry of Sport – Law of Incentives to Sport – Lei de Incentivo ao Esporte: portal.esporte.gov.br/leilncentivoEsporte;
- Portal Esporte from the Ministry of Sport – Athlete's Assistance – Bolsa Atleta:portal.esporte.gov.br/snear
- Portal Fitness: www.fitness.esp.br
- Portal FGV (Fundação Getúlio Vargas): www.fgv.br
- NECE – Núcleo de Estudos das Contas dos Esportes – Sports Accounts Study Center: www.fgv.br – busca / search NECE;
- PEEM – Programa de Estudos dos Estados e Municípios – States and Municipalities Study Program: www.fgv.br – busca / search PEEM;
- NESPAS – Health; Security and Wellfare; and Social Assistance Study Center – Núcleo de Estudos da Saúde, da Previdência e Assistência Social: www.fgv.br – busca / search NESPAS;
- NUGA – Advanced Environmental Studies Center – Núcleo de Gestão tal Avançada: www.fgv.br – busca / search NUGA.
- Textos Quentes – IBCI – Hot Texts from IBCI – Institutional Business International Consultancy: www.ibci.com.br/textos_quentes.htm

Quadros Extras

Nesta seção são apresentados quadros e gráficos adicionais, referentes ao PIB do Esporte nos Estados Unidos, de acordo com os estudos do Professor Justin Wolfers. Observe-se que seus levantamentos datam do ano 2001.

O gráfico em barras declara que em 2001 o PIB do Esporte nos Estados Unidos montava a US$ 158 bilhões e correspondia a 2% do PIB do país. Este é um valor bastante similar ao que encontramos para 1998 no Brasil e para os anos seguintes, situando o PIB do Esporte em 1,7%.

A indústria esportiva norte-americana seria a 11ª sob as condições deste estudo de Stanford. A maior indústria seria a de construção e de ativos imobiliários, seguindo-se o varejo e o atacado.

Ao decompor-se a indústria esportiva, a geração de riqueza se concentraria em duas áreas, a saber, produtos e serviços (65%) e entretenimento (30%). Isso significaria que o setor esporte foca-se nessas duas atividades, e seu leque de opções produtivas é concentrado. Ele conta com numerosas linhas de oferta de esportes diferentes, contudo, quanto à geração econômica, se reparte concentrando-se sobretudo em duas áreas: produtos e serviços e entretenimento.

O terceiro gráfico desta série indica a decomposição da indústria do esporte por áreas de atividade, reportando o domínio da produção de equipamentos esportivos e sapatos (50%); ganhos mediante taxas diversas (22%); e medicina esportiva (13%), entre outros.

Quanto às modalidades esportivas que mais se destacam ao produzirem receitas e movimentação de renda, a ginástica seria a atividade mais popular e praticada, com mais de 90 milhões de adeptos.

Gráfico 86

A Indústria do Esporte É a 11ª Maior, com US$ 158 Bilhões de Produção e 2% do PIB do EUA (Ano 2001)

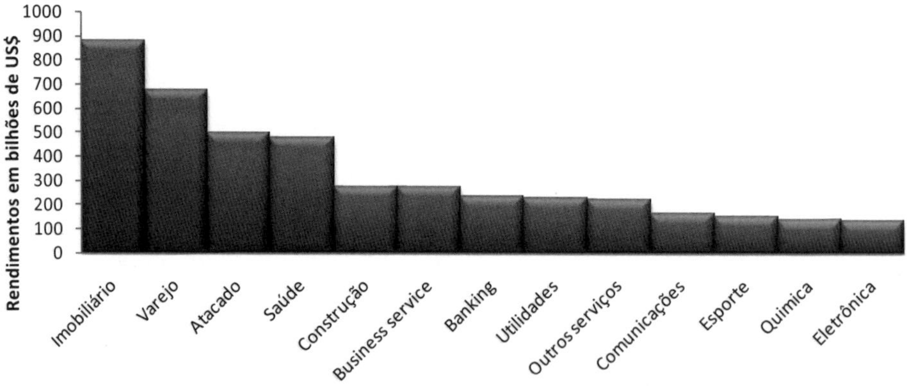

Fonte: Justin Wolfers, Stanford GSB.

Gráfico 87
Abrindo e Decompondo as Contas da Indústria do Esporte nos EUA

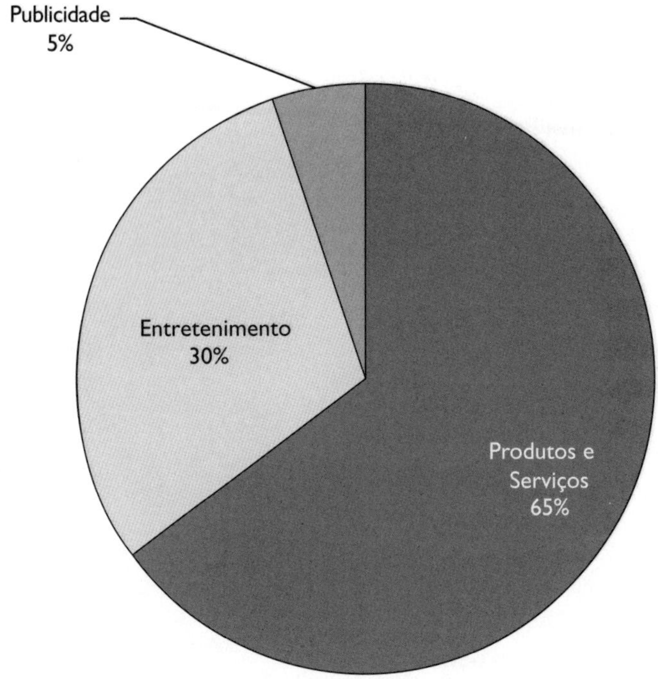

Fonte: Justin Wolfers, Stanford GSB.

Gráfico 88
Decompondo as Contas e Taxas de Participação Setorial do Esporte nos EUA (2001)

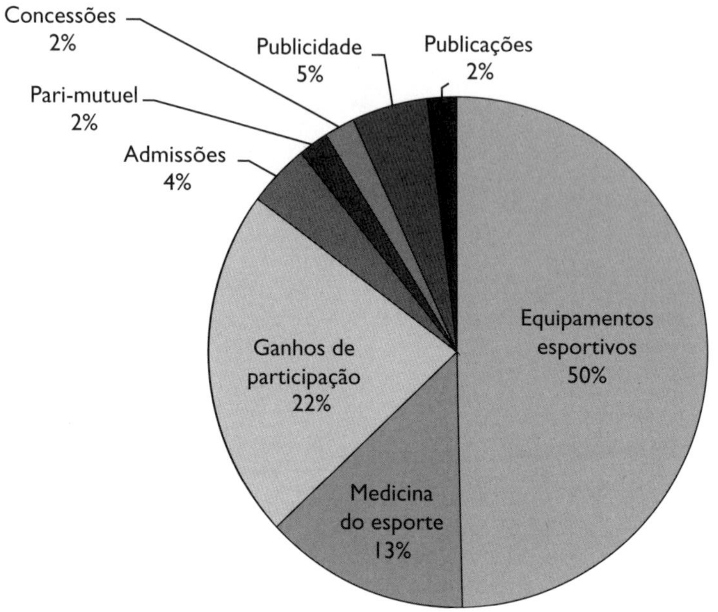

Fonte: Justin Wolfers, Stanford GSB.

Gráfico 89
Taxa de Participação dos Esportes por Modalidade nos EUA (2001)

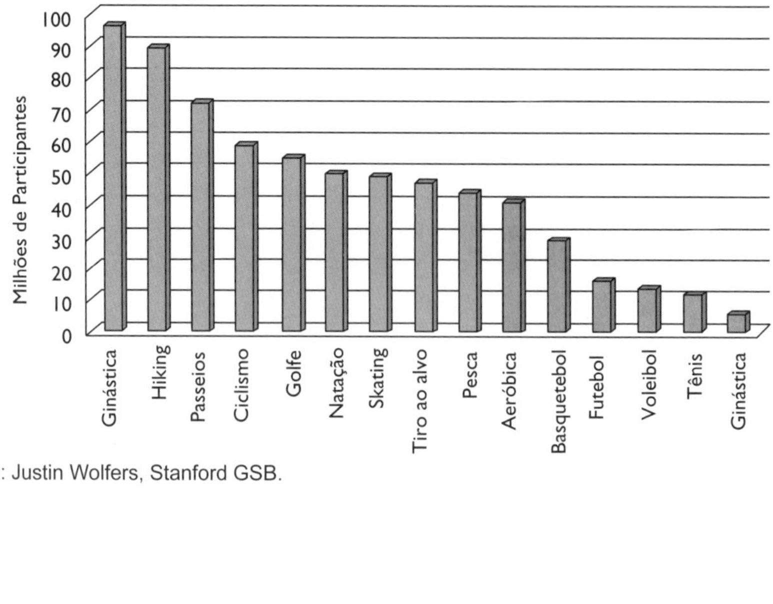

Fonte: Justin Wolfers, Stanford GSB.

Quadro 68

Ginástica	96
Hiking	89
Passeios	72
Ciclismo	59
Golfe	55
Natação	50
Skating	49
Tiro ao Alvo	47
Pesca	44
Aeróbica	41
Basquete	29
Futebol	16
Voleibol	14
Tênis	12
Ginástica	6

GRÁFICA PAYM
Tel. (011) 4392-3344
paym@terra.com.br